胡加祥 著

转基因食品政策与法律规制比较研究

本书系国家哲学社会科学基金重点课题（项目编号：14AGJ004）“世界各国对转基因食品的政策与法律规制比较研究”成果。

法律出版社
LAW PRESS · CHINA
北京

图书在版编目（CIP）数据

转基因食品政策与法律规制比较研究 / 胡加祥著
. -- 北京：法律出版社, 2023
ISBN 978-7-5197-7768-5

Ⅰ. ①转… Ⅱ. ①胡… Ⅲ. ①转基因食品 – 食品卫生法 – 研究 Ⅳ. ①D912.104

中国国家版本馆CIP数据核字（2023）第057202号

转基因食品政策与法律规制比较研究
ZHUANJIYIN SHIPIN ZHENGCE YU FALÜ GUIZHI BIJIAO YANJIU

作　　者：胡加祥
责任编辑：张心萌　孔明林
装帧设计：李　瞻
出版发行：法律出版社
编辑统筹：学术·对外出版分社
责任校对：王　丰　郭艳萍
责任印制：陶　松
经　　销：新华书店
开　　本：710毫米×1000毫米　1/16
印　　张：16
字　　数：287千
版　　本：2023年8月第1版
印　　次：2023年8月第1次印刷
印　　刷：北京新生代彩印制版有限公司
书　　号：ISBN 978-7-5197-7768-5
定　　价：79.00元

销售电话：010-83938349　客服电话：010-83938350　咨询电话：010-63939796
地　　址：北京市丰台区莲花池西里7号(100073)
网　　址：www.lawpress.com.cn
投稿邮箱：info@lawpress.com.cn
举报盗版邮箱：jbwq@lawpress.com.cn
凡购买本社图书，如有印装错误，我社负责退换。电话：010-83938349

序　言

我国是当前世界上主要的转基因作物商业化种植国家之一。早在20世纪80年代，我国将转基因技术运用于农业的研究就已经起步，且在玉米、番茄、水稻等农作物转基因育种领域一直保持着较高水平，基因改良作物的年均消费总量也位居世界前列。但是，我国转基因食品规制的立法状况与我国转基因产业的实际发展水平却不相符。

近年来，国内有关转基因食品安全性的争论一直没有平息。“挺转派”和“反转派”各有众多支持者，两派中一派站在科技高地，另一派站在道德高地。尽管反对转基因食品人士列举的种种危害都是假设的，但是许多人由于在现实生活中遇到过太多不安全的食品，便采取“宁可信其有，不可信其无”的态度，这成为人们对转基因食品采取“有罪推定”的社会基础。

法律制度的供给不足无法实现我国对转基因食品“从实验室到餐桌”整个过程的有效规制。在研发试验阶段，我国转基因生物安全评价制度的管理机关产生机制不科学、检测机构认可机制不健全而且运转机制不完善；从事转基因生物研发人员资质要求不明确、管理机制不严格；转基因食品研发试验缺乏系统的操作规范，报告制度适用范围狭窄、研发试验报批制度审批标准不明确、研发试验安全监督制度缺乏可操作性。在生产加工阶段，转基因食品原料生产报批和生产信息定期报告规定缺乏可行性；加工行政许可制度的适用范围过于狭窄；转基因食品与非转基因食品生产加工作业方式未予以区分。与此同时，我国也缺乏对转基因食品原料运输、储存进行规制的具体法律制度。在流通消费阶段，我国转基因食品标识制度确定的标识对象数量太少，缺少风险阈值设定并且缺乏转基因检验国家标准;转基因食品进口审批制度缺乏国际规范的协调,因进口产品符合所在国阈值标准不做标识等现象较为普遍。在转基因食品市场监管方面,我国缺乏转基因食品的可追溯性规则,食品安全责任无法落实到位;转基因食品召回制度的适用范围也过于狭窄。

转基因食品法律规制是一项系统工程,需要兼顾不同层级法律之间的关系,其规制内容涉及法学、生物学、经济学等领域。制度的核心是法律规则,因为法律规则具有强制约束力,它是经过严格的立法程序制定的、具有广泛代表性和相对稳定性。规制转基因食品虽然离不开对生物技术的研究,同时需要结合政治学、经济学、管理学等学科知识,但是最终还须以法律规则形式体现。因此,对转基因食品进行规制的主要内容是制定相关法律规则。

像世界上大多数国家那样,我国需要一部规范转基因食品的专门立法。我国已经有了食品领域的基本法——《食品安全法》、生物技术领域的基本法——《生物安全法》以及国务院制定的《农业转基因生物安全管理条例》,转基因食品专门立法与上述法律法规具有从属和交叉关系,它们共同构成我国转基因食品法律规制的有机整体。

从食品属性讲,转基因食品与非转基因食品没有本质区别,理应纳入《食品安全法》的规制范围。然而,现行的《食品安全法》只是对转基因食品的标识规定一笔带过,没有更多的描述。转基因食品的原料含有转基因生物,其研发、生产、流通、消费乃至市场监管都与非转基因食品有所区别。我国目前的消费市场还不够成熟,尚无法准确区分转基因食品和非转基因食品。因此,在法律规制方面需要作出不同规定。在当下,消费者对于转基因食品还有一个认识过程,我们需要从制度层面去规范这一产业,保护消费者利益,促进转基因食品产业有序发展。

从转基因角度讲,转基因食品含有转基因生物,但是《农业转基因生物安全管理条例》是结合转基因生物特征,对包括转基因动物、植物和微生物在内的转基因生物研发、生产、运输等环节的安全作出的相应规定。这些规定有些不适用于转基因食品,因为我国目前还不允许以转基因动物为原料生产食品,而规制转基因食品的许多内容,该条例又不具备。因此,我们需要制定一部"转基因食品安全管理条例"作为《食品安全法》和《生物安全法》的下位法,专门规范转基因食品。

"转基因食品安全管理条例"的立法宗旨是确保转基因食品在研发、生产、运输、消费等全过程的安全。作为规制转基因食品的基本法规,该条例需要对转基因食品的阈值作出明确规定,这是执法的依据。如果我国仍维持现行的零阈值标准,那意味着我国将执行世界上较为严格的转基因食品标准。如果立法确定采用阈值标准,那么我们需要结合实际,科学制定符合中国国情的转基因食品阈值。转基因食品的安全体系覆盖整个产业链,建立全程可追溯体系是实现这一目标的有效手段。除采用技术手段确保转基因食品安全之外,政府的监管不可或缺,包括事前、事中和事后监管。

事前监管是指把好市场准入关。转基因食品因其含有转基因生物成分,从作物的育种、商业化种植、生产加工到流通消费都需要有严格的资质要求和操作规范。培育转基因作物种子的科研人员、种植转基因作物的农民、生产转基因食品的企业都需要符合一定的资质条件,取得上述资质条件须向政府主管部门申请并获得批准。事中监管是指符合资质条件的科研人员、农民和生产企业在研发、种植和生产过程中需要严格遵守操作规范,包括实验室的设备条件、作物种植的空间隔离要求、企业生产转基因食品与非转基因食品相区分的要求。事后监管是指转基因食品投放市场以后,要确保产品标识明确、可追溯系统完整、风险救济体系完备。这些制度的健全固然离不开从业人员的自律,但是制度的完善和政府职能部门的监管也起到至关重要的作用。

“转基因食品安全管理条例”的性质是国务院颁布的行政法规,从属于《食品安全法》和《生物安全法》,与《农业转基因生物安全管理条例》是并列交叉关系。目前,《食品安全法》第69条规定:“生产经营转基因食品应当按照规定显著标示。”该法第151条规定:“转基因食品和食盐的食品安全管理,本法未作规定的,适用其他法律、行政法规的规定。”《生物安全法》对国家生物安全工作的决策机制和协调机制作出了相应规定。这些既是“转基因食品安全管理条例”的法律渊源,又是其立法的方向和目标。为此,“转基因食品安全管理条例”要解决转基因食品的定义、阈值标准、从业人员资质要求、实验室设备要求、转基因作物种植规范、转基因食品生产流通规范、转基因食品风险源追溯和责任追究等核心问题。《农业转基因生物安全管理条例》第3条明确了农业转基因生物的定义,概括列举了其产品范围,规定了农业转基因生物安全的内涵,在涉及转基因生物规定时,“转基因食品安全管理条例”的相关条款应该与其规定相同。

鉴于《新食品原料安全性审查管理办法》第2条排除了转基因食品的适用,县级以上各级人民政府卫生行政主管部门事实上也无法依照《食品安全法》的有关规定,负责转基因食品卫生安全的监督管理工作。“转基因食品安全管理条例”通过对转基因食品的定义、规制部门及其管理职责等作出明确规定,可以弥补上述法律规定的空白。

转基因食品法律规制按照“科学论证、经济分析、制度构建、保障完善”的总体思路进行。转基因食品立法与其他领域立法的一个重要区别在于其科技特征明显。社会上有关转基因食品争论的一个重要起因就是人们对其安全性还没有一个权威结论。权威的结论需要由权威部门作出,而权威部门的公信力来自人们对科学的敬畏和认知。因此,“转基因食品安全管理条例”规定的内容之一是如何遴选有公信力的专家来组成权威部门,对转基因食品的安全性作出令人信服的结论。在这方面,国外有许多成熟的做法,我国学者也做了大量研究。此外,我国发展转基因产业,不仅是科学技术发展的需要,也是经济发展的需要。转基因食品对于提高农民收入、应对粮食危机都具有重要意义。因此,规范转基因食品的研发、生产、消费,除了符合依法治国的应有之义,还应该从我国国民经济发展、国家粮食安全以及缩小城乡差别等战略高度来认识。

习近平总书记指出,转基因是一项新技术,也是一个新产业,具有广阔发展前景。作为一个新生事物,社会对转基因技术有争议、有疑虑,这是正常的。对这个问题,总书记强调了两点:一是确保安全,二是要自主创新。也就是说,在研究上要大胆,在推广上要慎重。转基因农作物产业化、商业化推广,要严格按照国家制定的技术规程规范进行,稳扎稳打,确保不出闪失,涉及安全的因素都要考虑到。要大胆研究创新,占领转基因技术制高点,不能把转基因农产品市场都让外国大公司占领了。①

按照习近平总书记“大胆创新、谨慎推广”的指示要求,我们一方面要积极鼓励科研人员研发转基因技术,推动政府对转基因技术的研究投入,另一方面也要加快构建推进我国转基因产业发展的法律规制体系,做到转基因食品“从实验室到餐桌”的每一个环节都有完整的安全控制体系和质量追溯体系,确保科研人员能够专心研究,企业能够安心生产,消费者能够放心消费。只有在这样一个社会环境里,我国的科研人员才有希望“占领转基因技术的制高点”,我们的生产企业才有可能“占领中国的转基因农产品市场”。

胡加祥

2020 年 7 月 28 日

---

① 参见习近平:《在中央农村工作会议上的讲话》2013 年 12 月 23 日,载中共中央文献研究室编:《十八大以来重要文献选编》(上),中央文献出版社 2014 年版,第 676-677 页。

目　录

第一章 问题的提出与解决思路

2020 年 7 月 22 日至 24 日，习近平总书记在吉林考察时，要求吉林要把保障粮食安全放在突出位置，毫不放松抓好粮食生产，加快转变农业发展方式，在探索现代农业发展道路上创造更多经验。[①] 据澎湃新闻 2016 年 11 月 14 日报道，在 2015 年全球粮食安全指数的排名中，中国仅列第 42 位。国家统计局数据表明，2016 年全国粮食总产量 61,623.9 万吨，比上一年减少 520.1 万吨，降低 0.8%，全国粮食播种面积 169,542.3 万亩，比上一年减少 0.3%，全国粮食作物平均亩产比上一年减少 0.6%。[②]

2016 年，我国进口大豆 8391 万吨，远远超过同期进口的小麦（341 万吨）和稻谷与大米（356 万吨）；2016 年，我国玉米产量 21,955 万吨，进口玉米 318 万吨，约占我国全年玉米产量的 1.4%。粮食播种面积和单产下降除自然灾害等原因外，另一个原因是高产作物面积减少。[③] 进口大豆和玉米由于采用转基因技术种植，价廉物美，深受国内消费者青睐。事实上，我国已经对进口大豆和玉米产生严重依赖。2018 年，美国挑起中美贸易争端，中国政府不得不采取反制措施，提高美国农产品的进口

---

① 参见《抓好粮食生产　保障粮食安全》，载《人民日报》2020 年 7 月 26 日，第 1 版。

② 参见《国家统计局农村司高级统计师黄秉信解读粮食生产情况》，载国家统计局网 2016 年 12 月 8 日，stats. gov. cn/sj/sjjd/202302/t20230202_185799. html。

③ 参见《国家统计局农村司高级统计师黄秉信解读粮食生产情况》，载国家统计局网 2016 年 12 月 8 日，stats. gov. cn/sj/sjjd/202302/t20230202_185799. html。

关税,但是这种做法也影响了许多国内下游产业链。[①] 因此,加快在我国推广种植转基因粮食作物,减少对进口的依赖,关系我国的粮食安全和国民经济的健康发展。

早在 1993 年,当时的国家科委制定了转基因生物安全管理的指导性文件。1996 年,当时的农业部正式实施《农业生物基因工程安全管理实施办法》。2001 年 5 月 23 日,国务院颁布了《农业转基因生物安全管理条例》,这标志我国将农业转基因生物安全管理从研究试验延伸到生产、加工、经营和进出口各个环节。[②] 条例不仅规范转基因农作物的种植,也规范转基因动物、微生物以及从上述产品中提炼的加工产品。2008 年,国务院批准设立转基因生物重大攻关专项。自此,我国转基因技术研发得到迅速发展,尤其是转基因棉花的推广,我国市场上 95%的转基因棉花是由本国研发的。

国际农业生物技术应用服务组织(ISAAA)2012 年发布的简报显示,中国种植了 400 万公顷的转基因经济作物,包括棉花、木瓜、杨树、西红柿和甜椒,这一数量在全世界排名第六。转基因棉花在我国的采用率已经达到 93%,抗病毒木瓜的种植面积增加了约 50%。[③] 此外,棉花、大豆、玉米、油菜这四种转基因作物已经获得我国政府颁发的进口许可证,其中进口转基因棉花种子被允许在中国种植,其他三种转基因作物只能用作原料。

迄今为止,我国尚未批准转基因主粮的商业化生产。2015 年修订的《食品安全法》第 69 条规定:“生产经营转基因食品应当按照规定显著标示。”这是《食品安全法》第一次将转基因食品纳入其调整范围。2018 年与 2021 年修正的《食品安全法》均保留了上述规定。我国是世界上为数不多采用定性标识的国家,即只要产品中含有转基因成分就必须注明。就此而言,中国可以说是世界上转基因食品管制最严的国家之一。作为一项具有战略意义的新兴产业,农业生物技术产业一直受到中国政府的支持。2019 年 2 月 25 日,习近平总书记在中央全面依法治国委员会第二次会议上强调,要统筹考虑生物安全立法。[④]《生物安全法》已于 2021 年 4 月 15 日正式施行。

按照国家“十二五”规划,我国开始加快农业生物育种技术的推广应用,并

---

① 经过短暂限制之后,中国恢复进口美国大豆。参见《中储粮集团公司近日又采购美国大豆》,载中国储备粮管理集团有限公司网 2019 年 2 月 2 日,http://www.sinograin.com.cn/article1.html?navId=13&artId=15961&arindex=2。

② 该条例的最近一次修订是 2017 年 10 月 7 日。

③ 参见克莱夫·詹姆斯(Clive James):《2014 年全球生物技术/转基因作物商业化发展态势》,载《中国生物工程杂志》2015 年第 1 期。

④ 参见《习近平主持召开中央全面依法治国委员会第二次会议强调 完善法治建设规划提高立法工作质量效率 为推进改革发展稳定工作营造良好法治环境》,载《人民日报》2019 年 2 月 26 日,第 1 版。

鼓励创新和开发具有重要应用价值和自主知识产权的生物新品种。基于这一规划和其他相关配套政策，原农业部发布了《农业科技发展“十二五”规划（2011—2015 年）》，对包括加强转基因生物研究在内的农业科学技术发展作出了具体部署。此外，有关培育新的转基因品种的重大科研项目在“十二五”期间继续进行。上述规划同时整合了生物安全评估和管理，并将其作为生物技术产业发展的重点。

第一节　我国当前转基因生物/食品管制的立法框架

一、转基因生物管理制度

国家立法的目的在于平衡推广应用农业转基因生物技术与消费者的关注以及环境安全之间的关系。中国已经加入《卡塔赫纳生物安全议定书》①和《生物多样性公约》②，这是我国转基因生物管理制度框架中包含的国际法因素，尽管这些条约没有强制约束力。《卡塔赫纳生物安全议定书》是第一部涉及转基因技术的国际条约，对转基因生物的越境转移、赔偿责任、公众参与决策、风险评估管理、标识等都作出较为全面的规定。

我国目前尚未制定专门针对转基因生物的法律。2002 年修订的《农业法》首次规定，任何单位和个人都必须在依照国家规定和严格执行安全防范措施的前提下进行农业转基因生物的研究、试验、生产、加工、经营及其他应用工作。2012 年修正的《农业法》仍保留该条款。有关转基因生物的行政管制措施主要是针对农业领域，其中包括国务院 2001 年制定、2017 年修订的《农业转基因生物安全管理条例》。该条例是目前我国管制转基因生物内容最全面的法律规范，它不仅规范转基因生物在农作物中的使用，也规范其在动物、微生物和其他产品中的使用。该条例第 3 条第 1 款规定，农业转基因生物是指利用基因工程技术改变基因组构成，用于农业生产或农产品加工的动植物、微生物及其产品，主要包括：(1)转基因动植物（含种子、种畜禽、水产苗种）和微生物；(2)转基因动植物、微生物产品；(3)转基因农产品的直接加工品；(4)含有转基因动植物、微生物或者其产品成分的种子、种畜禽、水产苗种、农药、兽药、肥料和添加剂等产品。

---

①　我国于 2000 年 8 月 8 日签署了议定书。国务院于 2005 年 4 月 27 日正式核准我国加入《议定书》，并于 2005 年 6 月 8 日交存核准书。我国于 2005 年 9 月 6 日正式成为《议定书》缔约方。

②　中国于 1992 年 6 月 11 日签署该公约，该公约于 1993 年 12 月 29 日对中国生效。

该条例的宗旨是对农业转基因生物加强管理，确保人体健康和动植物、微生物安全，保护生态环境，推动转基因生物技术研究顺利开展。在我国，所有与农业转基因生物研究、测试、生产、加工、商业运作和进出口有关的活动都受到该条例规制。该条例第 4 条规定，全国的农业转基因生物安全监管工作由国务院农业行政主管部门负责，同时结合《食品安全法》有关规定，地方的农业转基因生物和食品安全监管分别由县级以上地方各级人民政府农业和县级以上各级人民政府卫生行政主管部门负责。该条例第 6 条至第 8 条规定了转基因生物安全管理的一些细则，其中第 6 条规定，农业农村部将农业转基因生物分为四个等级，主要考虑对人类、动植物、微生物和生态环境的危险程度；第 7 条规定，农业转基因生物安全评价标准和技术规范的制定由国务院农业行政主管部门负责。第 8 条规定，国务院农业行政主管部门同时还负责制定、调整并公布实施标识管理的农业转基因生物目录（第 8 条）。

该条例第 7 章（第 42 条至第 53 条）对从事转基因生物研究、食品生产者的违规行为作了相应的处罚规定，其中第 43 条是有关违反环境释放、生产性试验规定的处罚；第 46 条是对未经批准生产、加工农业转基因生物或者未按照批准的品种、范围、安全管理要求和技术标准生产、加工的处罚；第 53 条对构成犯罪的行为规定了应当承担的刑事责任。

根据该条例规定，原农业部等相关职能部门制定了一系列规章制度，其中 2002 年首次颁布实施、2004 年和 2017 年两次修改的《农业转基因生物标识管理办法》对农业转基因生物采取目录管理方式，目录内的产品未标识或不按规定标识的，不得进口或销售。第一批标识管理目录包括下列五类转基因产品：第一类有，大豆种子、大豆、大豆粉、大豆油、豆粕；第二类有，玉米种子、玉米、玉米油、玉米粉（含税号为 11022000、11031300、11042300 的玉米粉）；第三类有，油菜种子、油菜籽、油菜籽油、油菜籽粕；第四类有，棉花种子；第五类有，番茄种子、鲜番茄、番茄酱。

依据 2002 年颁布实施、2004 年和 2017 年两次修改的《农业转基因生物进口安全管理办法》，进口农业转基因生物的管理按照“用于研究和试验”“用于生产”“用作加工原料”三种不同用途分别进行，其中进口用于研究和试验、安全等级为一、二级的转基因生物，引进单位必须向农业转基因生物安全管理办公室提出申请；为了科学实验，进口安全等级为三、四级的转基因生物以及所有安全等级转基因生物进行中间试验的，引进单位应当向农业农村部提出申请；从我国境外引进转基因生物进行环境释放和生产性试验的，引进单位应当向农业农村部提出申请；从我国境外引进转基因生物用于试验的，引进单位应当从中间试验阶段开始,逐阶段分批向农业农村部申请。向中国出口转基因植物种子、种畜禽、水产苗种的境外公司和利用转基因生物生产的或者含有转基因生物成分的植物种子、种畜禽、水产苗种、农药、兽药、肥料和添加剂等拟用于生产应用的境外企业向中国出口其产品的,应当向我国农业农村部提出申请。境外企业向中国出口转基因生物用作加工原料的,应当向农业农村部申请领取转基因生物安全证书。

2022 年 1 月 21 日修订的《农业转基因生物安全评价管理办法》(以下简称《管理办法》)旨在保障人类和动植物健康,保护生态环境,加强转基因生物安全评价管理。该办法的制定依据是《农业转基因生物安全管理条例》,其中第 2 条指出,《管理办法》是为了管理在我国境内从事农业转基因生物的研究、试验、生产、加工、经营和进口、出口活动。《管理办法》指定国家农业转基因生物安全委员会负责转基因生物进口的安全评价工作。[①] 转基因生物进口的安全管理工作由农业转基因生物安全管理办公室负责。转基因生物如果用于研究与试验或者农业生产和加工的,都要向农业转基因生物安全管理办公室进行申请。

《农业转基因生物安全管理条例》第 21 条规定,单位和个人从事农业转基因生物生产、加工的,应当由国务院农业行政主管部门或者省、自治区、直辖市人民政府主管部门批准。从 2006 年 7 月 1 日起,《农业转基因生物加工审批办法》开始实施。除许可审批外,该办法还要求从事转基因生物加工的主体具备与加工转基因生物相适应的专用生产线和封闭式的仓储设施、加工废弃物及灭活处理的设备和设施、完善的转基因生物加工安全管理制度和突发事件应急预案、转基因生物与非转基因生物原料加工转换污染处理控制措施。此外,该主体还需要建立转基因生物安全管理小组,具备掌握转基因生物安全知识的管理人员和技术人员等。

2004 年,原国家质量监督检验检疫总局颁布的《进出境转基因产品检验检疫管理办法》对进境、过境和出境的转基因产品实施检验,包括通过贸易、来料加工、邮寄、携带、生产、代繁、科研、交换、展览、援助、赠送等各种方式进出境的转基因产品。原国家林业局于 2006 年还单独颁布了《开展林木转基因工程活动审批管理办法》。此外,《种子法》《渔业法》《环境保护法》《基因工程安全管理办法》等法律和部门规章也包含规范转基因生物的内容。

除了上述国家立法,一些省市也制定了本地区的地方性法规和规章。海南省第六届人大常委会第七次会议修正通过了《海南省农产品质量安全条例》,

---

① 《农业转基因生物安全管理条例》第 9 条第 2 款规定,农业转基因生物安全委员会由从事农业转基因生物研究、生产、加工、检验检疫以及卫生、环境保护等方面的专家组成。

自2018年12月1日起施行。该条例第30条规定,在海南省境内的畜禽及其产品、属于农业转基因生物的农产品,应当按照有关规定进行标识。2013年10月25日,甘肃省张掖市政府出台了《关于建设农产品安全大市的意见》,规定严禁任何企业和个人在张掖落地从事繁育、销售和使用转基因种子的经营活动。

二、转基因食品管理制度

(一)《食品安全法》

2021年4月29日生效的新修正的《食品安全法》被称为中国史上最严厉的食品安全法。在转基因食品方面,该法明确规定了转基因食品的强制、定性标识要求,[①]并且对于违反转基因食品标志要求的行为,规定所处的罚款可达货值金额的5倍以上10倍以下。对于情节严重的行为,主管部门可责令其停产停业,甚至吊销食品生产经营许可证。此外,该法还确立了下列确保食品安全的制度:

1. 风险评估制度

《食品安全法》第17条提出,评估方法要科学。在食品安全风险监测信息科学数据的基础上,相关机构对食品、食品添加剂以及食品相关产品中的生物性、化学性和物理性危害因素进行风险评估。评估人员由国务院卫生行政部门从医学、农业、食品、营养、生物、环境等领域的专家中聘任,组成食品安全风险评估专家委员会。风险评估结果应当向社会公布,对于不安全的结论,国家食品安全监督管理部门应当依据各自职责告知消费者,并及时采取相应措施。

2. 食品生产经营许可制度

受理许可申请的机关为县级以上市场监督管理部门。食品企业的日常生产经营活动也由市场监管部门负责监管。销售食用农产品不需要取得许可,主要由农业主管部门监督管理。值得注意的是,采用新的食品原料生产食品或者生产食品添加剂新品种的生产厂商应当向国务院卫生行政部门申请许可,安全许可审查适用"实质等同原则"。同时,国家还要求在生产经营过程中建立食品安全全程追溯制度,并鼓励食品生产经营企业参加食品安全责任保险。

3. 召回制度

《食品安全法》第63条规定,国家建立食品召回制度,产品召回分为"自愿召回"和"强制召回"。《食品召回管理办法》第13条将食品召回分为三级。

---

① 参见《食品安全法》第69条规定:"生产经营转基因食品应当按照规定显著标示。"

(1)一级召回:这是针对最严重的食品安全事件所采取的召回制度。在相关食品可能导致严重健康损害甚至死亡的情况下,生产者应当在知悉安全风险后24小时内启动召回,并向县级以上市场监督管理部门报告。(2)二级召回:除导致严重健康损害和生命危害情况之外,生产者应当在知悉食品安全风险后48小时内启动召回,并向县级以上市场监管部门报告。(3)三级召回:主要是针对食品中含有虚假标签、标识情形。对此,生产者应当在知悉食品安全风险后72小时内启动召回,并向县级以上市场监管部门报告。

上述制度均适用于转基因食品。随着新《食品安全法》的颁布,我国越来越多的规定与发达国家的食品法律制度趋近,包括风险评估、生产经营过程控制、召回制度、食品追溯制度等。但是从整体上讲,我国的食品安全问题主要还是依靠事前审批以及事后行政处罚来进行规制,过程监管的规定比较少。《食品安全法》虽然尝试引入经济或市场手段来弥补这一不足,但是缺乏具体的配套制度。

(二)与转基因食品相关的立法

1. 原卫生部(现为国家卫生健康委员会)是第一个制定有关转基因食品部门规章的机构,其先后出台两部此类规章。《转基因食品卫生管理办法》是第一部专门性规章,2002年颁布实施,但是被《新资源食品管理办法》取代。原来的管理办法在第5条规定:“转基因食品的食用安全性和营养质量不得低于对应的原有食品。”第8条明确指出,转基因食品食用安全性和营养质量评价遵循实质等同原则和个案处理原则,将“实质等同”作为安全性评价的原则之一。同时,该管理办法要求建立转基因食品品种目录,将批准生产、经营的转基因食品纳入其中。然而,该目录到《转基因食品卫生管理办法》废止时仍未公布。

在标识方面,原来的管理办法采取定性标识要求,即只要含有转基因生物成分的就要标注。这种定性标识相较于欧盟等国家和地区的定量标识、美国的自愿标识都更为严格。新修订的《食品安全法》(第69条)也是采用这种定性标识的监管措施。可见,2002年制定的《转基因食品卫生管理办法》尝试引入“实质等同”作为安全性评价指导原则,但这仅仅是原则,并不是具体的评价标准。

2. 从2013年10月1日起,《新食品原料安全性审查管理办法》取代了《新资源食品管理办法》。2017年12月26日,《新食品原料安全性审查管理办法》(以下简称《新管理办法》)修订,第23条明确提出了实质等同的定义,即“某个新申报的食品原料与食品或者已公布的新食品原料在种属、来源、生物学特征、主要成分、食用部位、使用量、使用范围和应用人群等方面相同,所采用的工艺和质量要求基本一致,可以视为它们是同等安全的,具有实质等同性”。《新管理办法》第16条规定，在适用实质等同原则时，对具有实质等同性的食品或已公告的新食品原料应当作出终止审查的决定，并书面告知申请人。卫生监督中心还应当及时向社会公开“终止审查”和“准予许可”的新食品原料情况，以便公众查阅。

《新管理办法》第24条明确规定：“本办法所称的新食品原料不包括转基因食品、保健食品、食品添加剂新品种。转基因食品、保健食品、食品添加剂新品种的管理依照国家有关法律法规执行。”《转基因食品卫生管理办法》废止后，《新资源食品管理办法》及其后续的《新食品原料安全性审查管理办法》均无法适用转基因食品，这使得专门管制转基因食品的法律法规目前仍付之阙如。（前述转基因生物、转基因食品管理制度的相关法律法规见表1-1）

表1-1　我国现行转基因生物/食品监管法律体系

法律文件名称	生效时间	颁布部门	内容规定
《农业转基因生物安全管理条例》	2001年（2017年修订）	国务院	该条例是转基因生物安全管理的基石，也是转基因生物安全管理的主要立法，为转基因生物安全管理确立了以危险评级为指导方法的安全评价制度、三级许可证制度、定性强制标识制度、进出口管理制度等基础制度
《农业转基因生物安全评价管理办法》	2002年（2022年修订）	原农业部（农业农村部）	该管理办法进一步规定转基因生物安全评价管理程序与标准
《农业转基因生物进口安全管理办法》	2002年（2017年修订）	原农业部	该管理办法对于进口的转基因生物，按照用于研究和试验、用于生产、用作加工原料三种用途实行管理
《农业转基因生物标识管理办法》	2002年（2017年修订）	原农业部	该管理办法明确了标识对象、标注方法、标注义务人等具体规定
《农业法》	1993年（2012年修正）	全国人大常委会	该法要求依照国家规定，对转基因生物的研究、试验、生产、加工、经营及其他应用严格实行各项安全控制措施
《进出境转基因产品检验检疫管理办法》	2004年（2023年第四次修正）	原国家质监总局（海关总署）	该管理办法确立了转基因产品的进出境管理以及检验检疫制度

续表

法律文件名称	生效时间	颁布部门	内容规定
《农业转基因生物加工审批办法》	2006年（2019年修正）	原农业部（农业农村部）	该审批办法具体规定了转基因生物加工许可制度中的许可条件以及许可程序
《农产品质量安全法》	2006年（2022年修订）	全国人大常委会	该法明确规定，属于农业转基因生物的农产品应当按照农业转基因生物安全管理的有关规定进行标识
《外商投资准入特别管理措施（负面清单）（2021年版）》	2021年	国家发改委、商务部	1. 小麦新品种选育和种子生产的中方股比不低于34%、玉米新品种选育和种子生产须由中方控股； 2. 禁止投资中国稀有和特有的珍贵优良品种的研发、养殖、种植以及相关繁殖材料的生产（包括种植业、畜牧业、水产业的优良基因）； 3. 禁止投资农作物、种畜禽、水产苗种转基因品种选育及其转基因种子（苗）生产； 4. 禁止投资人体干细胞、基因诊断与治疗技术开发和应用
《种子法》	2000年（2021年修正）	全国人大常委会	该法规定，转基因植物品种的选育、试验、审定和推广应当进行安全性评价，并采取严格的安全控制措施。国务院农业农村、林业草原主管部门应当加强跟踪监管并及时公告有关转基因植物品种审定和推广的信息
《食品安全法》	2015年（2021年修正）	全国人大常委会	该法规定了生产经营转基因食品应当按照相关规定显著标示以及针对违规行为的罚则

第二节　我国当前转基因生物/食品研制、生产、市场化管制的组织架构

按照《农业转基因生物安全管理条例》规定，转基因生物在中国测试、生产、营销需要得到政府批准。涉及安全等级三级和四级的转基因生物研究必须

向农业农村部报告。目前,我国已经构建起以农业农村部为主的管理体系基本框架。

一、转基因生物主管部门

(一)农业农村部

农业农村部是目前国家负责生物安全管理的主管部门。《农业转基因生物安全管理条例》第4条赋予其“负责全国农业转基因生物安全的监督管理工作”职责,县级以上地方各级人民政府农业主管部门负责本行政区域内的农业转基因生物安全监管工作。国务院其他各职能部门在其权属范围内负责生物安全管理。县级以上政府有关部门,依照《食品安全法》规定,负责本行政区域内转基因食品安全的监管工作。

(二)转基因生物安全委员会

为了使转基因生物与转基因食品的安全性有个权威定论,根据《农业转基因生物安全管理条例》第9条,国家成立了农业转基因生物安全委员会,评估和审批转基因生物安全证书的申请。安全委员会成员来自转基因生物研究、生产、加工、检验检疫、卫生、环境保护等相关领域,任期5年。第六届农业转基因生物安全委员会于2021年成立,共有76名委员,他们是农业、医学、卫生、食品、环境、检测检验等领域的专家,其中院士16名,含6名中科院院士和10名工程院院士。农业农村部下设的农业转基因生物安全管理办公室负责具体的安全评价管理工作。

(三)转基因食品监管机关及监管环节

我国对转基因食品实行多头监管。除涉及进出口贸易的转基因食品外,农业农村部是目前我国转基因生物的主管机关,并负责审批农产品上市。对于初级农产品以外的食品,国家市场监督管理总局和各级市场监管局是主要监管机关,负责食品生产经营许可证的发放。卫生行政部门主要发挥其综合协调的职能,同时负责新食品原料的安全性评价及审批,但是不包括转基因食品、保健食品、食品添加剂新品种的审批。(具体监管机关、监管环节及监管对象见表1-2)

表1-2 国务院各职能部门监管转基因生物分工示意

监管环节	监管机关	监管对象
中间试验安全性评价及审批	农业农村部	农作物产品
环境释放安全性评价及审批	农业农村部	农作物产品
生产性试验安全性评价及审批	农业农村部	农作物产品
转基因生产应用安全证书	农业农村部	农作物产品

续表

监管环节	监管机关	监管对象
主要农作物品种审定	农业农村部	农作物产品
生产许可证	农业农村部	农作物产品
加工许可证	农业农村部	农作物产品
经营许可证	农业农村部	农作物产品
食品生产许可证	国家市场监督管理总局	食品
食品经营许可证	国家市场监督管理总局	食品
新食品原料申请	国家卫生健康委员会	食品添加剂等新食品原料(不包括转基因食品)

二、转基因生物研究与试验的管制程序

2022年修订的《农业转基因生物安全评价管理办法》第18条规定,在中国从事农业转基因生物研究与试验,应当具备以下条件:(1)在中国境内有专门机构;(2)有从事上述活动的专职技术人员;(3)配置符合标准的仪器设备和基础设施;(4)成立专门的管理小组。该办法第20条规定,从事安全等级为一级和二级的农业转基因生物实验研究,由承担该研究项目单位的农业转基因生物安全小组批准;从事安全等级为三级和四级的转基因生物实验研究,应当事先向农业农村部下属的农业转基因生物安全管理办公室报告。

《农业转基因生物安全管理条例》第13条将转基因生物试验分为三个阶段:中间试验(在控制系统内或者控制条件下进行的小规模试验)、环境释放(在自然条件下采取相应安全措施所进行的中等规模的试验)、生产性试验(在生产和应用前进行的较大规模试验)。第14条规定,实验室前期研究结束后,如果需要进行中间试验,试验单位必须向农业农村部报告。此外,第15条规定,从一个阶段的试验转变到另一个阶段试验也需要获得农业农村部批准。

三、转基因生物生产审批程序

《农业转基因生物安全管理条例》第16条规定,三个阶段试验完毕后,研究人员可以向农业农村部申请转基因生物安全证书,并提供下列材料:(1)相关转基因生物的安全等级和确定安全等级的依据;(2)生产性试验的总结报告;(3)农业农村部规定的其他材料。该条例第19条规定,生产转基因植物种子、种畜与家禽、水产苗种需要向农业农村部申请生产许可证。该条例第21条

规定,任何从事转基因生物生产和加工的组织与个人都必须获得农业农村部或省级农业主管部门的许可。

四、转基因产品营销审批程序

《农业转基因生物安全管理条例》第25条规定,向市场推广转基因植物种子、种畜与家禽、水产苗种等,需要获得国务院农业行政主管部门颁发的经营许可证。第29条规定,对转基因生物进行宣传推广,也需要获得农业农村部的批准。第31条规定,任何外国公司向中国出口转基因作物种子、种畜与家禽、水产苗种以及其他用转基因生物生产或含有转基因生物成分的产品(植物种子、种畜与家禽、水产苗种、农药、兽药、化肥、添加剂等),事先必须向我国农业农村部申请获得转基因生物安全证书。该条例第32条规定,向中国出口转基因生物作为原料的,外国公司也必须经历上述程序,并获得我国农业农村部颁发的农业转基因生物安全证书。

五、转基因生物标注规定

《农业转基因生物安全管理条例》第27条规定,凡是在我国境内销售国家转基因生物名录内的转基因生物产品必须有醒目标注,没有标注的不准销售。该条例第28条规定,标签上需注明所采用的转基因物质的名称。如果对该物质销售有特别限制的地区,还应该包括这些地区的信息。依据我国的标签制度,第一批转基因生物产品目录附在《农业转基因生物标识管理办法》后一起发布,包括大豆种子、大豆、大豆粉、大豆油、豆粕、玉米种子、玉米、玉米油、玉米粉、油菜种子、油菜籽、油菜籽油、油菜籽粕、棉花种子、番茄种子、鲜番茄、番茄酱,共17种。

我国目前实行强制标识和定性标识制度,要求对于使用转基因技术本身进行标识,但标识范围仅限于《农业转基因生物标识管理办法》所附的目录。生物标识主要依据管理办法,转基因食品标识还缺乏具体的规定,比如是否应当引入阈值等。由于定性标识十分僵化,不具有实际可操作性,在转基因食品种类不多的市场,该标识方法可适用于初期阶段。一旦转基因产品市场发展起来,无论是生产环节还是销售流通环节,都可能出现一定比例的"基因污染",设定转基因生物阈值十分必要。

阈值的确定通常与一个国家和地区的食品安全科技水平、食品安全市场可控性、转基因食品普及程度有关。即使是对转基因食品管制非常严格的欧盟也规定了0.9%的阈值,而日本、俄罗斯定量标识的阈值为5%,巴西为4%,马来西亚为3%,澳大利亚、新西兰为1%。[①] 我国现行按目录管理的做法迟滞于市场发展,使得消费者无法从标识判断是否为转基因食品,反而容易导致错误认识。设定一个阈值,这不仅让生产者清楚产品中转基因含量的界限,也让消费者自己有个选择标准。

六、向自然环境释放转基因生物的限制

(一)环境释放

按照《农业转基因生物安全管理条例》第13条规定,环境释放是指在自然环境条件下,在采取安全措施的前提下进行的中等规模试验。这是在严格控制条件下的田间试验之后的第二个试验阶段,一般在生产试验阶段之前进行。田间试验结束后,研究人员在向环境释放转基因生物之前必须向农业农村部递交申请。转基因生物安全委员会通过了对该申请的安全审查之后,农业农村部才会批准生产试验。该条例第15条规定,在递交申请书的同时,申请人还需要递交下列材料:

(1)农业转基因生物的安全等级和确定安全等级的依据;

(2)农业转基因生物技术检测机构出具的检测报告;

(3)相应的安全管理措施防范措施;

(4)上一试验阶段的试验报告。

(二)报告制度

有关个人和组织必须按照被批准的转基因生物种类、规模、安全控制要求以及相关技术标准安排生产。按照《农业转基因生物安全管理条例》第22条规定,他们必须定期向当地农业主管部门报告生产、加工、安全管控以及产品存放地点等信息。《农业转基因生物安全评价管理办法》第34条规定,进行农业转基因生物试验、生产的单位,应当接受农业主管部门的监督检查,并在每年3月31日前,向试验、生产所在地省级和县级农业主管部门递交前一年度试验、生产总结报告。

七、转基因生物在食品中的使用限制

转基因食品的原料因经过基因改良含有转基因生物,也受《农业转基因生物安全管理条例》调整。本小节第二至第五部分的规定同样适用于转基因食品的研发。然而,转基因食品本质上属于食品,生产上市之后理应由食品卫生、

① 参见金芜军、贾士荣、彭于发:《不同国家和地区转基因产品标识管理政策的比较》,载《农业生物技术学报》2004年第1期。

市场监管等其他相关部门管制，可是我国现有的食品法律法规要么明确将转基因食品排除在规制范围之外，要么只是一笔带过，没有详细规定。因此，我国的转基因食品法律规制有待进一步完善。

第三节　我国当前与转基因食品安全相关的法律责任规定

《食品安全法》中规定的一些普遍原则，如民事责任优先与损害赔偿制度、风险评估监测与信息公开制度、生产经营主体责任与召回制度等，同样适用于转基因食品监管。这些制度形成了我国转基因食品安全事故法律责任认定的基本框架。从法律责任看，《食品安全法》规定的法律责任明显高于关于农业生物的法规规章设定的责任。由中共中央办公厅、国务院办公厅印发，2019 年 2 月 5 日起施行的《地方党政领导干部食品安全责任制规定》明确把保证老百姓舌尖上安全的责任落实到各级政府。事实上，由于农产品是食品的主要来源，加强与之相关的食品安全法律责任制度，更利于震慑违法行为，提高违法成本，采取预防措施。《农业转基因生物安全管理条例》规定了农业主管部门可以实施责令改正、没收产品和违法所得、罚款等行政处罚措施。该条例规定的处罚以行政处罚为主，在某些情况下，也可适用民事或刑事处罚。

一、行政处罚

《农业转基因生物安全管理条例》第 43 条规定，任何单位和个人未经批准，擅自从事转基因生物环境释放、生产性试验的，已获批准但未按照规定采取安全管理、防范措施的，或者超过批准范围进行试验的，由农业农村部或者省、自治区、直辖市农业主管部门责令其停止一切试验活动，并处 1 万元以上 5 万元以下的罚款。该条例第 44 条规定，生产性试验结束后，有关单位或个人在未取得农业转基因生物安全证书的情况下，擅自将农业转基因生物投入生产和应用的，农业农村部责令其停止生产和应用，并处 2 万元以上 10 万元以下的罚款。该条例第 46 条规定，任何单位和个人未经批准，擅自生产或加工转基因生物，或者虽经批准，但是不按规定的种类、规模、安全管控要求和技术标准进行的，将受到罚款 10 万元以上 20 万元以下的行政处罚。如果违法所得超过 10 万元，最高可以处以违法所得 5 倍罚款的处罚。该条例第 48 条规定，任何单位或个人违反该条例规定，未经农业农村部批准，擅自进口农业转基因生物的，农业农村部应责令停止进口，没收已进口的产品和违法所得；违法所得 10 万元以上的，并处违法所得 1 倍以上 5 倍以下的罚款；没有违法所得或者违法所得不足10万元的,并处10万元以上20万元以下的罚款。该条例第50条规定,违反该条例关于农业转基因生物标识管理规定的,由县级以上农业主管部门责令当事人或单位限期改正。主管部门可以没收非法销售的产品和违法所得,并可以处1万元以上5万元以下的罚款。

此外,未经批准进行农业转基因生物研究、试验、储存、运输的,也将受到行政处罚。处罚内容包括中止相关行为、纠正违法行为、没收非法所得、罚款等。

二、民事赔偿

《农业转基因生物安全管理条例》第52条规定,任何单位或个人在研究、试验、生产、加工、贮存、运输、销售或者进口、出口转基因生物过程中,如果发生基因安全事故,造成损害的,责任人应给予受害者赔偿。至于赔偿形式,条例没有特别规定,可以推定适用《民法典》第179条列举的民事责任承担方式,即"停止侵害,排除妨碍,消除危险,返还财产,恢复原状,修理、重作、更换,继续履行,赔偿损失,支付违约金,消除影响、恢复名誉,赔礼道歉"等。上述民事责任的承担方式,视情节可以单独适用,也可以合并适用。

三、刑事制裁

《农业转基因生物安全管理条例》第51条规定,从事农业转基因生物相关活动的单位或个人假冒、伪造、转让或者买卖有关证明文书的,由县级以上农业行政主管部门收缴其相应的证明文书,并处2万元以上10万元以下的罚款;其行为构成犯罪的,依法追究刑事责任。该条例第53条规定,农业农村部或者省、自治区、直辖市农业行政主管部门违反该条例规定核发许可证、农业转基因生物安全证书以及其他批准文件的,或者核发许可证、农业转基因生物安全证书以及其他批准文件后不履行监督管理职责的,对直接负责的主管人员和其他直接责任人员依法给予行政处分;构成犯罪的,追究其相应的刑事责任。

四、司法决定与著名案例

随着司法体制改革的进一步深化,中国已经建立公开、权威、系统的司法裁判文书查询系统。截至撰稿之时,中国裁判文书网已经公布了63,740,452篇司法文书,其中刑事文书7,687,762篇,民事文书40,246,333篇,行政文书1,936,205篇,赔偿文书55,358篇,执行文书13,687,729篇。

查询结果显示,共有491起民事和行政案件、91起刑事案件涉及转基因产品,但是这些案件争议的焦点并不是转基因产品的安全性问题,而是涉及转基因产品的合同纠纷或者在行政、刑事案件中涉及转基因产品。例如：上海市第二中级人民法院作出的“中国四达国际经济技术合作有限公司上海分公司、迪亚天天（上海）管理咨询服务有限公司与陈某霖经济补偿金纠纷二审民事判决书（2016）沪02民终2727号”；湖北省高级人民法院作出的“湖北省种子集团有限公司与河南华冠种业有限公司种植、养殖回收合同纠纷二审民事判决书（2016）鄂民终107号”；河南省高级人民法院作出的“赵某立、郑州市二七区人民政府二审行政判决书（2016）豫行终1288号”；福建省泉州市中级人民法院作出的“姚某时、蔡某凯假冒注册商标罪二审刑事裁定书（2014）泉刑终字第1062号”；江苏省南通市中级人民法院作出的“被告人孙某根犯故意杀人罪一审刑事判决书（2014）通中刑初字第0005号”。

迄今为止，中国的法院尚未受理过有关转基因生物安全性的纠纷案件。

第四节　我国当前转基因食品法律规制存在的问题

一、法律规范缺乏体系化

对于生物技术立法，我国台湾地区学者蔡珍宗提出过两种模式：“水平面立法模式”和“垂直型立法模式”。前者是指以程序为导向进行生物技术相关领域的立法，这也是欧盟采用的“以工艺工程为基础”的立法管理模式，其特点在于形成独立的、跨越各个具体应用领域的基因科技统一管理法律规范；这种管制模式的基本理念是将基因科技视为危险源或风险源，而不问其具体运用的产品对象，对转基因产品的生产、加工和上市都制定相应的法律规范进行严格控制。后者是“以产品为基础”的立法管理模式，是以个别产品领域或具体应用领域为导向进行相关立法管制①。

我国的转基因生物立法始于20世纪90年代。1993年，原国家科委颁布的《基因工程安全管理办法》，为我国转基因生物安全管理奠定了基本框架。国务院于2001年颁布的《农业转基因生物安全管理条例》则开启了我国在这一领域的基础性立法。随后，当时的农业部先后制定颁布了《农业转基因生物安全评价管理办法》《农业转基因生物进口安全管理办法》《农业转基因生物标识管理办法》《农业转基因生物加工审批办法》。从转基因生物安全管理角度而言，这些条例与部门规章涉及的范围还是比较全面的，但是从发展我国转基

① 参见蔡宗珍：《程序导向的基因科技立法必要性与其规范内涵初探》，载《生物科技与法律研究通讯》2001年第9期。

因生物技术和保护人民群众身体健康角度来讲，还有进步空间。

目前，我国有关转基因生物的行政法规和规章比较齐全，这些规定对于以转基因生物为研究对象的转基因食品研发是有规范作用的，但是转基因产品一旦获得批准上市之后，上述规范的规制效力就将减弱，而相关的食品法律规范又无法对转基因食品进行有效规制，在各部门之间没有形成统一有效的管理机制，并且在没有统一法律指引的情况下，全国的监管工作容易出现不协调，甚至冲突现象。

有学者认为，《生物安全法》的出台，意味着转基因食品法律规制的完善。① 但是，转基因生物不仅涉及食品，还涉及医疗、环境等多个领域；转基因生物也不仅涉及技术问题，还涉及伦理、公共卫生与环境安全等诸多重大社会问题。作为生物领域的基本法，《生物安全法》只能对包括转基因生物在内的相关领域和问题作出一些原则性规定，无法就转基因食品的法律规制作出具体规定。作为与《生物安全法》配套的下位法，"转基因食品安全管理条例"是我国目前规范转基因生物技术研发与转基因食品产业化的一个可行的切入点。转基因食品虽然并不代表转基因生物研发的全部，但无疑是其中的一个重要组成部分。制定一部与《农业转基因生物安全管理条例》并列的"转基因食品安全管理条例"，可以弥补原条例无法有效规制转基因食品生产与流通的不足。

制定"转基因食品安全管理条例"是基于我国有关转基因生物和食品规制的现实选择。目前，无论是《食品安全法》还是《农业转基因生物安全管理条例》都没有对转基因食品作出专门规定，原卫生部出台的一些相关部门规章也已经失效。可以说，我国转基因食品的法律规制目前处于真空状态。从另一个方面讲，如果我国现在就一步到位，采取制定转基因生物/转基因食品"基本法"的立法模式，这会带来一系列的法律修改。更重要的是转基因生物涉及的不止食品一个领域，若涉及的每一个领域都带来一系列修法工作，这将是一项浩大的工程。对转基因食品先制定单独的行政法规，在医疗、生态环境保护等领域视发展需要再制定相关行政法规。上述法规将与《生物安全法》共同构成我国完整的生物安全法律规制体系。

二、我国目前的转基因食品立法导向不够明确

（一）对待转基因食品需要明确立场

从现有的转基因食品标识制度看，我国更倾向于欧盟的风险预防原则。然

---

① 参见刘旭霞、余桢：《转基因农作物产业化法律问题研究》，载《华中农业大学学报（社会科学版）》2007 年第 3 期。

而,从鼓励转基因技术发展的角度看,我国还不能轻易对转基因食品作“有罪推定”。转基因食品是利用现代分子生物技术,将某些生物的基因转移到其他物种中去,从而改造生物原有的遗传物质,使其在性状、营养品质、消费品质等方面向人们所需要的目标转变的食品。[①] 转基因技术运用到粮食生产的主要目的是让转基因作物具有高营养、耐贮藏和抗病虫、抗除草剂的特点与功能。正如习近平总书记所说的,转基因是一项新技术,也是一个新产业,具有广阔发展前景。[②]

转基因农作物加工后的食品是否安全,评判的依据不是常人的经验,更不是捕风捉影或道听途说的言论,而是科学标准。无论是赞成还是反对,人们都应该以科学证据作为判断依据,一切用事实说话。在没有充分证据证明转基因食品有害之前,我们应该推定经过权威部门安全审查的转基因食品是安全的,这也是我们对待科学发展应有的基本态度。否则,对任何一项新技术都采取否定的态度,[③]会遏制科学技术的发展。

对于转基因食品态度不明确,这也造成我国迟迟不能设立一套合理的阈值制度。迄今为止,我国仍然坚持零阈值的定性标准,使我国的转基因食品标识制度较为严格、执法也在一定程度上面临困难。我们在确定转基因食品风险预防原则的同时,也需要对转基因食品设定合理的阈值标准,以便于执法部门监管。

(二)转基因食品标识范围需进一步明确

无论是新修改的《食品安全法》,还是《农业转基因生物安全管理条例》《农业转基因生物标识管理办法》,都没有对转基因食品下过定义,这造成了我国市场上需要标识的转基因食品范围不够明确。《农业转基因生物安全管理条例》第3条规定转基因生物包含了动植物、微生物及其制品。《农业转基因生物标识管理办法》第3条规定,凡是列入转基因生物标识目录的农业转基因生

---

① “转基因食品”是一个笼统的概念。以转基因食品中是否含有转基因源为标准,具体可将转基因食品分为以下三种不同类型:(1)原料尽管源于转基因生物,但食品本身并不含有任何转移的基因;(2)食品中确实含有转基因成分,但在加工过程中,其特性已经发生了改变,转移来的活性基因不复存在于转基因食品中;(3)食品中确实带有活性的基因成分,但是人们食用这种食品后,转移来的基因和食品本身固有的基因均被人体消化吸收。此外,根据原料来源不同,转基因食品还可以分为以下三种不同类型:(1)植物性转基因食品;(2)动物性转基因食品;(3)微生物转基因食品。参见世界卫生组织网,http://www.who.int/foodsafety/areas_work/food-technology/faq-genetically-modified-food/zh/,2019年2月28日访问。

② 参见习近平:《在中央农村工作会议上的讲话》2013年12月23日,载中共中央文献研究室编:《十八大以来重要文献选编》(上),中央文献出版社2014年版,第676页。

③ 参见胡加祥:《转基因食品安全性的法律思辨——“无罪推定”还是“有罪推定”》,载《法学》2015年第12期。

物,都需要进行标识,而《农业转基因生物标识管理办法》附件——《第一批实施标识管理的农业转基因生物目录》仅规定了五类17种产品(大豆、棉花种子、玉米、油菜种子、番茄种子等产品)。转基因生物目录的范围远比转基因生物定义的范围窄,这也造成了市场上出现不少转基因生物标识目录之外的产品。

(三)健全转基因食品生产全过程标识的制度保障

《农业转基因生物标识管理办法》第6条第3项规定,用转基因生物或用含有转基因生物成分的产品加工制成的产品,但最终销售产品中已不再含有或检测不出转基因成分的产品,标注为"本产品为转基因××加工制成"。可见,在制度选择上,我国的标识制度更偏向于欧盟的过程标识,但是我国却没有欧盟《可追溯性和标识法案》所规定的转基因食品生产全过程追溯制度。虽然2021年修正的《食品安全法》提到建立食品追溯和信息保留制度,但是考虑转基因食品成分检测追溯的特殊性,需要建立专门制度。①

(四)加大消费者的知情权保护

我国消费者的自我保护意识不断增强,特别是在互联网等新媒体兴起的今天。网上关于转基因食品的消息众说纷纭,②美国转基因食品标识制度的转变可能又会给一些蛊惑人心者一个机会。为了防止市场受到不实消息的影响,我国的转基因食品标识制度首先要加强对消费者知情权的保护,这也是我国应该采取转基因食品强制标识的基石。③

我国法律虽然要求对转基因食品进行显著标识,但是对于如何"显著标识"却没有明确规定。消费者经常碰到不标识或标识小而难找的商品。④ 这种现象出现的原因之一是我国没有对转基因食品标识订立一个明确的技术标准,如字体大小、颜色、标识的位置等。商家可以自由裁量"显著"标识,结果导致市场上出现各种转基因食品标识"躲猫猫"现象,加大了消费者获取信息的难度。还有一些商家对根本不存在转基因成分的产品采用否定性标识,以招徕消费者。⑤

针对目前转基因食品标识中存在的问题,我们需要通过"转基因食品安全管理条例"来规范标识做法,对以上问题作出制度上的回应。虽然近年来已经有提议要求对转基因食品进行专门立法,但是农业农村部以现有的《农业转基

---

① 参见付文佚:《我国转基因食品标识困境的立法破解》,载《中州学刊》2015年第9期。

② 参见贾鹤鹏、范敬群:《转基因科普,难在何处? 路在何方?》,载《京华时报》2015年3月30日。

③ 参见张忠民:《论转基因食品标识制度的法理基础及其完善》,载《政治与法律》2016年第5期。

④ 参见黄江洁:《转基因标示字小,市民调侃让你找不到》,载《广州日报》2014年12月25日。

⑤ 参见彭海容:《花生油虚标"非转基因"　企业居心何在?》,载《中国食品》2014年第10期。

因生物安全管理条例》以及5部配套办法(《农业转基因生物安全评价管理办法》《农业转基因生物标识管理办法》《农业转基因生物加工审批办法》《农业转基因生物进口安全管理办法》《进出境转基因产品检验检疫管理办法》)可以较好地规制转基因食品为由,没有考虑制定新的条例和办法。①

以保护消费者知情权为出发点,重新检视我国的转基因食品标识制度,已经是一个刻不容缓的议题。因此,我国转基因生物/食品法律规制体系完善的路径是:以"转基因食品安全管理条例"为基础,结合上位法《食品安全法》《生物安全法》以及并列的《农业转基因生物安全管理条例》,同时立、改、废相应的部门规章,构筑起一道完整的法律屏障。具体内容包括对转基因食品的明确定义以及对需要标识的范围作出界定;更新《转基因标识目录》,且规定目录仅作为参考,标识的范围不限于该目录;明确中国转基因食品标识以风险预防原则为指导,并在此基础上制定合理的阈值标准;建立符合我国转基因食品特点的全面信息追溯和保存机制,以确保对转基因食品进行生产全过程监管和标识,及时应对可能发生的转基因食品安全问题;对转基因食品显著标识的字体、图标等作出可以量化的标准规定,禁止采用容易误导消费者的否定式标识方式。

① 参见《农业部答复转基因食品安全立法:适时向立法部门建议》,载搜狐网,https://www.sohu.com/a/112052594_120802。

第二章　国内外相关研究的学术梳理与综述

食品安全是人类共同面临的一个挑战。在转基因食品的安全问题上,我们需要找到一种既符合人权标准、科学标准,也为国际社会所广泛接受的管理制度。转基因食品规制研究是一个跨学科选题,我们要坚持正确的学术立场,坚持最低限度的社会正义理念,把科学、技术、伦理、文化、法律等要素综合起来,理性、客观地看待转基因食品问题。关于转基因食品,全世界有不同的观点、不同的法律制度、不同的处理方式,这也反映了大家对风险的不同认识和态度。

第一节　有关转基因技术的几个层面讨论

一、转基因技术的伦理分析

转基因技术在研究和应用过程中涉及各种伦理问题,受到国内外学界的广泛关注。格雷戈罗维乌斯等人认为,与转基因技术伦理评价相关的主题有三类:第一类是对基因修饰作物利用后果的道德关注,包括对一般性的生态和风险关注,如风险评价、风险管理、风险感知、科学研究、未知领域、可持续发展;第二类是基因修饰行为中的道德关注,涉及转基因技术的操作和过程自身,包括对自然价值的关注、对生物实体价值的关注、与自然的秩序、自主性以及生物个体、物种、生态系统和群落的内在价值、目的、尊严、完整性等多个方面;第三类是对行为者(与基因修饰作物应用相关的人物)的道德关注,包括与风险处理相关的美德以及与基因修饰作物应用相关的美德,涉及信任、责任、正义、人性、智慧、关怀等。①

国内学界对转基因技术应用后果的伦理评价最多，而对转基因技术操作对象和过程本身的伦理评价研究以及对转基因技术研究和应用中涉及人的美德、伦理评价较少，其中对上述第一类伦理主题的研究较多，主要集中在转基因食品风险、转基因技术环境风险以及一般性的论述上；对第二类伦理主题的研究几乎未见；对第三类伦理主题的研究较少，主要涉及转基因食品人体试验的伦理、科学的道德责任等问题。② 毛新志对我国学者近年来有关转基因食品的伦理研究作了归纳，认为主要集中在以下四个方面：安全性问题、基因专利与利益分配、标识问题与知情权选择、商业化问题。他同时指出，我国转基因食品伦理问题研究存在以下不足：问题讨论停留在表面，缺乏伦理学理论、原则和研究方法对转基因食品伦理问题进行系统、全面和有针对性的分析和论证；伦理问题争论激烈，但是对许多问题的研究没有得出一些基本的、合理的结论；对转基因食品伦理问题进行多视角研究和跨文化分析几乎是一片空白。③ 因此，转基因食品法律规制的伦理学支撑在我国还相当缺乏。

二、转基因食品安全性的法律思辨

丹尼尔·格林伯格是较早讨论转基因食品与消费者知情权之间关系的学者。他认为转基因食品进入我们的生活是科技发展的一个标志，但是对于这样的新产品，消费者有自己的选择权利。④ 佛里德里克·瓦隆等人从政治的角度比较了美国和欧盟在转基因食品管制上的差异。⑤ 埃德瓦多则详细介绍了阿根廷转基因作物15年的种植情况及其对该国经济的影响。⑥

毛新志是较早研究转基因食品"实质等同"原则的国内学者。他在介绍国

---

① See D. Gregorowius, P. Lindemann-Matthies & M. Huppenbauer, *Ethical Discourse on the Use of Genetically Modified Crops: A Review of Academic Publications in the Fields of Ecology and Environmental Ethics*, Journal of Agricultural and Environmental Ethics 25(2012).

② 参见肖显静：《转基因技术的伦理分析——基于生物完整性的视角》，载《中国社会科学》2016年第6期。

③ 参见毛新志：《转基因食品的伦理问题研究综述》，载《哲学动态》2004年第8期。

④ See Daniel Greenberg, *The Right to Know What We Eat*, Washington Post National Weekly Edition, July 7(1999).

⑤ See Frédéric Varone and Nathalie Schiffino, *Conflict and Consensus in Belgian Bio Policies: GMO Controversy Versus Biomedical Self-regulation*, in Eric Montpetit, Christine Rothmayr and Frédéric Varone, eds., The Politics of Biotechnology in North America and Europe: Policy Networks, Institutions, and Internationalization, Lexington Books, 2007.

⑥ See Eduardo J. Trigo, *Fifteen Years of Genetically Modified Crops in Argentine Agriculture*, ArgenBio, November (2011).

外学者针对该原则两种不同观点之后认为,从“实质等同”原则的制定来看,它是经过专家认真讨论和科学总结的,其本身并不是商业和政治判断的伪装物。而如何使用“实质等同”原则来评价转基因食品的安全性则有可能成为商业和政治使用的工具。至于“实质等同”原则是否绝对科学或绝对可信,在多大程度上是科学的或可信的,这需要实践来回答。①

陈景辉与胡加祥 2015 年在《法学》杂志上的辩论则是这方面思想碰撞的一个缩影。陈景辉在其《面对转基因问题的法律态度——法律人应当如何思考科学问题》一文中抛出了一个二选一的命题:“转基因问题是科学问题,还是法律问题?”进而断言:“如果认为转基因问题的法律规制是一个科学问题,那么必然意味着在面对科学家的挑战时,必须遵从科学家的权威意见,于是法律上的决定就变得缺乏充足的效力;反之,只有认为它是一个法律问题时,科学家的挑战才不会最终威胁到法律决定的最终效力。”笔者认为,新《食品安全法》规定转基因食品必须明确标注是“立法在赋予消费者以知情权的同时也将责任转嫁给了消费者自己,国家已经成功地从相关义务和责任中抽身而出”。所谓食品安全应该是“绝对安全”,即保证任何时候都是安全的,而不是“相对安全”,即依据现有科技水平认定是安全的。② 胡加祥在《转基因食品安全性的法律思辨——“无罪推定”还是“有罪推定”》一文中不同意陈景辉的观点,认为对转基因食品确立“无罪推定”的价值理念,这并不意味着转基因食品的绝对安全,而是基于人们目前的科学认知水平作出的一个理性选择,这也符合认识论的一般规律。从无知到认知,人类社会认识客观世界就是在这样一个不断循环往复的历程中发展的。探索未知的科学奥秘、排除各种危害与风险、为人类创造更加安全和舒适的生活环境,这些正是人们推动科学进步的动力源泉。如果我们事先在自己的前进道路上树立一个个假想的风险与危害,处处为自己的行为设置限制与障碍,这不是一种严谨的科学态度,最终也会束缚我们自己前进的步伐。③

三、转基因生物与环境法规制

胡加祥和刘婷认为,无论转基因生物的出现对于我们的生态环境是福祉还

---

① 参见毛新志:《“实质等同性”原则与“转基因食品”的安全性》,载《科学学研究》2004 年第 6 期。

② 参见陈景辉:《面对转基因问题的法律态度——法律人应当如何思考科学问题》,载《法学》2015 年第 9 期。

③ 参见胡加祥:《转基因食品安全性的法律思辨——“无罪推定”还是“有罪推定”》,载《法学》2015 年第 12 期。

是灾难,它已经来了,已经进入并且正在改变我们的生活和周围的世界。以中国的社会现实而言,虽然转基因生物对于当下的老百姓的确还有点儿神秘莫测,但是我们的政府却不能坐视不管,应当主动去研究它、认识它。唯有这样,转基因技术才能为我所用,人类也才能将各种可能出现的风险降到最低点。当法律规定不完善时,转基因生物的规制只能依靠各国政府出台的政策,而政策的优劣又与政府所选择的决策理论密切相关。科技领域公共决策的目标是决定在不同国家应用一项新技术时,如何最大可能地降低成本,最大幅度地提高收益。转基因生物管理决策者经常面临这样的选择:如何在不妨碍国际贸易正常进行的同时,确保人类健康和生态环境不受到危害?因此,任何一种转基因生物规制理论都是以成本和收益这两个关键因素为基础的。①

王明远、金峰认为,转基因生物安全为代表的科学不确定性背景下的环境正义,需要建立在相应的科学研究基础之上,但这在本质上乃是一种社会构建。对转基因生物技术及其产品等现代科技的研发、应用和推广等活动,应当维护其市场自由。与此同时,为了公共安全以及社会弱势群体的最大利益,还应当对相关科技活动进行必要的政府干预和法律规制。②

周天盟和刘旭霞指出,欧盟在风险预防方面一直走在世界前列,其对于转基因生物的法律监管一直奉行预防原则。在该原则指导下,欧盟建立了极为严苛的转基因生物监管法律框架,并将该原则适用于转基因生物监管的各个环节。囿于预防原则的抽象性、模糊性等缺陷,该原则在欧盟转基因生物监管中的适用,引发了成员国滥用保护性措施、国际贸易摩擦加剧等问题,以致陷入困境。通过欧盟法院的判例与解释、相关法案的修正等措施,欧盟试图摆脱困境,使得预防原则在转基因生物的监管中起到更加有效的作用。我国对于预防原则存在与欧盟类似的理解与运用,现有法律框架下的定性标准对于转基因生物的监管也过于严苛。借鉴国外经验,立足本国需要,当前应该在充分认识预防原则的基础上,重新审视科学与法律的关系,构建一套合理的转基因生物监管模式。③

外国学者在这方面也有很多研究。卢克等人于2010年出版的《转基因生物:比较视角》一书是从比较法视角讨论转基因生物管控的专著。作者选取美

---

① 参见胡加祥、刘婷:《论转基因生物的国际环境法规制》,载《东北大学学报(社会科学版)》2015年第3期。

② 参见王明远、金峰:《科学不确定性背景下的环境正义——基于转基因生物安全问题的讨论》,载《中国社会科学》2017年第1期。

③ 参见周天盟、刘旭霞:《论预防原则在欧盟转基因生物监管中的困境与出路——基于意大利Fidenato案的分析》,载《中国生物工程杂志》2018年第6期。

国、加拿大和欧盟作为比较对象，分析三者在环境保护方面的差异。① 玛拉·W 介绍了欧盟法中针对转基因释放与环境管制的规定，其中专门介绍了欧盟在转基因生物环境释放的具体规定。② 玛利亚则在其论文中专门讨论转基因食品与环境保护目标之间的关系。③

四、转基因产品贸易与国际法规制

目前，针对转基因产品贸易的国际规则分别散见于世界贸易组织（WTO）制定的多边贸易协定、联合国粮农组织（FAO）制定的《国际植物保护公约》、经合组织（OECD）制定的相关政策、国际食品法典委员会（CAC）制定的法典、世界知识产权组织（WIPO）制定的国际条约、联合国推动制定的《卡塔赫纳生物安全议定书》以及部分区域性组织制定的相关协议。除了世界贸易组织规则，上述其他条约关注的都是贸易以外的事项，对缔约方也不构成约束力。在解决纠纷时，除依据有关国际条约外，还需要参照相关争端方的国内法。④ 为此，马克·波拉克等人在其专著《当合作失败：转基因食品的国际法与政治》中分析了国际社会在转基因食品共同规制方面的困境以及国际法在这方面所起的推动作用。⑤

胡加祥认为，世界贸易组织规则针对的是商品和服务的市场准入待遇和知识产权境外保护，转基因产品贸易争议的实质不是该产品能不能“入境”，而是能不能“上市”，这主要依据各成员的国内法规定。虽然纠纷解决会传导至国内立法，但是转基因产品贸易纠纷涉及的不仅是法律问题，它还与一个国家和地区的经济、文化以及科技发展密切相关。国际社会如何规制各国对转基因产品贸易的管制，这一直是一个复杂的问题。⑥ 付仲文等人以美欧转基因农产品争端一案作为切入点，深入分析了案件争论的本质原因，讨论了世界贸易组织争端解决机构裁决可能对转基因农产品国际贸易的影响和对转基因生物安全

---

① See Luc Bodiguel & Michael Cardwell, eds., *Genetically Modified Organisms: Comparative Approaches*, Oxford University Press, 2010.

② See Mara W., *Risk Regulation and Deliberation in EU Administrative Governance—GMO Regulation and Its Reform*, European Law Journal 5(2015).

③ See Marie Kreipe, *Genetically Modified Food: Trade Regulation in View of Environmental Policy Objectives*, Diplomica Verlag, 2010.

④ See Robert Howse, *Democracy, Science and Free Trade: Risk Regulation on Trial at the World Trade Organization*, Michigan Law Review 7(2000).

⑤ See Mark A. Pollack & Gregory C. Shaffer, *When Cooperation Fails: The International Law and Politics of Genetically Modified Food*, Oxford University Press, 2009.

⑥ 参见胡加祥：《转基因产品贸易与国际法规制研究》，载《山西大学学报（哲学社会科学版）》2015 年第 4 期。

管理的启示。此案虽然裁定美国获胜，但是争端解决机构依据的不是 WTO 规则等国际法，而是世界贸易组织成员的国内法。①

五、转基因食品的标识问题

边永民指出，欧盟对转基因生物的管理一直是世界上最严的，它也因此遭到美国等现代生物技术产品出口大国的质疑。欧盟的一些指令和条例不但规定了转基因食品强制标识的制度，还不断加强转基因食品标识和可追溯方面的要求。② 宋锡祥从美欧对待转基因食品的不同态度入手，系统阐述并探讨欧盟及其成员国的转基因食品立法与发展，并进行深入分析比较。作者指出，自 20 世纪 90 年代，欧盟的转基因食品立法经过十多年的发展完善，已形成比较完备的体系，并扩大了转基因食品的标识范围。③ 在评析欧美之间的转基因产品贸易争端时，朱晓勤认为，许多国家都要求对转基因食品进行强制标识，这是考虑到转基因食品不确定的潜在风险；欧盟有关转基因产品的标识制度成为“欧盟影响生物产品审批和上市措施案”争议的焦点，④这给中国上了一课。我国政府在采取环境措施，尤其是转基因食品强制标识制度时，应加强国际合作，避免不合理歧视指控。⑤

王明远认为，各个国家和地区在采取转基因生物安全立场时都以本国的国情和利益为考量，相应的立法和规定也各具特色。在转基因技术研发方面，美国、日本等国家制定了研究指南等“软法”，而欧盟及其成员国、澳大利亚、巴西则制定了具有法律约束力的“硬法”；各国在转基因生物及其产品商业化利用方面普遍采用“硬法”规制。转基因生物安全涉及的立法和管理具有很强的综合性，转基因生物安全问题总体上属于市场失灵的领域。由于风险评价往往面临科学上的不确定性，政府主导的转基因生物安全管控措施的制定应该更具合理性。⑥

与国内学者相比，国外学者研究的视野更加宽泛。格兰特等人指出，在世界贸易组织框架下，转基因作物问题将随着贸易与环境关系的重要性愈加凸显。对美国来说，首要任务是实施更为激进的跨大西洋经济战略，因为世界贸

---

① 参见付仲文、李宁：《美欧转基因农产品争端诉 WTO 案例分析》，载《世界农业》2008 年第 3 期。

② 参见边永民：《欧盟转基因生物安全法评析》，载《河北法学》2007 年第 5 期。

③ 参见宋锡祥：《欧盟转基因食品立法规制及其对我国的借鉴意义》，载《上海大学学报（社会科学版）》2008 年第 1 期。

④ See European Communities, *Measures Affecting the Approval and Marketing of Biotech Products*, WT/DS291/R, WT/DS292/R, WT/DS293/R, Panel Report.

⑤ 参见朱晓勤：《转基因食品强制标识制度在世贸组织框架内的法律分析》，载《国际贸易问题》2006 年第 3 期。

⑥ 参见王明远：《转基因生物安全法研究》，北京大学出版社 2010 年版，第 188–193 页。

易组织目前正处于一个分水岭，它在处理转基因作物对美国人健康和环境保护方面的规定令人质疑。[①] 玛丽·杜博思针对"欧盟影响生物产品审批和上市措施案"进行了法律分析，并指出世界贸易组织接受转基因食品争端解决的诉求会引起公共道德风险。欧盟及其成员限制转基因食品的原因是要建立其公共道德与公共利益标准，同时考虑到遵守欧盟法和世界贸易组织规则的不同规定，这会给欧盟成员造成负担。[②]

马克·波拉克等作者在其专著第二章对欧盟与美国的转基因产品纠纷做了详细分析，并提到克林顿政府和布什政府一直不想将转基因问题提交到世界贸易组织。他们希望以外交手段来解决，而不是用全球立法解决。直到2003年加拿大、阿根廷加入这一指控之后，美国才将争端提交世界贸易组织。[③] 杰奎琳·皮埃尔全面评析了马克·波拉克等人的专著，认为欧盟和美国关于转基因食品的冲突表明，农业生物技术的全球化影响不可能在国际法院或多边协商中解决。事实上，基因工程技术的发展战胜了政治利益，特别是对广大发展中国家来说，这一点非常关键。[④]

金·安德森等人的研究针对的是《卡塔赫纳生物安全议定书》中对转基因作物采取的预警原则是否鼓励了差别待遇，从而造成贸易壁垒或进口限制等这些争议。[⑤] 雷克·拉克斯曼等学者从发展中国家视角讨论了发展中国家以及最不发达国家接受转基因技术的影响，并指出对转基因食品实行"预防原则"和采用"风险评估技术"，这符合国际法规定。[⑥] 此外，迈克尔·福斯等人针对转基因作物引发的损害责任也进行了探讨。他们的研究从法经济学角度分析转基因作物带来的可能性损害的归责，并且指出，虽然转基因作物有一定的有益影响，但是转基因作物的使用也可能导致持续性的损害，而且除转基因作物

---

① See Grant E Isaac & William A. Kerr, *Genetically Modified Organisms at the World Trade Organization: A Harvest of Trouble*, Journal of World Trade 6(2003).

② See Mary Dobbs, *Legalising General Prohibitions on Cultivation of Genetically Modified Organisms*, German Law Journal 11(2010).

③ See Mark A. Pollack & Gregory C. Shaffer, *When Cooperation Fails: The International Law and Politics of Genetically Modified Food*, Oxford University Press, 2009.

④ See Jacqueline Peel, *Book Review: "When Cooperation Fails: The International Law and Politics of Genetically Modified Food*, Melbourne Journal of International Law 11(2010).

⑤ See Kym Anderson & Chantal Pohl Neilson, *GMOs, Food Safety and the Environment: What Role for Trade Policy and WTO?*, http://www.economics.adelaide.edu.au/, February 28, 2019.

⑥ See Lekha Laxman & Abdul Haseeb Ansari, *GMOs, Safety Concerns and International Trade: Developing Countries' Perspective*, Journal of International Trade Law and Policy 3(2011).

和非转基因作物外，还存在对第三方可能造成的损害。[①]

六、转基因食品的可追溯问题

乔治·克里斯奇沃第斯等人认为，转基因可追溯制度必须确保可追溯内容与质量挂钩，希望可追溯方式通俗易懂，并指出其中信息不对称的可能性。他们介绍了荷兰、西班牙、法国、意大利、希腊等国的做法。[②] 佩第特梳理了众多其他学者关于食品可追溯的定义，如莫伊从实施食品可追溯体系的层面将其分为"企业内部可追溯体系"和"供应链企业之间的可追溯体系"，认为产品、数据、标准和技术是建立食品可追溯体系的4个重要内容；奥普拉将食品供应链的可追溯体系分为产品、过程、遗传、输入信息、疾病和有害物、检验等6个方面；霍布斯依据不同的追溯目标，将食品可追溯体系分为"事前可追溯体系"与"事后可追溯体系"；格兰等人从建设主体的角度将食品可追溯体系分为"企业自愿建立可追溯型"和"政府强制建立可追溯型"，设定宽度、深度和精确度作为衡量可追溯水平的三大标准，认为涵盖产品品种分类、位置记录、流通环节等信息的食品可追溯体系才是有效和可行的。[③]

可见，虽然国际上还没有通行的"转基因食品可追溯"定义，但综观国际文献和各国学者的解释，一般都强调转基因食品从种子研发、授权、供应链等环节形成不间断、可信任的信息链条，并结合使用身份储存体系（IP编码体系），从而具备可追溯能力，必要时通过追溯来鉴别来源、进行召回。加维尔·莱兹奥恩对欧洲转基因可追溯制度的规制内容进行了系统整理，并对涉及转基因生物体的界定与划分、规制机构、法定装置、测试技术与追踪技术立法等进行分析和整理。[④] 玛格丽特详细介绍了欧洲关于转基因种植物、食品、饲料等可追溯能力等方面情况。[⑤] 康特尼·伯格雷认为，转基因可追溯识别与可追溯制度构成

---

① See Michael Fauce & Andri Wibisana, *Liability for Damage Caused by GMO: An Economic Perspective*, Georgetown International Environmental Law Review 23, Fall(2010).

② See George M. Chryssochoidis, Olga C. Kehagia & Polymeros E. Chrysochou, *Traceability: European Consumers' Perceptions Regarding Its Definition, Expectations and Differences by Product Types and Importance of Label Schemes*, 98th EAAE Seminar "Marketing Dynamics within the Global Trading System: New Perspectives" China, Crete, Greece as in 2006.

③ See R. G., Pettitt, *Traceability in the Food Animal Industry and Supermarket Chains*, Scientific and Technical Review 2(2001).

④ See Javier Lezaun, *Creating a New Object of Government: Making GMO Traceable*, Social Studies of Science 4(2006).

⑤ See Margaret Rosso Grossman, *Traceability and Labeling of Genetically Modified Crops, Food, and Feed in the European Union*, Journal of Food Law & Policy 1(2005).

了欧盟转基因食品立法的基石,尤其是可追溯制度服务于风险管理,配合预防原则合并使用,并赋予消费者和生产者双方的知情权与选择自由。[①] 伯斯奥和戴维森等学者阐释了遵从欧盟转基因食品可追溯制度的艰难之处不仅在于技术层面,更对可追溯系统的模糊性、高成本、负面作用等方面提出了自己的看法,认为可追溯体系无法应对美国、加拿大、阿根廷、巴西等转基因作物种植大国的进口压力。[②] 毛如·维嘉尼等学者以转基因规制方面所凸显的国际贸易与内因性标准冲突进行了法经济学分析。他们不仅对转基因制度的各国权重进行指数评估,还将转基因食品可追溯的具体要求作为其中的指数影响因子之一(包括 IP 及可追溯强制立法等方面)进行分析。在国际贸易与转基因制度方面,他们也涉猎了转基因相异性指数因子,包括转基因可追溯这一参考系,阐明影响国际贸易的转基因产品立法差异是转基因生物界定标准,明确了针对发展中国家与新兴国家的转基因标识和可追溯立法会严重影响其国际贸易,认为转基因生物界定标准化将对国际贸易产生积极影响。[③] 伊丽莎白·麦考沃德指出,因为成本问题,转基因产品国际贸易存在可追溯难点,这也是各国制定国内法时面临的挑战。[④]

我国学者王明远认为,根据欧盟 1829/2003 号条例规定,转基因生物和转基因食品在投放欧盟市场之前应经过严格的授权审批程序和上市后的监督管理。此外,欧盟依据 65/2004 号条例建立了转基因产品的唯一标识系统(UCC/EAN-128),依据 641/2004 号条例建立了转基因生物风险评估框架,依据 2008/18/EC 指令建立了转基因产品环境释放风险评估框架。结合这些法规和指令,欧盟已经初步建立起转基因食品可追溯法律框架,并不断补充完善。2001 年,日本引入转基因产品标识体系,农林水产省执行国家农业标准,负责审批重组生物向环境中的释放。通过转基因食品 IP 身份保存系统和标签标识,日本初步建立了日本转基因产品溯源管理模式。[⑤]

---

① See Courtney Begley, "*So close, yet so far*": *The United States Follows the Lead of the European Union in Mandating GMO Labeling, But Did It Go Far Enough*?, Fordham International Law Journal 2 (2017).

② See Y. Bertheau & J. Davison, eds., *Genetically Modified and Non-Genetically Modified Food Supply Chains: Co-Existence and Traceability*, Wiley-Blackwell, 2012.

③ See Mauro Vigani, *Valentina Raimondi and Alessandro Olper, International Trade and Endogenous Standards: The Case of GMO Regulations*, World Trade Review 3(2012).

④ See Elizabeth McLeod, *The Difficulty with Traceability and GMO Labeling in the Soybean Industry*, Feedandgrain.com; Fort Atkinson, Jun 7(2013).

⑤ 参见王明远:《转基因生物安全法研究》,北京大学出版社 2010 年版,第 175-180 页。

刘银良认为,美国的生物技术治理看似宽松(转基因食品可追溯与传统食品可追溯一致),但疏而不漏,其安全性、有效性和效率皆有良好保障,其开放而严格的治理体系要比一味禁止或完全放任高明得多。① 秦天宝将转基因生物安全立法分为"垂直立法""积极型水平立法""审慎型水平立法"三种模式,认为欧盟采用纵横交错的转基因食品可追溯立法。② 熊本海等认为,转基因立法对转基因技术要么产生促进作用,要么产生减缓作用。发达国家制定转基因食品可追溯制度着眼于保护消费者与环境,创造和支持转基因技术及市场。③ 李佳洁等认为,美国转基因食品可追溯制度分布于有关国家安全、食品安全和食品市场管理等方面的法律法规之中,这只是为实施食品安全风险管理的溯源而制定,并非提供给消费者的信息。美国食品与药品监督管理局(FDA)与食品安全与检察署(FSIS)定期召开联席会议,并要求食品科技协会(IFT)进行转基因食品可追溯系统评价指标体系的项目研究。④ 潘良文等人认为,我国应建立与欧盟一致的可追溯编码系统,通过信息系统与强制识别模式相结合的方式构建中国转基因食品可追溯管理体系。⑤ 日本学者高桥滋认为,日本对转基因食品可追溯制度的建设虽然较为全面,但对于数量庞大的食品来说,并不可能杜绝伪装等违法行为。⑥

此外,王明远认为,欧盟在建立转基因食品唯一标识时,考虑到维持国际框架下的立法一致性,采用经济合作与发展组织建立的唯一标识格式和生物可追溯产品数据库,在转基因产品获得授权的同时,也获取了指定的唯一标识。⑦ 乔雄兵和连俊雅介绍了欧盟曾经力推的统一的转基因食品可追溯国际标准,但由于成本问题,各国未达成一致协议。⑧

---

① 参见刘银良:《美国转基因生物技术治理路径探析及其启示》,载《法学》2015 年第 9 期。

② 参见秦天宝:《生物安全立法模式之实证考察:比较法的视角》,载《吉林大学社会科学学报》2013 年第 5 期。

③ 参见熊本海等:《转基因产品可追溯管理及溯源技术研究进展》,载《农业生物技术学报》2012 年第 8 期。

④ 参见李佳洁、王宁、崔艳艳等:《食品追溯系统实施效力评价的国际经验借鉴》,载《食品科学》2014 年第 8 期。

⑤ 参见潘良文等:《利用 EAN · UCC 编码和转基因标识对转基因产品进行溯源》,载《粮食与油脂》2012 年第 12 期。

⑥ 参见[日]高桥滋:《日本转基因食品法制度的现状及课题》,周蒨译,载《法学家》2015 年第 2 期。

⑦ 参见王明远:《转基因生物安全法研究》,北京大学出版社 2010 年版,第 144-167 页。

⑧ 参见乔雄兵、连俊雅:《论转基因食品标识的国际法规制——以〈卡塔赫纳生物安全议定书〉为视角》,载《河北法学》2014 年第 1 期。

第二节 对已有相关代表性成果及观点的分析评价

一、转基因食品伦理分析评价

当今世界已经步入乌尔里西·贝克所说的"风险社会"。转基因技术是否安全？对这一问题的回答取决于该项技术所带来的风险在多大程度上被人们所接受，取决于特定社会的人们究竟把哪些价值目标（由于社会资源的有限性，这些价值目标的实现往往要以暂时放弃或牺牲其他同样重要的价值目标为代价）置于优先考虑的地位。这事实上已经超出了科学的范畴，属于伦理和政治考量的范围。这也部分解释了为什么不同的国家对待转基因食品会持不同的态度，采取的是不同的规制方式。有关转基因食品讨论的伦理原则包括仁慈原则（转基因技术能提高粮食产量）、不伤害原则（转基因技术未知的危害）、正义原则（确保不同利益主体的利益平衡）、自主性原则（消费者自主判断的权利）、尊重自然原则（保护生物多样性，维护生态平衡）。

站在不同人利益的视角来审视这一问题，人们对上述原则的诉求无疑都具有合理性，关键是哪些伦理原则具有更大的优先性，我们应当把哪些伦理原则整合进关于转基因技术的政策决策中。[①] 目前，社会上有关转基因食品的分歧如此之大，其原因是人们对于伦理原则的取舍不同，甚至对相同伦理原则的诉求也会得出相互矛盾甚至对立的结论。规制食品安全的法律具有社会性法律体系特征，这一法律属性及其价值也决定了食品安全法律体系的确定与实施都离不开对现实社会的关注，尤其是社会伦理评价系统的参与。伦理规范对相关主体起着价值引领、道德规范的作用，是对制度规范的一种有力补充，但是伦理规范不能代替制度规范。

鉴于中国老百姓对于转基因食品安全性的认识还有一个过程，主管部门要通过完善法律法规，实现对企业转基因食品技术研发和生产管理的制度化、法制化，以信息公开换来百姓对转基因食品的信任。[②] 正如美国学者古尔德等人所言，确定"应该是怎样"的前提条件必须依靠逻辑的连贯性，以及对"前提条件"存在的原因进行哲学的研究。[③] 这意味着我们不仅要梳理出转基因食品伦理问题的内在逻辑关系，还要依赖包括道德哲学、生命哲学、生物哲学、生存哲学在内相关领域的研究，以此确立转基因食品伦理问题研究的理论基础与支撑

① 参见杨通进：《转基因技术的伦理争论：困境与出路》，载《中国人民大学学报》2006年第5期。

② 参见卢玮：《食品安全法制与伦理耦合机制研究》，载《山东社会科学》2013年第11期。

③ 参见[美]詹姆斯·A.古尔德等编：《现代政治思想》，杨淮生等译，商务印书馆1985年版，第10页。

依据，从而进一步评估和分析有关转基因食品争论中出现的各种观点和价值判断。①

目前，我国的转基因食品伦理问题研究主要集中在生态伦理方面。事实上，这一议题不仅涉及生态问题，也涉及政治、经济、科技等各个领域。我们可以从生命学、生态学、经济学、管理学以及现代国际关系各个方面对转基因食品伦理问题进行全方位、多视角的分析。在尊重各国文化和价值观的基础上，加强对话、寻求共识，形成多视角、多维度、跨文化的研究格局。②

不同人站在不同立场看待转基因食品会得出不同的结论。鉴于相关的伦理争论似乎陷入某种困境，我们借用学者杨通进的研究方法，对上述伦理原则进行分类，并根据优先性排序。（见表 2-1）

表 2-1 伦理原则分类

被要求的道德	被期望的道德
1. 不伤害原则 2. 自主性原则 3. 正义原则	4. 尊重自然原则 5. 仁慈原则

上述排序显示，道德诉求有先后顺序之分。被要求的道德优先于被期望的道德。在被要求的道德中，原则 1 优于原则 2，原则 2 优于原则 3；在被期望的道德中，原则 4 优于原则 5。可见，不伤害是我们做决策和行动的底线。同时，正义原则的实现也要以尊重个体自由为前提，而环境保护如果不遵守不伤害原则、自主性原则、正义原则也是注定要失败的。最后，如果满足了前四个原则的基本要求，那么仁慈原则（促进社会福利）也就可以实现。③

上述排序为我们走出伦理之争的困境提供了思路，也为我们确立"预防原则"作为发展转基因技术的基本原则奠定了道德与伦理的基础。预防原则的终极目标是捍卫人类健康，它对发展转基因食品提出两个具体要求：第一，确保上市的转基因食品没有危害；第二，举证责任由产品提供者承担，包括权威部门批准产品上市的安全证书。这也是我们发展转基因产业的基本思路。

二、转基因食品安全性法律思辨评价

对于转基因食品的安全性是作"无罪推定"还是"有罪推定"，这在当下没有科学定论，主要取决于人们的主观选择。无罪推定不等于无罪认定，在审判

---

① 参见徐宗良：《浅论生命伦理学理论的哲学之源》，载《道德与文明》2003 年第 1 期。

② 参见叶山岭：《对转基因食品安全的伦理探析》，载《自然辩证法研究》2014 年第 5 期。

③ 参见杨通进：《转基因技术的伦理争论：困境与出路》，载《中国人民大学学报》2006 年第 5 期。

实践中有可能得出三种不同结论：

(1)“无罪推定”——查明有罪、取消推定——(逻辑结论)有罪判决；

(2)“无罪推定”——查明无罪、证实推定——(逻辑结论)无罪判决；

(3)“无罪推定”——真相不明、保留推定——(逻辑结论)无罪判决。①

对转基因食品确立“无罪推定”的价值理念，这并不意味着转基因食品的绝对安全，而是基于人们目前的科学认知水平作出的一个理性选择，这也符合认识论的一般规律。“无罪推定”的价值理念并不否定预防原则的适用，只不过是把它作为转基因食品风险评估的一个法定因素。但是，与“有罪推定”的一个本质区别是，“无罪推定”强调科学家是风险评估的主体，只有他们才能决定转基因食品的风险程度，而不是像有的学者认为“法律(学)家对这个问题拥有最终的决定权”。②

对转基因食品持“有罪推定”的观点在我国之所以有一定的社会基础，一个重要原因就是我国近年来食品安全事件频发。而且，我国在侵权案件中的民事赔偿和救济制度还有所欠缺。消费者受到有害食品伤害后，很难得到及时、有效的赔偿。三鹿奶粉受害者艰难的维权之路便是这方面一个真实的写照。③因此，老百姓难免对转基因食品采取不信任的态度。

在发展转基因产业的问题上，我们缺乏完备的监管体系，也没有良好的社会环境。对待转基因食品，无论是“有罪推定”还是“无罪推定”，在当下的中国尚不能轻易作出选择。转基因食品在我国才问世不久，许多人对它持怀疑甚至否定的态度，这是可以理解的，关键是权威部门要为转基因食品树立公信力。目前，农业农村部负责监管转基因生物安全。转基因作物一旦获得农业转基因生物安全委员会颁发的安全证书和农业农村部颁发的上市许可证书，进入生产和流通领域之后就超出了农业农村部的管辖范围，而相关的食品法律法规并没有赋予其他职能部门相应的监管职责。转基因食品监管的“真空”状态是国人对转基因食品不放心的主要原因。

《农业转基因生物安全管理条例》第5条规定：国务院建立农业转基因生物安全管理部际联席会议制度，联席会议由农业、科技、环境保护、卫生、外经贸、检验检疫等有关部门的负责人组成，负责研究、协调农业转基因生物安全管理工作中的重大问题。这种建立在各部门领导协调基础之上的决策机制既不

① 郑成良：《无罪推定论》，载《吉林大学社会科学学报》1988年第4期。

② 参见陈景辉：《面对转基因问题的法律态度——法律人应当如何思考科学问题》，载《法学》2015年第9期。

③ 参见杨明：《“三鹿奶粉”赔偿案面临诸多法律困惑》，载《民主与法制时报》2009年4月6日，第A07版。

科学，也不民主，更不能对负责转基因生物安全的农业农村部构成有效的监督和制约作用。虽然2021年修正的《食品安全法》第42条规定，食品生产经营者应当建立食品安全追溯体系，保证食品可追溯，但是该制度在具体执行过程中，尤其是在转基因食品标识实践中所面临的困境表明，这一制度的落实还有难度。① 转基因食品的特殊性表明，其监管机构、监管方式、监管责任等与一般食品的监管有很大区别。事实上，一些发达国家和地区对包括转基因食品在内的转基因生物监管是有专门立法的。例如，欧盟的1829/2003号条例和1830/2003号条例、德国的《基因工程法案》等。

从中国的国情出发，我们需要借助转基因这类现代生物技术来提高农业生产效率，增加粮食产量。尽管经过几十年的努力，我国解决了老百姓的温饱问题，实现了全面建成小康社会的奋斗目标，但是，中国是一个有十几亿人口的发展中大国，农业始终是中国经济发展的头号议题。因此，无论是就鼓励科技创新而言，还是从改善人民生活水平的需求讲，发展和推广转基因技术在我国都是必要的。况且，在转基因技术研发方面，我们已经落后许多年，只有奋起直追，才能够不受制于人。民以食为天，食以安为先，食品安全不仅关系到我们每一个人的健康，也关系到我们国家的未来。在为转基因食品确定"无罪推定"价值取向的同时，我们必须完善监管体系。只有这样，我们才能化解分歧，为转基因食品的研发和推广营造一个良好的社会氛围。

三、转基因生物与环境法规制研究评价

环境安全事关全人类的福祉。转基因生物对于环境的影响主要涉及生物多样性保护和可持续发展等一些全球性议题。部分国际条约已经开始关注这些议题，其中较早涉及的是联合国《生物多样性公约》，这是转基因技术在20世纪90年代从实验室应用到农业、医学等领域后的产物。参加1992年在巴西里约热内卢召开的联合国地球峰会的各国代表认为，有必要签订这样一份保护全球生物资源多样性的国际条约。目前，加入该公约的成员有196个。公约的宗旨是推动世界经济可持续发展和人类可持续利用世界生物资源，它的内容主要是围绕推动落实《21世纪议程》确立的各项原则所展开的。② 与议程相比，公约采用的是更加普及的生物多样性概念。除强调对植物、动物、微生物以及它们的生态系统保护外，公约还将涉及的范围延伸到食品安全、药品、新鲜空

---

① 参见付文佚：《我国转基因食品标识困境的立法破解》，载《中州学刊》2015年第9期。

② 《21世纪议程》是1992年6月3日至14日在巴西里约热内卢召开的联合国环境与发展大会通过的重要文件之一。这是一份关于政府、政府间组织和非政府组织所应采取行动的计划，旨在实现人类社会向可持续发展的转变。

气和纯净水源以及营造一个有益于人类健康的环境。

《生物多样性公约》给缔约方规定了发展经济的同时保护全球生态环境的义务。为此,公约提出了三个具体目标:保护生物多样性、可持续利用生物资源以及公正、平等分享利用基因资源所获得的好处。公约及其议定书规定的义务能否被切实遵守,这在很大程度上依赖各缔约方被告知的自身利益、其他缔约方的监督以及公众舆论的监督。为了确保公约的信息畅通和相关义务能够得到履行,缔约国政府、一些非政府组织和研究机构、私人部门的成员以及感兴趣的组织和个人常常组织一些全球性论坛来分享各自适用公约的心得和方法。

转基因生物在农业中的应用及其不断扩大的影响已经引起全球的关注,但是转基因生物的管理却超出了《生物多样性公约》的范畴,因为公约并不涉及与转基因生物直接有关的问题,只是在公约的基础上,缔约方可以通过议定书的方式制定与转基因生物有关的指导原则和工作指南等,但是公约没有直接规范转基因生物的内容。转基因生物在农业领域的应用以及由此构成对生物多样性的潜在威胁(包括跨境贸易和偶然的环境释放)催生了《卡塔赫纳生物安全议定书》。议定书是在《生物多样性公约》的基础上,于2000年1月通过的。这是第一份具有约束力的针对转基因生物跨境转移和使用的全球性规则,也是目前国际层面唯一含有专门针对转基因生物规制内容的法律文件。

议定书重申了《里约环境与发展宣言》确立的原则十五——风险预防原则。[①] 该原则现在已成为国际环境法的一个核心原则,同时也给各国对转基因生物管理提供了指导原则。目前,无论是经典教科书,还是国际条约,都没有对风险预防原则作出明确的定义,它是由一组概念来表达同一个思想——允许那些负责管理环境和公共卫生事务的人们能够在对潜在风险评估缺乏肯定的科学依据时,基于对风险的一般认识采取相应的预防措施。[②] 科学依据不充分对于环境和公共卫生管理者是一个极大的挑战,他们必须在及时采取必要保护行动和直到充分掌握危害证据之间作出平衡与取舍。风险预防原则允许在某种特定危害或风险的性质及客观存在被确定之前先采取某些预防措施,目的是避免对环境保护和公共卫生安全造成无法挽回的损失。由于《卡塔赫纳生物安全议定书》是第一部采纳了风险预防原则的国际条约,它在环境保护和公共卫

---

① 参见《里约环境与发展宣言》,又称《地球宪章》,是在1992年6月召开的联合国环境与发展大会上签署的。

② See Jan Bohanes, *Risk Regulation in the WTO Law: A Procedure-Based Approval to the Precautionary Principle*, Columbia Journal of Transitional Law 40(2002).

生安全的国际合作方面显得格外重要。

与议定书关注转基因生物的目标相辅相成,风险预防原则的确立将原先适用于环境保护的概念延伸到转基因生物的管理之中。议定书的序言进一步强调了环境保护与转基因生物管理的关联性。虽然议定书主要关注的是“维护和可持续利用生物多样性”,序言同时也强调转基因生物的迅速发展和传播与公众对由此给生物多样性带来的潜在不利影响和对人类健康的危害日益上升的关注。在世界生物多样性的大背景下,议定书通过将生物多样性、转基因生物和人类健康等问题串联起来,扩大了它的调整范围,从而表明国际社会已经认识到这三个领域的关联性是缔约国履行义务和完善议定书的关键。议定书序言同时也承认,在完善安全措施的前提下,转基因生物也给人类健康带来许多新的希望,不应该对此持全盘否定的态度。①

四、转基因产品贸易与国际法规制研究评价

自从转基因产品问世以来,人们一直在探索如何在国际社会通过立法来规制各国对转基因产品贸易的管制。一些国家限制转基因产品贸易的主要理由是世界贸易组织规则中的《关税及贸易总协定》(GATT)第 20 条(b)项规定,即“保护人类、动植物的生命与健康”。然而,任何管制措施仍然需要符合第 20 条的序言规定,即不能有“武断”“不公正”或变相贸易保护的情形。判断相关措施是否“正当”,需要世贸组织争端解决机构确定这些措施是否符合《关税及贸易总协定》第 20 条(b)项的适用范围和相关措施的性质。② 上诉机构审理“石棉案”的专家认为,评审团对援引《关税及贸易总协定》第 20 条(b)项措施进行风险评估时,在决定相关证据的价值与重要性方面享有一定的自由裁量权,这种权力允许评审团对某些证据给予更多的关注。③ 然而,这种自由裁量权的行使更多的是体现在审核证据的程序上,而不是针对证据的实质内容。在转基因产品管制问题上,评审团在适用《关税及贸易总协定》第 20 条(b)项时究竟有多大自由裁量权,这是令人怀疑的,因为转基因产品是否安全,这本身就是一个有争议的问题。

《关税及贸易总协定》与其他世贸组织多边货物贸易协议的关系犹如“普

---

① 参见胡加祥、刘婷:《论转基因生物的国际环境法规制》,载《东北大学学报(社会科学版)》2015 年第 3 期。

② See Andrew Guzman & Joost Pauwelyyn, *International Trade Law*, New York: Aspen Publishers, 2009, p. 373.

③ See European Communities—*Measures Affecting Asbestos and Products Containing Asbestos*, Appellate Body Report, WT/DS135/AB/R.

通法”与“特别法”之间的关系。世界贸易组织协议附件 1A 注解规定,当《1994 年关税及贸易总协定》与附件 1A 中的其他多边货物贸易协议发生冲突时,后者的规定优先适用。《卫生与植物检疫措施协议》(以下简称 SPS 协议)第 2 条第 4 款也规定,符合 SPS 协议规定的卫生与植物检疫措施推定为符合《关税及贸易总协定》的规定,特别是第 20 条(b)项的规定;但是违反 SPS 协议的措施却未必违反《关税及贸易总协定》第 20 条(b)项的规定。审理“激素牛肉案”的评审团指出,SPS 协议与《关税及贸易总协定》的侧重点有根本区别:SPS 协议规定了世贸组织成员在执行卫生与植物检疫措施时必须履行的义务,而《关税及贸易总协定》第 20 条(b)项则是给世贸组织成员在违反《关税及贸易总协定》义务时提供一个例外条款,即使在没有违反《关税及贸易总协定》规定的情形下,SPS 协议仍然适用。[①] 在“激素牛肉案”中,SPS 协议和《关税及贸易总协定》规定都适用,因为欧盟禁止进口含有激素牛肉的措施旨在保护人类免受污染食品的威胁。事实上,欧盟的措施同时也对进口牛肉构成了歧视。鉴于被指控违反《关税及贸易总协定》第 20 条“正当性”要求的措施仍然需要接受 SPS 协议“相符性”的审查,评审团决定先对欧盟的禁止措施进行 SPS 协议相符性审查。

相比之下,除了世界贸易组织协议附件 1A 注解规定,《技术性贸易壁垒协议》(以下简称 TBT 协议)与《关税及贸易总协定》的关系并不像 SPS 协议那么明朗,更没有 SPS 协议第 2 条第 4 款那样的规定。与 SPS 协议相似,TBT 协议也是对《关税及贸易总协定》相关规定的进一步阐述,只不过 TBT 协议涉及的内容不限于《关税及贸易总协定》第 20 条(b)项,而是很大程度上对各成员根据一般例外条款实施公共政策的一种限制,包括《关税及贸易总协定》第 20 条(g)项和第 21 条规则的执行。技术标准既关系到百姓的衣食住行,也涉及国家的安全利益。TBT 协议在序言中明确,该协议并不妨碍各成员为了保护人类和动植物的生命健康、保护环境、防止欺诈而采取必要措施。与《关税及贸易总协定》规则相比,TBT 协议扩大了适用范围,它将技术标准由原来的产品本身延伸至生产过程。

可见,《关税及贸易总协定》与 SPS 协议和 TBT 协议对转基因产品贸易的影响是不同的。《关税及贸易总协定》强调例外条款的援引依然需要遵守世界贸易组织规则的基本原则;SPS 协议要求世贸组织成员以“保护人类、动植物生命健康”为由限制进口必须有科学依据,其针对的是进口国采取的边境措施;

---

① See European Communities, *Measures Concerning Meat and Meat Products* (*Hormones*), Panel Report, WT/DS26/R.

TBT 协议允许进口国对产品质量的要求包括产品本身及其生产过程，其影响由边境交易追溯到产品的整个生产过程。作为多边贸易体制的基本原则，《关税及贸易总协定》为 SPS 协议和 TBT 协议的具体适用划定了一条合理的边际线，它们共同构成了多边贸易体制对转基因产品贸易规制的基本法律框架。[①]

发生在美国与欧盟之间的"欧盟影响生物产品审批和上市措施案"是世贸组织迄今为止受理的唯一一起涉及转基因产品贸易纠纷的案例。然而，2006 年 11 月公布的评审团报告回避了对许多问题作出裁决，包括"从总体上讲，转基因产品是否安全""本案涉及的转基因产品是否与其他常规产品相似"等敏感话题。[②] 世贸组织争端解决机构对这一贸易纠纷的裁决不涉及任何实质性问题，但是争端解决中强调的管制措施必须建立在风险评估基础之上，这样的要求能够提醒世贸组织成员在管制中不能独断专行，也促使其制定的管制措施要更加公开透明，更经得起法律检验。

五、转基因食品标识问题研究评价

消费者是否愿意接受转基因食品，前提是其知情权是否实现。科学的转基因食品标识制度是消费者实现知情权的有效保障。然而现实中，消费者与生产者之间往往信息不对称，消费者的知情权无法通过市场竞争得以实现，需要政府运用公权力适度干预。具体而言，我们需要通过制定转基因食品标识制度，矫正信息偏差，以恢复市场机能。

我国虽然较早建立了转基因食品标识制度，但存在立法笼统分散、转基因标识目录范围狭窄、缺乏转基因标识阈值的设置、缺乏对转基因食品阴性标识的规范、监管机制不完善、检测技术体系混乱滞后、溯源机制缺失等诸多缺陷。因此，有必要对我国转基因食品标识制度进行反思，针对制度缺陷予以完善，构建以阳性标识制度为主、标识豁免制度为辅、阴性标识制度为必要补充的科学合理的转基因食品标识制度，为落实我国发展转基因食品的重大战略决策提供有力的制度支撑。[③]

综观世界各国，转基因食品标识制度的背后不仅折射其对待转基因技术监管不同的立场和出发点，更是政治体制、法律制度和科技水平差异的写照，而非

① 参见胡加祥：《转基因产品贸易与国际法规制研究》，载《山西大学学报（哲学社会科学版）》2015 年第 4 期。

② See European Communities, *Measures Affecting the Approval and Marketing of Biotech Products*, Panel Report, WT/DS291/R.

③ 参见张忠民：《我国转基因食品标识制度的反思与完善》，载《食品工业科技》2016 年第 11 期。

简单的“转基因”与“非转基因”的认定。① 我国应该做的不是盲目仿效美国或欧盟的模式，而是要充分评估我国的转基因技术发展状况，从而完善相应的法律。在这一过程中，首先要明确转基因食品立法的目的是保护人体健康，维护生态安全以及促进转基因生物技术的健康发展。

完善转基因食品立法所坚持的基本原则是风险预防原则和促进科学发展原则。转基因食品标识制度的完善不仅是《食品安全法》《生物安全法》与刑法、民法和行政法的联动，更应该依靠立法机关、执法机关与行政机关多方面、各层级的联动，因为转基因食品标识不仅仅是一个标签问题，其背后是对消费者权益的保障。我国目前的食品安全问题仍较为突出，如何构建转基因食品的标识制度，反映了我国对待具有潜在风险的新技术的态度和处理能力。②

我国目前规制转基因食品的法律法规呈现部门主导、分散管理、缺乏协调、以行政责任为主等特点。虽然这些立法为我国的转基因食品监管提供了法律基础，但无论是立法理念、法规体系、管理体制还是管理制度都存在问题，现有法律无法满足现实需要。这种现象的出现一方面与我国的转基因技术发展进程有关，另一方面也是立法滞后所导致的。因此，我国现有的转基因食品法律制度亟须健全与完善，这不仅是保障我国食品安全和维护公众利益的需要，也是确保我国在国际贸易中不受他国贸易壁垒牵制、维护国家利益的需要。政府在这一过程中扮演的角色应该是出台公共决策、优化发展环境、提供立法服务、进行合规监管，而不是过多介入转基因作物商品化与产业化的具体进程。

我国转基因食品立法应该在充分保护公众健康权与知情权的同时，为转基因技术的发展提供一定的发展空间与法制保障。这种空间与保障的确定正是立法应当完善和健全的地方，因为在保护公众利益的前提下，如何使得转基因技术得以发展，如何做到两者的平衡，是重点和难点。对此，我们不仅要有预防为主的制度设计，还应当有全面评估风险的跨学科综合研究；不仅要有能够适应科学发展的法律机制，还应当有改善公众与政策制定者之间信息交流的传导机制。正如欧洲科学家杰奎琳·麦克格莱德等人所言，无论是普通人还是专家，我们必须团结起来，扭转当前这种对立状况。公众支持转基因研究应该成为一个政治热点问题，这也是对缺乏科学答案和对跨国公司监管最有效的补救。③

转基因食品标识阈值问题是一个关系到消费者知情权的实现、生产者成本

---

① 参见王虎、卢东洋：《欧美转基因食品标识制度比较及启示》，载《食品与机械》2016 年第 8 期。

② 参见刘婷：《国际贸易中的转基因食品标识问题研究》，黑龙江人民出版社 2018 年版，前言。

③ See Jacqueline McGlade, *David Quist and David Gee*, *Social Responsibility for New Technologies*, Nature, Vol. 497, Issue. 7449(2013).

降低、国际贸易权益维护的重要议题，也是关系到转基因食品商业化进程的重大议题。我国对发展转基因产业非常重视，投入巨资并出台鼓励政策。近年来，国家转基因生物安全委员会颁发了多个转基因粮食作物安全证书，转基因食品在我国的规模化发展已是指日可待。在此背景下，我国现行转基因食品标识制度中缺少阈值设定的不足已经成为产业发展的制约因素。通过设定科学的标识阈值，可以增强转基因食品标识制度的功能，为完善我国转基因食品法律制度奠定重要基础。①

六、转基因食品可追溯问题研究评价

转基因食品可追溯与传统食品可追溯的区别主要在于，关于转基因种子研发、授权等与传统食品不同环节的可追溯能力，定义尚未统一。综观国际文件及各国学者的解释，一般都强调转基因食品从种子研发、授权、供应链等环节形成不间断、可信任的信息链条，并结合使用身份储存体系（IP 编码体系），从而具备可追溯能力。

可追溯优势在于：

（1）减少事故损失，缩小问题食品范围、追踪问题食品流向、及时回收问题食品，并明确管理责任；

（2）提升品牌竞争优势，增加国内销售及国际出口。②

制定转基因食品可追溯制度，旨在保护消费者与环境安全、支持转基因技术研发与市场开拓。各国和地区的转基因食品规制方式不一，效果也相差很大。欧盟根据 1830/2003 号条例制定了 EAN/UCC 编码；日本采用安全证书与安全代码双重认证的方式确立转基因食品可追溯制度。美国的转基因可追溯制度分布于食品安全和市场管理等方面的法律法规之中，这是为明确食品安全风险管理的溯源而制定的，而非提供给消费者的信息。美国食品与药品监管局（FDA）和食品安全与检察署（FSIS）会定期召开联席会议，并通过食品科技协会（IFT）进行转基因食品可追溯系统评价指标体系的项目研究，就宽度、深度、准确度、可实施度等关键问题进行评估，进行可追溯试点模拟。③

我国转基因食品可追溯制度构建刚刚起步，应重点关注以下几个方面：

（1）与国际立法接轨，参照国际先进做法；

---

① 参见张忠民：《转基因食品标识阈值问题研究》，载《食品科学》2015 年第 9 期。

② 参见逯悦：《我国转基因食品标签可追溯问题探析》，载《重庆理工大学学报（社会科学）》2018 年第 3 期。

③ 参见孔庆江、杨育晗：《欧、美、日转基因产品标签和追溯制度研究及对中国的启示》，载《科技与法律（中英文）》2018 年第 3 期。

(2)建立国内转基因食品规制的立法框架;

(3)设置负责转基因食品安全的相关机构;

(4)健全风险评估与检测手段;

(5)建立跨境转移管理制度;

(6)完善安全标识与可追溯制度;

(7)建立转基因食品安全公众参与制度;

(8)建立损害赔偿与应急处理制度。

上述制度构建应体现这样五个特点:高标准、法制化、智能化、社会化、专业化。

在法律渊源上,转基因食品可追溯制度构建可采取多层级立法。目前,我国对转基因食品采用实质等同原则,即只要经过科学认证并颁发安全证书的转基因食品等同于传统食品。因此,在《食品安全法》《生物安全法》确立的原则基础上,通过制定"转基因食品安全管理条例"将转基因食品可追溯问题纳入统一的立法之中,并作为专门的章节列出。与此同时,借鉴世界各国转基因可追溯立法,进行多层级、多机构的立法管辖,即与转基因食品的上位法同时适用。换言之,"转基因食品安全管理条例"与现行的《农业转基因生物安全管理条例》《食品安全法》《生物安全法》同时规定转基因可追溯制度,并在同一章节内规范转基因可追溯司法、执法的相关内容。

为了体现我国转基因食品可追溯制度的特点,国家应从以下几个方面进行制度完善:

(一)"高标准"与国家支持

转基因食品可追溯体系的标准化建设具有明显的积极作用。通过国家、地方、行业组织和企业的相互协同,构建起覆盖全面、重点突出、结构合理的转基因食品追溯标准体系。转基因信息二维码编码、追溯管理系统建立都需要投入大量成本,这也是目前国际上仍然不具备统一的转基因食品可追溯体系的根本原因。因此,我国在构建转基因食品可追溯系统时,必须依赖国家扶持。

(二)建立专业化的转基因食品安全追溯大数据及其配套立法

中国物品编码中心开发了国家级食品安全追溯平台,通过全球数据同步网络(GDSN)认证,我国的基础信息数据库与全球34个标准数据池进行商品数据同步。在此基础上,推动基于大数据的转基因食品追溯立法,因为越是全方位的数据信息,越能发挥巨大的效益。我国目前建立了四大资源库——基础数据编码库、全链条食品安全风险监测库、食源性疾病监测数据库、互联网检测数据库,形成了"互联网+"的食品安全追溯体系。

(三)智能化的区块链技术与转基因食品可追溯及其立法

区块链技术的引入可以提升转基因食品供应链的可追溯性和可信性,使得数据无法篡改,更加透明、可视。目前,该技术已逐步推广使用,并具备相关立法的条件。

(四)就社会化的转基因可追溯管理机构进行相关立法

通过制定鼓励政策,建立转基因安全协作中心,将相关企业、政府、科研机构联合起来,共同协作确保食品供应链安全。同时,对这些机构的权责通过立法加以明晰。

通过上述做法,我国将逐步建立起完善的转基因追溯体系,为制定转基因食品相关立法奠定充分的技术保障。

第三章　我国转基因食品法律规制的总体思路

近年来,国人关于转基因食品安全性的争论不止,一个重要原因是国家对于转基因食品法律规制缺乏一个总体思路,这也直接导致上位法空缺、各行政部门协调不够、转基因食品市场乱象丛生、消费者疑虑重重等现象的出现。转基因食品规制的总体思路既是立法的定位和方向,也是行政执法的依据和目标。因此,明确转基因食品规制的总体思路,是构建我国转基因食品法律规制体系的基础性工程。

第一节　总体问题

一、价值理念问题:我国转基因食品立法面临的两难处境

科学技术的进步是人类社会发展的原动力。近现代以来的人类文明发展史就是一部生动的现代科技发展史。蒸汽机开启了工业革命的大规模生产,首次满足了人类生活的基本需求,并生产出可供贸易的剩余产品。互联网的出现使得消费者"买全球"和生产商"卖全球"变为常态。如今,基因技术又将引领21世纪的科技发展,其影响将渗透我们生活的方方面面。

与任何一项新科技一样,基因技术犹如一把"双刃剑"。如何规范使用这一新技术,使其在为人类造福的同时,将其不利影响降到最低点,这是我们必须认真思考的问题。

转基因技术自问世以来,经过30多年的发展,已经在农业领域发挥了巨大作用:从抗农药大豆、超级耐旱的玉米、抗病虫棉花到能抗御洪涝的油菜,各国科学家通过将人工修饰的基因

导入生物体基因组中,成功培育出超过4500种生物性状的农作物,实现了人类在农业生产过程中一个又一个梦寐以求的目标。[①] 在未来的农业发展中,人们驾驭自然的能力将不断增强,新技术、新发明将帮助现代农民把传统耕作中的"不可能"变为"可能"。这是因为科学家通过转基因技术帮助人们掌握了利用现代科技来改变自然物种天然属性的能力,人们可以按照自己的意愿赋予其高产、优质、多抗(抗病虫、抗旱涝)、耐储存等特性。

也正是由于转基因技术彻底改变了人们对传统农业的基本认知,该技术自问世以来,有关它的安全性争论就一直没有平息过。许多人担心科学家们是否如同研究核能一样,打开了又一个潘多拉魔盒。然而,与核电站和原子弹距离普通百姓日常生活相对较远不同,农产品却是人们赖以生存的物质,每天都不可或缺。因此,当消费者得知自己所吃的食物中有些含有各种转基因成分时,他们可能会因未获得充分信息而不满,可能对未知不良后果而感到恐慌,最终可能否定一切含有转基因成分的食品,形成一股反转基因舆论潮流和社会情绪。[②]

面对一项新技术,部分消费者对此持排斥态度是可以理解的,尤其是这项技术涉及百姓"舌尖上的安全"。因此,大多数人对转基因食品提出这样或那样的问题,应该被看作一种合理的怀疑。关于转基因农产品的食用安全性和环境安全性问题,无论是在各国政府间还是在科技界内部,目前都尚未形成高度一致的共识。不仅许多欧洲国家对转基因作物的种植和进口采取严格限制的立法措施,[③]不少世界著名的专家学者也在不同场合表达过对转基因技术发展速度过快的担忧。

尽管转基因食品的安全性仍然疑云重重,抵制转基因食品的舆情民意也是此起彼伏,但我们没有理由贸然停下转基因技术研究的步伐。因为,在人口日益膨胀、自然资源急剧短缺、气候变化不断加剧的当今世界,利用现代生物科技来提高农作物产量、减少农药的使用和对水资源的开发利用是较为可行的办法。尤其是对中国这样一个正从农业大国向工业大国转变的国家来说,一方面,耕地的减少与水资源的稀缺已经成为城镇化进程中不可扭转的趋势;另一

---

① 参见李响:《中国转基因食品立法的困境与出路》,载《华南师范大学学报(社会科学版)》2015年第1期。

② 参见李响:《中国转基因食品立法的困境与出路》,载《华南师范大学学报(社会科学版)》2015年第1期。

③ See Maria Lee, *EU Regulation of GMOs—Law and Decision Making for a New Technology*, Edward Elgar, 2008.

方面,人民群众在生活水平提高后对各种主副食品的需求有增无减。因此,想要保证中国的粮食充足,同时又要满足人民群众对生活品质提升的要求,我们只有借助于农业生物科技创新,把转基因技术当作引领国家未来农业科技发展的战略制高点来重点培育,这样才有可能缓解自然环境对农业生产的制约,确保粮食安全,丰富粮食品种和提高农产品质量。

由此可见,通过立法规范转基因食品是兼顾社会各方利益和平衡各方关系的较优选择,也是推动我国转基因技术可持续发展的制度保障。然而随着我国食品安全事故的频发和百姓维权意识的不断增强,既要控制短期的社会风险,又要赢得科学技术的长足进步,这样的立法目标无异于鱼和熊掌想要兼得。正如学者李响所指出的,一系列相互矛盾与冲突的两难处境构成了我国当下转基因食品立法的主要难题:既要在转基因食品安全与否尚未形成广泛共识的前提下,把保护人民群众健康利益的目标放在首位,又要在当今国际生物科学技术激烈竞争中为中国农业转基因技术的发展布局争取有利位置;既要充分尊重和理解老百姓对转基因食品在安全方面充满不确定性的疑虑,又要对转基因食品实现商品化与产业化规划清晰可循的发展蓝图;既要密切关注对老百姓进行科学知识普及和食品安全教育,又要高度重视防范转基因食品潜在的系统风险与健康威胁;既要为消费者行使转基因食品的知情权与选择权提供切实的法律保障,又要努力避免不利于转基因食品消费扩大与市场流通的歧视性做法。①

在社会各界对转基因食品的认识存在重大分歧的当下,上述任何一对矛盾都足以影响立法者的取舍、科学家们的研究以及消费者的选择。

二、管理机制问题:从立法到执法,我国转基因食品法律规制缺少顶层设计和制度协调

作为当前世界上最主要的转基因作物商业化种植国家之一,我国将转基因技术运用于农业的研究早在20世纪80年代就已经起步,并在玉米、番茄、水稻等转基因农作物育种领域一直保持着较高水平,基因改良作物的年均消费量也位居世界前列。但我国转基因食品规制的立法状况与我国转基因产业的实际发展水平并不相符合。

近年来,国人有关转基因食品安全性的争论一直没有平息过。“挺转派”

---

① 参见李响:《中国转基因食品立法的困境与出路》,载《华南师范大学学报(社会科学版)》2015年第1期。

和“反转派”各有众多支持者。尽管反对转基因食品人士列举的种种危害都是假设的,但是许多人由于在现实生活中经历了太多的不安全食品问题,便采取“宁可信其有,不可信其无”的态度,这是人们对转基因食品采取“有罪推定”态度的社会基础。当出现因转基因食品引发的社会辩论时,我们需要听到政府部门的声音,需要与转基因食品相关的科学定论和权威标准。

法律制度的供给不足无法实现我国对转基因食品“从实验室到餐桌”整个过程的有效规制。在研发试验阶段,我国转基因生物安全评价制度的管理机关产生机制不科学、检测机构认可机制不健全而且运转机制不完善;转基因食品研发试验报告制度的适用范围狭窄;转基因食品研发试验报批制度的审批标准不明确;转基因食品研发试验安全监督制度缺乏可操作性。在生产加工阶段,在我国转基因食品原料生产行政许可制度中,生产报批和生产信息定期报告相关规定缺乏可行性;转基因食品加工行政许可制度的适用范围过于狭窄。与此同时,我国缺乏转基因食品的阈值标准,生产加工阶段很难将转基因食品与非转基因食品进行有效隔离。在流通消费阶段,我国转基因食品标识制度的标识对象范围狭窄,缺乏转基因食品的特定标志,标识没有统一标准;转基因食品进口审批制度缺乏国际规范的协调性。在转基因食品突发事件的应对上,由于缺乏完整的追溯体系,很难及时找到问题的源头以追究相关单位和个人的责任。

具体而言,我国转基因食品管理机制不完善的原因及形式表现在以下几个方面:

(一)转基因食品规制缺少顶层设计,现有立法层次较低,法规之间缺乏协调性

迄今为止,我国尚无一部针对转基因食品的专门立法。《食品安全法》除了第 69 条对转基因食品的标识规定和第 125 条第 1 款第 3 项对未做标识行为进行处罚的规定外,没有更多具体规定,而第 151 条更是可以理解为将转基因食品纳入其他法律规制的范畴。由原国家卫计委制定、2013 年 10 月 1 日起施行的《新食品原料安全性审查管理办法》第 2 条明确将其规范对象列举为“我国无传统食用习惯的物品”,包括:(1)动物、植物和微生物;(2)从动物、植物和微生物中分离的成分;(3)原有结构发生改变的食品成分;(4)其他新研制的食品原料。但是该办法第 24 条却规定:“本办法所称的新食品原料不包括转基因食品、保健食品、食品添加剂新品种。”该办法同时规定:“转基因食品、保健食品、食品添加剂新品种的管理依照国家有关法律法规执行。”

目前,我国有关转基因食品研发的规范主要是国务院颁布的《农业转基因

生物安全管理条例》、农业农村部制定的《农业转基因生物安全评价管理办法》和原农业部制定的《农业转基因生物标识管理办法》《农业转基因生物加工审批办法》《农业转基因生物进口安全管理办法》以及原国家质量监督检验检疫总局制定的《进出境转基因产品检验检疫管理办法》,这些法规和规章不仅立法层次较低,而且存在相互之间内容不协调的情况。例如,《农业转基因生物安全管理条例》第27条第1款规定:“在中华人民共和国境内销售列入农业转基因生物目录的农业转基因生物,应当有明显的标识。”其配套规章《农业转基因生物标识管理办法》附件列举的第一批实施标识管理的农业转基因生物目录列举了五大类17种转基因生物,其中并没有包括我国种植面积达3.5万亩的转基因番木瓜“华农一号”。由此,转基因番木瓜“华农一号”由于不在目录里,可不标识,但是根据《食品标识管理规定》第16条规定,食品中含有转基因成分需加以标识的规定,转基因番木瓜“华农一号”应做标识。[①]

不仅如此,上述行政法规和规章都是针对转基因生物制定的,包括转基因生物研发、生产加工、经营、进口与出口、监督检查等内容。《农业转基因生物安全管理条例》第4条将转基因生物的安全监督管理工作和转基因食品安全监督管理工作分别划归农业行政主管部门和卫生行政主管部门,[②]而新修正的《食品安全法》第151条没有明确哪些内容适用其他法律、行政法规的规定,从而给转基因食品规制留下了空白。事实上,除了第69条和第125条第1款第3项对标识有强制要求外,《食品安全法》对转基因食品并没有其他特别规定。若严格依照第151条的字面理解,转基因食品的安全管理,除《食品安全法》外,其他“行政法规”目前仍付之阙如。即使将《食品安全法》第151条所指的“行政法规”作广义解释,《新食品原料安全性审查管理办法》第24条也明确规定:“本办法所称的新食品原料不包括转基因食品、保健食品、食品添加剂新品种。转基因食品、保健食品、食品添加剂新品种的管理依照国家有关法律法规执行。”

由此可见,涉及转基因食品安全管理的现行法律、法规和行政规章并不健全,我国转基因食品法律规制存在空白,出现直接负责百姓健康的卫生行政部门面对转基因食品“无法可依”的尴尬局面。(我国现行转基因食品法律规制

---

① 参见包红玉:《浅谈转基因食品的法律规制》,载《北方经济》2013年第10期。

② 《农业转基因生物安全管理条例》第4条规定:“国务院农业行政主管部门负责全国农业转基因生物安全的监督管理工作。县级以上地方各级人民政府农业行政主管部门负责本行政区域内的农业转基因生物安全的监督管理工作。县级以上各级人民政府有关部门依照《中华人民共和国食品安全法》的有关规定,负责转基因食品安全的监督管理工作。”

如图 3-1 所示）

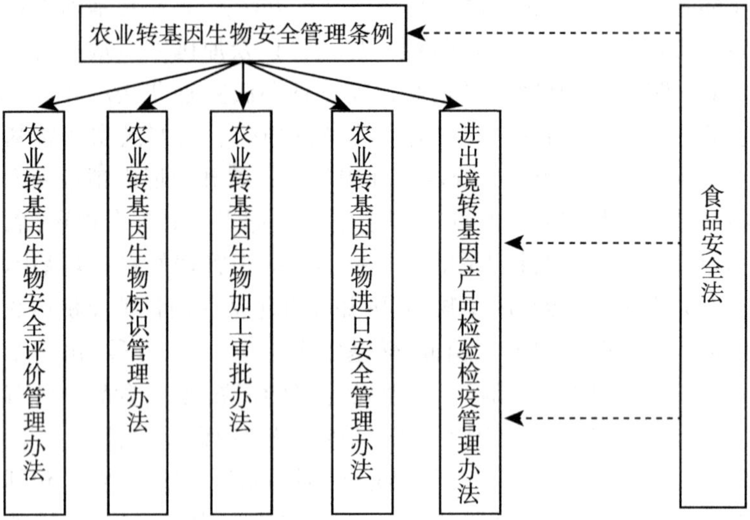

图 3-1　我国现行转基因食品法律规制架构

（二）转基因产品规制部门之间职能划分不科学，公众参与机制不够健全

我国转基因产品安全管理机构涉及农业农村部、卫健委、生态环境部、国家市场监督管理总局等多个部门，其中农业农村部在转基因产品安全审批中发挥着主导作用。我国目前对转基因生物实行分级管理评价制度，根据对人类、动植物、微生物和生态环境的影响程度，将转基因生物分为Ⅰ（尚不存在影响）、Ⅱ（具有低度影响）、Ⅲ（具有中度影响）、Ⅳ（具有高度影响）四个级别分别进行评价和管理，由设立在农业农村部的转基因生物安全委员会负责农业转基因生物在中间试验、环境释放、生产性试验阶段的风险评估工作，评估合格的获得农业转基因生物安全证书，并以此向农业农村部申请转基因作物上市证书，按规定进行转基因农产品的生产、加工和经营。此外，《食品安全法》第 17 条第 2 款规定，国务院卫生行政部门负责组织食品安全风险评估工作，成立由医学、农业、食品、营养、生物、环境等方面的专家组成的食品安全风险评估专家委员会进行食品安全风险评估；食品安全风险评估结果由国务院卫生行政部门公布。

上述规定虽然为我国转基因食品的安全审批提供了一般性指导原则，但是没有具体的配套措施和对应的职能部门。农业农村部和国家卫健委这两个主管部门之间也缺少协调机制。虽然《农业转基因生物安全管理条例》第 5 条指定国务院建立农业转基因生物安全管理部际联席会议，由农业、科技、环境保护、卫生、外经贸、检验检疫等有关部门的负责人组成,负责研究、协调农业转基因生物安全管理工作中的重大问题,但是这种机制由于缺乏相应的法律、法规支撑,更多属于行政管理范畴。①

相比之下,国外一些做法值得我们借鉴。在转基因产品安全规制方面,美国由农业部、食品与药品管理局、环境保护署三大机构进行协调合作;日本由农林水产省、厚生劳动省、环境省等部门共同负责;欧盟将转基因食品风险评估和上市审批的权力统一划归欧洲食品安全局(EFSA),要求各成员国将其从申请向市场投放转基因产品的企业那里收到的详细数据资料(包括用于该食品的转基因生物名单、转基因食品的特征及其生产流程等信息)提交给欧洲食品安全局,由其转交给欧洲联合研究中心(JRC),从而对转基因食品可能对人类、动植物健康或者生态环境所造成的安全风险进行统一的科学评估,并向欧洲食品安全局提交评估意见。② 这些机构之间分工明确、相互制约,既可有效弥补监管上的漏洞,同时又能避免转基因产品安全审批过程中某个部门一家独大的局面。

我国《农业转基因生物安全管理条例》虽然对农业农村部在转基因生物监管方面的地位和作用做了规定,但是对卫健委、生态环境部、市场监督管理总局等其他相关部门的职能规定却比较模糊。在组织管理方面,由农业农村部负责设立的国家农业转基因生物安全委员会主要由基因科学家组成,来自环境保护领域、食品药品安全监管领域以及公共卫生和法律界的专家非常少。2021 年公布的第六届国家农业转基因生物安全委员会名单中,76 名委员中无法律专家。委员会的绝大多数成员是生命科学领域的专家。正是由于权威机构的组成人员缺乏广泛的代表性,其权威性也一直受到质疑。

相比之下,欧盟的食品安全风险评估科学顾问有一套严格的遴选机制,除了七项评价标准(专业的相关性以及从业经历、权威性与卓越性、已有的研究成果、处理复杂问题的能力、跨学科和国际化背景、管理能力与经历、沟通与协调能力),还有完善的遴选程序,包括发布公告、对申请人的形式审查、对候选人的实质审查、外部复审、确定入围候选人名单、最终任命科学顾问。③

---

① 《生物安全法》对此做了改变。该法第 10 条第 1 款规定:“中央国家安全领导机构负责国家生物安全工作的决策和议事协调,研究制定、指导实施国家生物安全战略和有关重大方针政策,统筹协调国家生物安全的重大事项和重要工作,建立国家生物安全工作协调机制。”生物安全今后将被纳入国家安全范畴,由国家最高决策机构统一制定方针政策、统筹相关事项。

② See Regulation 1829/2003/EC, Articles 3–7, Article 32, Annex.

③ 参见戚建刚、易君:《论欧盟食品安全风险评估科学顾问的行政法治理》,载《浙江学刊》2012 年第 6 期。

在市场准入方面，转基因产品在进入市场之前，需要进行全面的风险评估，即由多部门按照各自职责对转基因作物的生产、加工及经营进行安全性评价。我国的风险评估是由农业主管部门一个单位负责，缺少部门之间的制约和监督，评估不够全面。① 转基因产品一旦流入市场，农业农村部的监管职责到此为止，而其他职能部门的监管却没能跟上。

我国转基因食品立法一直以来都是以行政法规和部门规章的形式出现，缺少国家在生物安全领域法治的总体设计，这也使得转基因食品立法缺乏相对稳定性。虽然有时会有部门征求社会意见，但依旧无法全面反映立法的民主性。转基因食品涉及千家万户的利益，需要公众的广泛参与。② 我国的转基因产品政策无论是在制定过程中还是在施行过程中均未落实公众参与制度，导致相关政策难以完全契合转基因产品规制的现实需要。因此，应当及时建立一套有效的公众参与机制，包括加强科普宣传、完善政策与法律的协调，为相关法律政策的实施奠定基础。③

(三)审批和监管体制不健全，转基因产品市场不成熟

我国现行法律法规对转基因产品的管理和规制范围界定不清。例如，《农业转基因生物安全管理条例》第 3 条规定的农业转基因生物是指“利用基因工程技术改变基因组构成，用于农业生产或者农产品加工的动植物、微生物及其产品”。由于转基因生物安全审批后还要经过繁琐的品种审定，导致转基因品种研发多年后才可以上市，有些转基因产品虽然拿到了安全证书，却迟迟拿不到上市证书，这在一定程度上影响了生物产业的健康发展，使得我国转基因产品在国际市场失去竞争力。目前，我国转基因技术研发是以公共科研机构为主，研究与生产脱节，尚未形成“培育—繁殖—推广”的有效整合，在成果转化方面缺乏有效举措，这导致转基因产品出现“研发难推广”的现象。④

在审批标准上，部分数据要求没有完全参照国际上的相关标准，实验室操作也缺乏统一规范，这使得我国转基因产品出口遭遇别国的技术审查，进而引发贸易摩擦。为此，我们可以从以下几方面进行制度完善：(1)适度简化审批程序，针对转基因作物(种子)、转基因食品采取不同方式区别管理。(2)实现国际对接，引入国际食品法典委员会的标准，避免我国转基因产品出口遭遇

---

① 参见李明辉：《中外转基因作物种植及食品生产的法律制度比较》，载《世界农业》2014 年第 1 期。

② 参见杜崎峰：《完善我国转基因食品立法刍议》，载《湖州师范学院学报》2014 年第 1 期。

③ 参见孔庆江、杨育晗：《欧、美、日转基因产品安全审批制度研究及对我国的启示》，载《科技与法律(中英文)》2017 年第 6 期。

④ 例如，我国自主研发的转基因抗虫水稻“华恢 1 号” 2009 年 10 月获得农业部颁发的安全证书，但是至今无法推广种植。

"双重标准"制裁。(3)由政府主导,推动"研发"与"推广"相衔接,促进我国转基因产品在国外获得安全审批许可。加大审批过程中的资金支持力度,并以外交谈判的方式达成双边安全审批制度的互认,或者像有些学者所建议的,至少是数据上的互认。①

转基因产品监管既需要依靠市场这只"无形的手",也需要政府这只"有形的手"。我国的转基因技术研发已有30多年,转基因棉花、木瓜已在我国种植多年,尤其是转基因棉花占据了我国棉花市场的绝大部分份额。但是与转基因产业大国相比,我国转基因产品的市场化进展十分缓慢,转基因产品的研发也是阻力重重。依靠转基因技术参与国际农业竞争并保证技术优势是国家产业安全的必然要求,我们只能选择进一步完备而不能放弃。作为一个社会主义市场经济国家,我国的市场结构已经允许将市场监管作为转基因产品的主要监管工具,这也是我国转基因技术发展的必然选择。与此同时,改变当下中国转基因技术研发主要依靠公共机构和国家投入的现状,将多元的市场主体纳入转基因技术研发过程中,是有效发挥市场监管的重要途径。当然,市场经济是法制经济,有效发挥市场监管作用的前提是法制健全。

法制建设是一个漫长过程,我们不可能等到所有的法律都制定完备了,再去发展转基因产业。在这过程中,政府的监管作用显得非常重要。在农业农村部和国家市场监督管理总局等部门的努力下,我国已初步形成了对转基因农产品的全程监管模式。然而与美国相比,我国批准转基因产品上市前阶段的监管内容还不够具体,难以确保上市产品的安全。此外,市场研发的整体经济实力和技术实力现状令人担忧,生产推广主体的自律意识较差,消费主体对转基因产品认识有限,市场信息不对称等也是我国目前市场化监管面临的不利因素。

为此,我们需要结合优势培育符合中国利益的内外部环境。② 我国目前还没有像孟山都这样能够主导转基因产品市场的企业,国家应该调整政策,着重培育一批大型骨干企业,使其在国际市场上有自己的话语权。在国内市场,应该建立以保护消费者知情权为导向的转基因产品市场。《农业转基因生物标识管理办法》规定,凡是列入标识管理目录并用于销售的农业转基因生物,应当进行标识;未标识和不按规定标识的,不得进口或销售。这是我国确保消费者知情权实现的法律基础。我国现有的标识规定已经不能适应现实的需要,必须及时作出调整。

① 参见刘旭霞、刘钰:《美国转基因管理协调框架下的安全审批制度初论》,载《自然辩证法通讯》2012年第5期。

② 参见刘旭霞、刘渊博:《美国转基因产品市场化监管对中国的启示》,载《华南农业大学学报(社会科学版)》2014年第3期。

(四)转基因食品标识体系混乱,缺乏阈值标准

虽然我国较早建立了转基因食品标识制度,但该制度仍存在立法笼统分散、转基因标识目录范围狭窄、缺乏转基因标识阈值的设置、缺乏对转基因食品阴性标识的规制、监管机制不完善、检测技术体系滞后、溯源机制缺失等问题。目前,市场上存在某些转基因食品未加标识,或者虽有标识但不够明显或过于隐蔽,消费者不仔细查看无法找到的现象。另外,某些食品的辅料含有转基因成分但未注明,侵犯了消费者的知情权。部分地区违规商业化种植、加工和销售转基因作物(包括玉米、水稻等)。部分商家为招徕顾客,在不存在转基因作物的产品上打上"非转基因"的招牌。执法部门的权威性不够,影响了执法力度。虽然新修正的《食品安全法》部分解决了上述问题,但是我国迄今为止没有针对转基因食品专门制定法律法规,这就使得一些不法分子投机取巧,钻了法律的空子。

从现有规定看,我国采取的是转基因食品强制标识制度,主要内容包括:第一,标识原则要求转基因标签不得包含明示或者暗示可以治疗疾病,虚假、夸大宣传产品作用以及国家禁止标识的其他内容,标识内容应当真实、客观。第二,包括原料及其加工食品在内的转基因食品的标识内容是含有基因修饰的有机体或/和成分,要标注"转基因(名称)食品"或"以转基因(名称)食品为原料"。转基因食品来自潜在致敏食物的,还要标注"本品为转基因(名称)食物,对(名称)食物过敏者注意"。第三,标识方法是在标签的明显位置上标注;散装食品需要在价签上标注或另行设置告示牌;转运的商品需要在交运单上标注;进口商品在合同和报关单上标注。

然而,我国现行的标识规定有以下不足:

(1)标识要求过于宽泛。对于含有多种转基因成分的食品,不要求每一种都标识,但是哪些需要标识,哪些不需要标识,没有明确的规定。对于深加工产品,没有标识要求。尤其是大豆,我国的深加工产品种类很多,标识也比较混乱。百姓常用的酱油、醋等食品中经常含有大豆成分,但是没有相应标注。

(2)缺乏阈值衡量。世界上大多数国家的做法是设定一个阈值来防止由于偶然因素或者技术上不可避免的因素造成的转基因成分混入。确定含量低于阈值标准最直接的方法是检测。然而,检测存在检测手段造成的误差和仪器灵敏度等问题,尤其是各个国家的检测技术和手段并不相同,同一种转基因食品的检测结果可能相差甚远。这就要求制定统一的操作标准和技术规范。

(3)不可追溯。以转基因大豆为例,转基因大豆被加工成豆油之后,可以标识为"转基因大豆加工品"。但是对于这种豆油的二次加工品,对成分就缺乏进一步的要求。换言之,转基因原料并不具有追溯性。这样,一种含有微量

转基因成分的产品就不会被要求标识,消费者会认为这种产品是非转基因产品。如果有了阈值标准,上述区分就比较明确了。

(4)标识要求不具体。由于没有对标识的图案、字体大小、字体颜色等进行详细的规范要求,产品生产商会故意模糊标识,使得消费者不易发现那些不显著的标识。2007年6月11日,当时的农业部第869号公告发布的《农业转基因生物标签的标识》为农业转基因生物标识设立了一项国家标准,该标准对文字的规格和颜色等作出了要求,但是很可惜,该标准并不适用于食品领域,也不适用于食品标签。①

在转基因食品的标识问题中,阈值是一个关系到消费者知情权的实现、生产者成本降低、国际贸易权益维护的重要议题,也是关系到转基因食品商业化进程的重大议题。大多数国家和地区的转基因标识管理政策都允许在食品(饲料)中存在少量转基因成分,将这种转基因成分的存在作为收获、运输及加工过程中无法通过技术手段加以消除的意外混杂,而不需要进行标识,并且确定了食品(饲料)中转基因成分意外混杂的最高限量(阈值)。若食品(饲料)中转基因成分的含量超过这一阈值标准,则需要对该食品(饲料)进行标识。因此,阈值标准是许多国家和地区转基因食品标识制度的组成部分。不同国家根据自己的实际情况,确立从0.9%到5%不等的阈值标准。正如一些学者指出的,阈值不是一个科学问题,而是一个政治问题,因为经过批准上市的转基因食品(饲料)都是安全的,设定阈值是商家和消费者之间博弈的结果,也是一个国家和地区经济、政治关系的写照。②

我国对转基因产业非常重视,投入巨资、出台政策鼓励发展。近年来,我国颁发了多个转基因粮食作物的安全证书,转基因食品进入商业化时代已是指日可待。在此背景下,我国现行转基因食品标识制度中缺少阈值设定已经成为一个制约因素。这或许折射了我国在发展转基因产业进程中所遇到的困境。通过设定符合我国国情的标识阈值,可以增强转基因食品标识制度的功能,为完善我国转基因食品法律制度奠定重要基础。③

(五)建立高标准的转基因食品追溯系统离不开国家支持

由于公众对转基因技术缺乏了解,转基因食品是否会对人体健康产生危害成为当下中国社会争论的热点话题。我国目前实行的转基因食品追溯制度仅

---

① 参见刘婷:《国际贸易中的转基因食品标识问题研究》,黑龙江人民出版社2018年版,第185-187页。

② 参见金芜军、贾士荣、彭于发:《不同国家和地区转基因产品标识管理政策的比较》,载《农业生物技术学报》2004年第1期。

③ 参见张忠民:《转基因食品标识阈值问题研究》,载《食品科学》2015年第9期。

仅是从管理层面出发，对转基因食品生产企业进行约束，缺少政府及公民监督。因此，能否实现转基因食品透明化可追溯管理，将成为解决我国转基因食品安全问题的关键所在。①

转基因可追溯能力是指一个国家对转基因产品的研发、试验、申请、批准、注册、授权、生产、供应的全过程可进行追溯的能力，包含溯源管理体系和可追溯技术能力的总和。转基因食品可追溯与传统食品可追溯的区别主要在于转基因种子研发、授权等与传统食品相区别环节的可追溯能力。转基因食品可追溯能力的定义尚未统一。综观国际文件及各国学者的解释，一般都强调转基因食品从种子研发、授权、供应链等环节形成不间断、可信任的信息链条，并结合使用身份储存体系（IP 编码体系），从而具备可追溯能力。

可追溯优势在于：（1）减少事故损失，缩小问题食品范围，追踪问题食品流向，及时回收问题食品，并明确管理责任。（2）提升品牌竞争优势，增加国内销售及国际出口。在法律渊源上：转基因食品可追溯制度包含多层级立法。目前，我国对经过科学认证并颁发安全证书的转基因食品与传统食品一样管制。因此，可以结合传统食品安全立法和《生物安全法》，将转基因食品可追溯制度与非转基因食品的可追溯制度一起规定。与此同时，借鉴世界各国转基因食品可追溯立法，进行多层级、多机构的立法管辖，将“转基因食品安全管理条例”与其他专门法律、法规同时适用。

采用标准化支撑转基因食品可追溯体系建设具有明显的积极作用。我们应建成国家、行业、地方、团体和企业标准相互协同、覆盖全面、重点突出、结构合理的转基因食品追溯标准体系。转基因食品二维码编码、追溯管理等诸多方面存在成本高昂的问题，这也是国际食品领域目前仍不具备统一的转基因食品可追溯立法的根本原因。因此，我国涉及转基因食品可追溯技术领域建设的事项必须依靠国家扶持。例如，对转基因食品供应链进行运筹计算，以降低成本，或者像欧盟那样（专门筹措了鱼产品的可追溯能力基金）设立专项基金，从而建立起国家级、国际级的可追溯系统。因此，需要就标准化（如种子研发、授权、供应链等各环节可追溯标准）、可追溯基金等相关问题进行立法。需要指出的是，中国作为世界上执行最严格转基因可追溯制度的国家，可追溯的对象应为所有含有转基因成分的食品。

专业化的转基因食品安全追溯大数据及其立法是今后的发展方向。中国物品编码中心开发了国家级食品安全追溯平台，通过全球数据同步网络（GDSN）认证，我国的基础信息数据库与全球 34 个标准数据池进行商品数据

① 参见韩凤芝：《转基因食品溯源监管体系的研究》，载《山东农业工程学院学报》2018 年第 10 期。

同步。基于大数据的转基因食品安全追溯立法将现代科技运用到立法之中,让执法更加便捷,因为,越是全方位的数据信息越能发挥威力。我国目前建立了四大资源库——基础数据编码库、全链条食品安全风险监测库、食源性疾病监测数据库、互联网检测数据库,形成"互联网+"的食品安全追溯体系。

将智能化的区块链技术引入转基因食品可追溯立法可以提升转基因食品供应链的可追溯性和可信性,使数据无法篡改、透明、可视。目前,该技术开始被逐步推广使用,应尽快进行相关立法。社会化的转基因可追溯管理机构建设也是相关立法的内容之一。通过建立转基因食品安全协作机制,政府、企业、科研机构加强联合,共同维护食品供应链安全。立法要对这些机构的权责加以明晰。

转基因食品强制标签制度需要配套的追溯制度配合。尽管我国当前实现转基因标签可追溯化尚存阻力,但这是我国转基因标签制度构建的发展方向。这一制度的建立不仅需要转基因标签制度的完善,更需要食品安全监督管理等其他一系列制度的配合。当前,对转基因食品采取强制标签制度的国家和地区都有较完善的产品追溯制度和隔离措施,这些实践也为我国建立相应制度提供了借鉴。我国未来的转基因食品标签制度构建,应当从授权、主管部门监督、社会意见反馈以及网上统一系统的构建等几个角度出发,建立我国食品领域转基因标签可追溯化管理的法律框架。①

三、规制的相关问题

(一)转基因食品法律规制的基础理论问题

针对转基因食品引发的诸多问题,法律人应该发挥自己的专业所长,做好及时且有效的应对,为社会化解纷争提出解决方案。

首先,面对21世纪新科技革命的到来,中国学者有责任和义务对转基因技术和转基因食品的发展情况进行系统研究。综观全球生物技术发展的前沿问题和各国对转基因食品的法律规制,着重介绍转基因食品发展中引发的人类健康、生态环境以及社会其他方面的各类问题,不仅为大家提供一个科学和法治的视角,也引导百姓从政治、经济、文化等多维度去思考转基因技术与我们生活的关系。

其次,以转基因食品引发的问题为切入点,从维护生态环境安全、保障消费者健康权和知情权、促进转基因经济健康发展和实现人与自然和谐共处等不同视角,深入分析论证转基因食品法律规制的正当性基础,借鉴域外转基因食品

① 参见逯悦:《我国转基因食品标签可追溯问题探析》,载《重庆理工大学学报(社会科学)》2018年第3期。

规制的先进做法，探讨构建符合中国国情的法律规制模式，为立法者提供法律规制的理论依据，为消费者理性消费提供制度保障。

最后，在明确上述目标之后，认真探讨我们国家转基因食品法律规制应该确立的价值取向和路径选择。转基因食品法律规制的价值取向主要有三个：安全价值、公平价值、秩序价值，其中安全是底线、公平是理念、秩序是目标，这三者是矛盾的统一体，不可偏废。在路径选择方面，转基因食品具有的外部性、信息偏在、公共产品以及风险不可预测等属性，加之商人的逐利本性导致市场无法实现对转基因食品的有效调控，需要公共权力的介入，通过政府制定规范来进行有效规制，做到防患于未然。

（二）我国转基因食品研发试验的法律规制问题

首先，我国目前开发的转基因食品都是来自转基因植物，转基因生物研发由于借助动物或植物原有基因的“转殖”，涉及生命伦理、环境安全、国家决策等方面的问题。我国目前有关转基因食品研究的关注焦点主要集中在科学技术和经济效益方面，在伦理、法律、文化等方面的研究还很薄弱，没有形成系统的理论体系和完整的研究成果，研究内容以介绍域外的做法为主，自己原创性的东西不多。因此，我国转基因食品的风险规避和可持续发展任重而道远。① 在转基因食品研发试验的法律规制方面，我们要结合确保研发活动安全、在源头上控制转基因食品风险和保障转基因食品商业化进程健康有序等事项，讨论法律规制的重要意义。

其次，通过对我国法律法规的考察和借鉴域外成熟做法，研究我国针对转基因食品研发试验中可能产生的问题，探讨构建我国的转基因生物安全评价制度、转基因食品研发试验的报告制度和报批制度、安全监控制度以及专业人员准入制度。我国构建转基因食品法律规制体系的根本目的是推动转基因产业健康发展和推动现代生物技术研究，同时，兼顾平衡社会各方利益。生命科学是21世纪科技前沿领域，生物技术正在改变我们生活的方方面面。党中央对此高度重视，2019年召开的全面依法治国委员会第二次会议明确将“生物安全”立法作为我国当前立法的重点。②

最后，与其他新科技一样，转基因技术还在进一步发展完善，世界各国的法律规制也是宽严不一。我们应该从严要求，将预防原则、透明度原则和公众参与原则作为完善我国转基因食品研发试验法律制度的基本原则。在市场准入阶段，建立安全评价管理机关成员遴选制度和检测机构认证制度，以完善转基

---

① 参见钱敏、白卫东：《转基因食品及其安全性问题探讨》，载《食品与发酵工业》2008年第12期。

② 参见《习近平主持召开中央全面依法治国委员会第二次会议强调　完善法治建设规划提高立法工作质量效率　为推进改革发展稳定工作营造良好法治环境》，载《人民日报》2019年2月26日。

因生物安全评价体制;在研发试验阶段,扩大报告制度使用范围、明确生物安全证书的审批标准和建立信息公开制度,完善转基因食品研发试验报告制度和报批制度;在生产流通阶段,运用现代科技完善安全监督制度和实施细则,充分发挥公众监督功能,形成政府、消费者合力监管机制。

(三)我国转基因食品生产加工的法律规制问题

不同于自然生长的普通作物,转基因作物借助现代生物技术经过基因改良之后,具有抗农药、耐旱等生长特性,其生存能力也优于其他普通作物。因此,在种植、运输和生产加工阶段,如果不采取必要的隔离措施,转基因作物因其较强的生命力有可能“侵蚀”其他作物。对此,除在研发试验阶段进行特别规定外,转基因食品的生产加工业也应该有相应的规范。

首先,结合转基因食品生产加工中可能产生的影响生态环境和其他非转基因作物、降低食品安全性等方面的问题,从保障生态安全、确保上市转基因食品安全和维护转基因食品产业健康发展等方面的需要出发,研究论证转基因食品生产加工法律规制的必要性,包括生产企业必须履行的义务和政府应该承担的责任。许多国家对生产转基因食品的企业都有具体的操作规范要求,包括区分不同的生产流水线、安排不同的储存仓库等。转基因食品生产后的包装和标识也与普通食品有区别。

其次,通过对现行法律法规的梳理,找出我国针对转基因食品生产加工存在的规制漏洞和可能产生的问题;研究构建我国转基因食品生产加工法律规制体系,具体包括原料生产行政许可制度、转基因食品原料安全评价制度、转基因食品原料卫生行政许可制度、转基因食品加工行政许可制度和转基因食品安全评价制度;区分转基因食品与普通食品在上述制度执行中的不同做法,明确农业农村部、国家卫健委、国家市场监督管理总局等直接规范转基因食品的政府部门各自的行政职权和监管职责,建立有公信力的权威评价体系和专家遴选机制。在此基础上,建立转基因食品原料生产三级审批制度和生产相关信息网络管理制度。

(四)我国转基因食品销售流通的法律规制问题

由于我国转基因作物品种目录范围过窄且我国执行的是转基因生物定性标准,市场上有不少应该标注而没有标注的转基因食品,这也是我国转基因食品市场目前较为混乱的原因之一。消费信息不对称、市场监管不到位的现象比较突出。一方面,由于缺乏规范标识,普通消费者无法从外观和味道上来辨别转基因食品和非转基因食品;另一方面,消费者即使知道食品中含有转基因成分,也不清楚转基因物质对人体有多大影响。[①] 研究表明,转基因食品的消费

① 参见马琳:《信息不对称下转基因食品消费的演化博弈分析》,载《科技管理研究》2013年第16期。

在很大程度与消费者的认知程度、产品价格以及社会舆论环境有关，其中舆论环境至关重要，因为消费者的认知是需要引导的，价格只是在消费者愿意接受转基因食品前提下的一个考量因素。[①] 为此，我们需要为转基因食品消费营造一个健康的市场环境。

首先，结合转基因食品流通消费中可能产生的侵害消费者权益、侵害国家利益等方面的问题，从保护消费者权益、维护国家利益角度出发，研究论证转基因食品流通消费法律规制的必要性；尤其在确保市场透明度和维护消费者知情权等方面要有具体的制度和措施；加大科技投入，用现代管理手段来管制转基因食品这类现代高科技产品。

其次，通过制定科学的阈值标准，完善我国的转基因食品标识制度和可追溯体系、转基因食品进口审批制度、转基因食品进口检验检疫制度，用大数据和互联网等现代科技手段为法律实施提供有力保障。

最后，强调将消费者权益保护原则、行政执法协调原则和分布实施原则作为完善我国转基因食品流通消费法律制度的基本原则。我国转基因食品法律规制的基础薄弱，制度还不健全，不能指望一步到位、一蹴而就。基于此，加强立法研究，逐步建立国家转基因食品检测技术标准体系；明确目标，构建我国转基因食品科学的标识制度；统一原则，明确分工，完善我国转基因食品的进口审批制度和检验检疫制度。

（五）我国转基因食品突发事件与责任可追溯法律规制问题

在风险社会中，不明的和无法预料的后果成为历史和社会发展中强有力的变量，影响着人们的思考和抉择。包括转基因技术在内，任何一项新科技和新发明在给我们带来生产效益和财富增长的同时，也给我们带来许多不曾料想的副作用。[②] 转基因食品的安全性现在还没有定论。我们要做到防患于未然，从保护环境安全和人类健康入手，构建转基因食品风险防范机制。在借鉴欧盟农产品质量检测机制风险预警体系、美国食源性疾病主动监测网络等先进做法的同时，从应对转基因食品安全事件的突发性、突发事件的公共性和突发事件的严重危害性等方面的需要出发，研究论证我国构建转基因食品突发事件法律规制体系的必要性。

目前，我国虽然建立了转基因食品突发事件应急预案制度和转基因食品召回制度，但是应急预案制度存在适用对象不全面、协调性不够等不足；而转基因食品召回制度也存在缺失召回义务主体、召回对象范围狭窄等不足。因此，在

---

① 参见刘玉芹：《消费者对转基因食品的消费偏好研究》，载《安徽农业科学》2013 年第 31 期。

② 参见成伯清：《“风险社会”视角下的社会问题》，载《南京大学学报（哲学·人文科学·社会科学）》2007 年第 2 期。

明确各部门职责划分的前提下，将及时原则、效率原则和法治原则作为完善我国转基因食品突发事件法律规制的基本原则；构建以产品追溯机制为基础的应急预案管理规范体系，制定专门的应急预案，并落实到相关职能部门；增加履行召回义务的主体和扩大召回对象的范围，完善转基因食品的召回制度。

第二节　规制的主要内容与规制路径

一、规制的主要内容

转基因食品法律规制是一项系统工程，需要兼顾上位法和下位法不同层级法律之间的关系，规制内容涉及法学、生物学、经济学等知识，但是制度的核心是法律规则，因为规则是具有强制约束力的，它经过严格的立法程序确立、具有广泛的代表性和相对的稳定性。转基因食品规制虽然离不开对生物技术的研究以及结合政治学、经济学因素的考量，但是最终还是以法律规则来体现的。因此，规制的主要内容是法律规则的制定。像世界上大多数国家的做法那样，我国需要一部转基因食品的专门立法。鉴于我国目前已有《食品安全法》和《生物安全法》作为食品相关领域的基本法，国务院也早已制定《农业转基因生物安全管理条例》，转基因食品规制与上述法律（规）具有从属和交叉关系。

从食品角度讲，转基因食品与非转基因食品没有本质区别，转基因食品理应纳入《食品安全法》的规制范畴。然而，现行的《食品安全法》只是对转基因食品的标识规定一笔带过，没有更多规定。由于转基因食品的原料含有转基因生物，其研发、生产、消费流通乃至市场监管都与非转基因食品有区别，而我国目前的消费市场尚不成熟，市场主体不能自行区分转基因食品和非转基因食品。因此，在法律规制方面需要作出不同规定。当下，消费者对转基因食品还有一个认识过程，在这样一个特定时期，我们需要从制度层面去规范这一产业，保护消费者的利益。

从转基因生物角度讲，转基因食品含有转基因生物，但是《农业转基因生物安全管理条例》是结合转基因生物特征，从安全角度对转基因生物的研发、生产、运输等环节的安全作出相应规定，这些规定有些不适用于转基因食品，而规制转基因食品的许多内容，该条例又不具备。《生物安全法》作为生物安全领域的基本法，其立法定位是对包括转基因生物在内的生物安全制定一个法制框架，提供指导原则。因此，我们还需要制定一部"转基因食品安全管理条例"作为这一领域的专门法，针对转基因食品从研发、生产加工到流通消费的各环节进行规制。

“转基因食品安全管理条例”的立法宗旨是全过程确保转基因食品的安全,包括研发、生产、运输、消费等环节。作为规制转基因食品的基本法,该条例需要对转基因食品的阈值作出明确规定,这是生产部门的参照标准,也是执法的依据。如果我国仍维持现行的定性标准,那意味着我国将执行世界上最严格的转基因食品标准,这对转基因食品的生产和流通监管带来极大的不便。如果立法明确采用阈值标准,那么我们需要结合实际,科学制定符合中国国情的转基因食品阈值标准。

确立阈值标准是为构建转基因食品风险防范体系奠定科学基础。转基因食品的安全管控覆盖整个产业链,而建立全程可追溯系统是实现这一目标的有效手段。食品可追溯系统的产生起因于20世纪90年代爆发的英国疯牛病事件、丹麦的猪肉沙门氏菌污染事件和苏格兰大肠杆菌事件。这些食品安全事件使得欧盟消费者对政府食品安全监管缺乏信心,直接促成了可追溯系统的建立。

国际食品法典委员会(CAC)与国际标准化组织(ISO)把可追溯性定义为“通过登记的识别码,对商品或行为的历史和使用或位置予以追踪的能力”。可追溯性是利用已记录的标记(这种标识对每一批产品都是唯一的,即标记和被追溯对象有一一对应关系,同时,这类标识已作为记录保存)追溯产品的历史(包括用于该产品的原材料、零部件的来历)、应用情况、所处场所或类似产品或活动的能力。据此,转基因食品可追溯体系的建立应包含食物生产链的全过程,从原材料的产地信息,到产品的加工过程,直到终端用户的各个环节。

除采用技术手段确保转基因食品安全外,政府监管的角色不可或缺,包括事前、事中和事后监管。事前监管是指把好市场准入关。转基因食品因其含有转基因生物成分,从作物的育种、商业化种植、生产加工、流通、消费等环节都需要有严格的资质要求和操作规范。培育转基因作物种子的科研人员、种植转基因作物的农民、生产转基因食品的企业都需要符合一定的资质条件,并向政府主管部门申请批准。事中监管是指符合资质条件的科研人员、农民和生产企业在研发、种植和生产过程中需要严格遵守操作规范,包括达到实验室的设备条件、作物种植的空间隔离、企业生产转基因食品与非转基因食品相区分等要求。事后监管是指转基因食品投放市场以后,要确保产品标识明确、可追溯系统完整、风险救济体系完备。这些制度的完善固然离不开从业人员的自律,但是政府的监管在这里起到至关重要的作用。

建议制定的“转基因食品安全管理条例”属于国务院颁布的行政法规,是《食品安全法》和《生物安全法》的下位法,与《农业转基因生物安全管理条例》具有并列交叉关系。目前,《食品安全法》有关转基因食品的具体规定只有第69条,即“生产经营转基因食品应当按照规定显著标示”。第151条则明确规定“转基因食品和食盐的食品安全管理,本法未作规定的,适用其他法律、行政法规的规定”。《生物安全法》明确将“保护人类健康和动植物安全、规制生物技术的研发与运用、维护生物资源的多样性”作为其规范对象,并确立了生物安全的组织保障机制、应急管理机制、追溯机制。这些既是“转基因食品安全管理条例”的法律渊源,也是其立法的方向和目标。

为此,“转基因食品安全管理条例”要解决转基因食品的定义、阈值标准、从业人员资质要求、实验室设备要求、转基因作物种植规范、转基因食品生产流通规范、转基因食品风险防范与救济等规制的核心问题。在涉及转基因生物规定时,“转基因食品安全管理条例”应该与《农业转基因生物安全管理条例》规定相同。①

鉴于《新食品原料安全性审查管理办法》第 24 条排除了《农业转基因生物安全管理条例》第 3 条部分内容的适用,县级以上各级人民政府卫生行政主管部门事实上也无法依照《食品安全法》的有关规定负责转基因食品卫生安全的监督管理工作。“转基因食品安全管理条例”通过对转基因食品的定义、规制部门及其管理职责等作出明确规定,可以弥补上述法律规定的空白。(如图 3-2 所示)

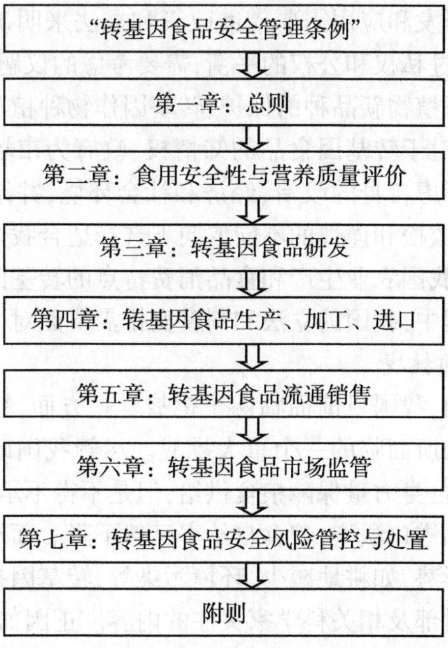

图 3-2　“转基因食品安全管理条例”基本内容

① 例如,“转基因食品安全管理条例”可以存在与《农业转基因生物安全管理条例》第 3 条相同的规定。

转基因食品法律规制按照“科学论证、经济分析、制度构建、保障完善”的总体思路进行。转基因食品立法与其他领域立法的一个重要区别在于其科技特征明显。社会上有关转基因食品争论的一个重要起因就是人们对其安全性还没有一个权威的结论。权威的结论需要由权威部门作出,而权威部门的公信力来自人们对科学的敬畏和认知。因此,“转基因食品安全管理条例”规定的内容之一是如何遴选有公信力的专家组成权威部门,对转基因食品的安全性作出令人信服的结论。在这方面,国外有许多成熟的做法,我国学者也做了相关研究。①

发展我国转基因产业,不仅是科学技术发展的需要,也是经济发展的需要。转基因食品对于提高农民收入、应对粮食危机都具有重要意义。因此,规范转基因食品的研发、生产、消费,除了是依法治国的必有要义之外,还应该从我国国民经济发展、国家粮食安全以及缩小城乡差别等战略高度来认识。

二、规制路径

鉴于转基因技术的广泛应用和人们接受转基因食品有一个认识过程,我国针对转基因技术的研发和应用需要借助政策和立法来明确相关的权利和义务配置。在这方面,通过私权和公权的平衡,需要考虑的议题是多方面的,包括从生物多样性角度考虑植物新品种的保护、转基因作物种植与转基因食品生产的规范与监管、消费者对于转基因食品的知情权、政府为市场营造一个安全和有序的营商环境等。考虑自身的政治、经济和社会环境,并结合食品领域内的公众风险认知程度,在放松和谨慎的不同取向下选择适合我国国情的转基因技术规制路径,包括符合我国农业生产和食品消费特点的转基因食品发展模式。在实现上述内容的进程中,我国的立法和制度安排需要面对下列现实问题。

(一)食品供应的挑战

在食品供应方面,我国目前面临两个挑战。一方面,粮食安全始终是拥有十四亿多人口的中国所面临的一个重大挑战。尽管我国政府高度重视农业问题,一直致力于依靠自身力量保障粮食供给,但是不得不承认的一点是,随着包括主粮在内的农产品进口激增,粮食自给率已然下降。面对庞大的人口压力以及严峻的农业生产形势,如耕地减少、环境污染等,转基因技术在粮食产量方面的贡献成为农业农村部及相关科学家关注的内容。正因如此,2015 年的中央 1 号文件也提出了加强农业转基因生物技术研究、安全管理、科学普及,为我国转

---

①　参见戚建刚、易君:《我国食品安全风险评估科学顾问的合法性危机及其克服》,载《北方法学》2014 年第 2 期。

基因农业发展提供了广阔前景。另一方面，食品安全仍然是中国目前急需解决的一个重要社会问题。食品安全事故的发生不仅影响了消费者对于政府公信力和食品行业的信心，而且对我国的食品产业、食品贸易带来不利的经济影响，同时也影响了转基因食品在我国的普及与推广。[①] 在这方面，我国目前的情况类似欧盟在20世纪90年代疯牛病危机之后的处境，我们需要通过加强食品安全监管，恢复消费者对于食品行政管理和食品行业的信心。

（二）公众的风险认知

公众的接受度与公众对于转基因食品的风险认知有关。就后者而言，首先，食品安全治理的历史教训和普遍不信任是公众一并质疑转基因食品的社会原因，尤其是转基因食品领域内的非法种植和标识信息混乱等问题以及转基因食品自身存在的不确定性，这些都进一步加剧了公众和消费者对这一特定食品产品的不信任。转基因食品在世界大多数国家都有争议，即使在对待转基因食品较为宽容的国家，反对者也是大有人在。社会对于转基因食品的态度很大程度上取决于政府的规制。我国虽然对转基因生物认定采用定性标准，但是各方面的制度和规制措施没有跟上。

其次，在转基因食品相关政策的制定和执行中，公众参与程度的有限性也影响了他们对这一领域的认知度和认可度。与发达国家相比，[②]我国负责转基因食品管理的政府部门之间缺少明确分工。虽然国务院下面有一个部际联席会议，但是这种协调机制没有从制度层面落实各部门的具体职责，很难对转基因食品起到规制作用。此外，虽然规制的技术关联性使得政府为专家参与提供了平台（如咨询类的委员会），但是专家与公众之间缺乏沟通也不利于增强公众对于这一关联健康的风险认知。

最后，国家对于转基因食品的监管机制是否健全也同样影响公众对于这一类食品的风险认知和接纳。研究表明：我国公众的期待是政府严格管理转基因技术的应用。然而，无论是现行的制度还是政府的管理效果都与群众的期待存在很大的差距。[③]

与美国和欧盟相比，我们在转基因技术的规制方面缺乏适合中国自身特点以及应对中国问题的规制模式。从历史的角度看，我国一度对转基因食品采取

---

①　参见范可：《当代中国的“食之虑”——粮食、食品安全和转基因问题》，载《江苏行政学院学报》2017年第4期。

②　参见魏咏新等：《美国转基因植物食品监管体系介绍》，载《食品安全质量检测学报》2015年第11期；刘旭霞、欧阳邓亚：《日本转基因食品安全法律制度对我国的启示》，载《法治研究》2009年第7期。

③　参见江虹、曾田雨：《我国转基因食品安全立法现状与不足的思考》，载《食品安全导刊》2017年第30期。

欧盟的规制方式,即1990年实施的《新资源食品卫生管理办法》规定了新研制的无食用习惯的食品为新资源食品。对此,2002年7月1日起施行的《转基因食品卫生管理办法》进一步明确转基因食品为一类新资源食品,这意味着转基因食品须经原卫生部审查批准后方可生产或者进口,否则不能用作食品或食品原料。然而,2007年制定的《新资源食品管理办法》在其"新食品"的规制范围内排除了转基因食品。目前,新修正的《食品安全法》也只是强调转基因食品的标识问题,而许可、追溯等方面的问题主要还是以《农业转基因生物安全管理条例》等行政法规为依据。这些法规和部门规章的立法层次偏低。

(三)国家规制的立法取向和制度安排

毋庸置疑,科技对于一个国家的发展至关重要。世界各国对这一认识是共通的,即及时转化运用最新的科学发明可实现国家安全、经济发展、公民健康等目标。为此,政府应当通过适当的科技政策推动上述进程,并开展相应的规划、资助和评估工作。转基因技术发展之初,各国对于该技术的干预也是选择秉持促进其发展的政策导向。例如,1993年由当时的国家科委颁布的《基因工程安全管理办法》,其制定目标是促进我国生物技术的研究与开发。不仅如此,除确保我国在生物技术领域的领先地位外,粮食安全这一长期困扰我国经济发展的问题也是中国发展转基因技术的客观诉求。然而,作为与民生福祉息息相关的一项技术,风险规制也是国家需要一并考虑的重大课题,尤其是在当下,公众对于这一新技术的认知度和接受度还比较低。可以说,美国和欧盟在转基因食品规制方面的差异并不是转基因技术引起的,而是由更深层次的社会、经济、文化等非技术因素决定的。[①] 我国频发的食品安全事故以及转基因食品规制的失灵也是目前公众不断质疑转基因食品和转基因食品接受度较低的一个主要原因。

有鉴于此,转基因技术及其在食品领域的应用还需要借鉴国外规制的优点和准则,有选择性且具有前瞻性地完善我们自己的规制模式。尤其在提倡发展转基因技术的同时,依据预防原则处理好该技术中存在的不确定性以及考虑公众对于这一技术的风险认知。从完善无缝监管、公众参与和知情权保护、构建完备的标识制度和可追溯制度等方面入手,构建我国的转基因食品法律规制体系,进而提高公众对于转基因食品的认知度和接受度,为我国转基因食品产业乃至生物工程领域的健康发展营造良好的社会环境。

相应地,一方面,基于公众的科学认知推进转基因技术发展,完善有关专

---

① 参见胡加祥:《欧盟转基因食品管制机制的历史演进与现实分析——以美国为比较对象》,载《比较法研究》2015年第5期。

利、植物新品种等知识产权的立法保护。在适用科学原则、预防原则和实质等同等原则的前提下,促进新技术的应用,包括在农业和食品领域的运用。事实上,科学原则和预防原则并不是对立的价值取向,而是互补性的择优考量。预防原则也要以科学评估为前提,只是在科学不确定性的情形下为了保护公众健康,才赋予预防原则优先地位。反之,静待技术发展成熟和风险的实质性变化会以不可挽回的健康和生命损害为代价。

然而,无论是基于科学的放松规制抑或是预防的谨慎规制,规制本身都是动态的,需要根据新增的信息和知识来及时评估,以便调整规制的内容。以目前的新食品原料管理为例,即便已获得许可的新食品原料,如新研制的食品成分,也可以基于科学相关的情形予以重新审查,这包括以下两个方面:一是随着科学技术的发展,对新食品原料的安全性产生怀疑;二是有证据表明新食品原料的安全性可能存在问题。世贸组织审理"激素牛肉案"的评审团便是基于这样的认识作出裁决,因为该案涉及的饲料所含部分激素成分在美国被允许使用,在欧盟则被禁止使用,欧盟禁止的理由是其科学家在实验中发现这些激素有致癌的可能性。评审团基于 SPS 协议第 5 条规定裁定欧盟禁止进口美国牛肉的措施没有违反世界贸易组织规则。①

另一方面,在转基因技术的规制方面,科学和法律的作用并不是对立的。当前者为后者提供规制依据时,后者不仅仅要考虑科学家的建议,同时也要一并考虑其他合理因素,包括公众对于相关风险的认知和作为技术风险最终承担者的诉求。这种现象将随着大数据、人工智能等现代科学技术的运用变得越来越普遍。因此,当既有的转基因食品标识要求有助于保障消费者在转基因食品选择方面的知情权时,诸如风险交流等食品安全领域内新设的信息制度也可以为公众了解转基因技术的科学知识和国家如何管理这一技术应用的制度安排提供新的参与方式和沟通工具。

转基因食品安全关乎产品质量和消费者权益两个方面,具体涉及研发、生产、加工、经营、进口等各个环节。相应地,法律规制也应该体现在各个方面,实现"从实验室到餐桌"整个产业链的全程监管。在确保消费者知情权的同时,让消费者放心、满意地消费。围绕这一目标,我国转基因食品法律规制将沿着以下路径构建:转基因食品法律规制的基础理论与制度比较研究、我国转基

① SPS 协议第 5 条规定,世界贸易组织成员应该根据已有的科学证据、相关的生产工艺、生产方法以及抽样和检测手段,考虑疾病与虫害的传播特点,参考相关国际组织的危害评估方法,对动植物实施检疫。当遇到科学证据不足的时候,世贸组织成员可以根据自己已经掌握的证据实施这些措施。See European Communities, *Measures Concerning Meat and Meat Products* (*Hormones*), Panel Report, WT/DS26/R.

因食品研发试验法律规制研究、我国转基因食品生产加工法律规制研究、我国转基因食品流通消费监管机制研究、我国转基因食品事故处置与追溯能力构建研究,其中第一部分是基础研究,为转基因食品法律规制提供指导原则和理论支撑,第二至四部分对应的是转基因食品产业链的不同环节,最后一部分针对转基因食品的特殊性,作为一种风险防范机制。五个部分一起构成一个有机整体。

"条条大路通罗马。"转基因食品法律规制的路径不是一个可以穷尽的概念。明确转基因食品法律规制的路径,需要从转基因产品的产业链角度考虑,涵盖转基因食品研发、生产加工、流通消费、事故处置这几个方面。鉴于转基因食品规制的理论还需要进一步完善,域外经验也应该及时总结,因此,基础理论研究与域外制度比较也是转基因食品法律规制体系构建的有机组成部分。基础理论研究涉及伦理哲学、法学理论、经济学理论,分析转基因食品法律规制的正当性基础、价值取向和路径选择;制度比较是对各国转基因食品法律规制的国内法以及国际法进行对比考察,旨在通过研究一些国家的转基因食品法律制度和相关国际规范,总结对我国转基因食品法律制度建设的有益启示。在此基础上,从转基因食品研发、生产加工、消费流通和社会保障四个维度研究我国转基因食品法律规制的现状,分析其不足,提出完善的具体构想。

第四章 转基因食品法律规制的基础理论与制度比较

面对转基因食品,人们经常会提出以下疑问:发展转基因食品究竟会引发哪些问题?转基因食品法律规制的正当性基础在哪里?转基因食品法律规制的价值取向是什么?转基因食品法律规制应当采取何种路径?在思考上述问题的同时,我们还有必要了解一下其他国家的做法和国际条约的相关规定。他山之石,可以攻玉。域外国家和地区转基因食品法律规制现状如何?它们之间有何异同?国际规范对转基因食品如何规制?对我国转基因食品法律规制有何启示?这些问题的答案折射的是一个国家和地区对待转基因食品的基本态度和转基因产业的未来走向。在研究构建我国转基因食品规制法律体系之前,我们必须先回答这些基础性、前瞻性的问题。然后,围绕转基因食品“从实验室到餐桌”整个产业链,提出各个环节法律规制的内容,形成一道促进转基因产业健康发展和保护消费者权益的安全屏障。

第一节 转基因食品法律规制面临的现实问题

理论源于实践,又服务于实践。在进入转基因食品法律规制基础理论研究和域外制度比较之前,我们首先需要思考如何解决《食品安全法》等法律法规对转基因食品规制立法的不足这一问题。

从立法上看,基于《食品安全法》和《农业转基因生物安全管理条例》的现行转基因食品法律规制存在缺陷。[①] 转基因食品立法的原则之一是科学原则,但是我国针对转基因食品建立起来的限制性管理制度是否符合实际还值得研究。此外,缺少明确的定量标准也表明对待转基因食品缺乏一种科学的态度。大多数国家和地区都是基于市场消费情况对转基因食品进行限制管理,并进行合理规范。我们要把立法当科学事业那样严谨对待,实现转基因食品立法的科学化,通过完善立法基础增强案件审理的科学性和可执行性,依法保护转基因产业的健康发展和消费者的合法权益。法律审判依据的是法律规定和证据事实。在没有证据证明转基因食品的危害之前,建议首先依据科学原则推定其是安全的。在转基因食品与非转基因食品之间确立一个"容忍度",通过科学的阈值标准,给行政执法和司法提供一个判断依据和裁量标准。解决零阈值执法标准下转基因食品案件审判难、执行难的问题,以此来减少转基因食品在社会生活中的不利影响。

解决《食品安全法》等法律法规对转基因食品规制不足的出路在于,制定"转基因食品安全管理条例"作为《食品安全法》的下位法,与《农业转基因生物安全管理条例》并列,两者具有互补关系。《食品安全法》第 151 条给"转基因食品安全管理条例"提供了立法空间。《农业转基因生物安全管理条例》解决了与转基因生物相关的一系列管制问题。"转基因食品安全管理条例"根据"转基因生物"和"食品"这两类产品特征,针对转基因食品制定专门规制条例,包括转基因食品研发、生产加工、流通消费各个阶段需要遵守的规范,同时对相关职能部门的权力和责任加以明确。该法规如果出台,不仅会提升转基因生物管理规则的法律位阶,也会完善转基因食品规制的法律规则。

第二节　立法的理论基础和追求的价值理念

面对纷繁复杂的理论体系,我们首先要明确转基因食品的立法宗旨和目标。无论是从科技竞争的角度看,还是从国家粮食安全的高度讲,发展我国的转基因生物技术都势在必行,而研发转基因食品是实现转基因生物产业化的一个重要途径。

作为一项新科技,人们对转基因生物和转基因食品还处在不断发现、不断认识的过程之中。即使就转基因作物已经被揭示的特征而言,我们也看到了其

---

① 参见章晓婷:《我国转基因食品安全法律制度的缺陷及完善》,载《法制博览》2018 年第 20 期;李响:《中国转基因食品立法的困境与出路》,载《华南师范大学学报(社会科学版)》2015 年第 1 期。

与众不同之处以及对生态环境的潜在影响。因此,对转基因食品进行法律规制是非常必要的。法制是营商环境的重要保障,只有在稳定的法制环境下,科研人员才能静下心来搞科研,探寻科学的未知领域;生产者才能清楚守法与违法的界限,在遵纪守法的前提下安心生产;消费者也才能根据自己的意愿选择转基因产品,放心消费。与此同时,政府主管部门和执法机关也能在明确的法律授权范围内依法管理,给予法制保障。

转基因食品规制的基础是法制,而法制的背后是风险控制这一社会目标。伴随着一项又一项高科技的诞生,人类已经进入了一个风险社会。因此,转基因食品立法应以"风险理论"为基础、"无罪推定"为价值导向,并将"天人合一"的发展理念融入其中。

一、以"风险社会"理论为基础,构建转基因食品法律规制的理论体系

现代社会风险的产生涉及多方面的因素,从人类自身行为和社会发展的角度看,主要包括以下几个方面:

第一,人类自身行为不可避免的伴随性结果。人的行动一般都是有目的的行为,但是其结果有三种可能:(1)目标实现;(2)目标未能实现;(3)目标未实现,但出现其他伴随性结果。这种伴随性结果有的严重,有的并不严重;有的是正面的,有的则是负面的。如果再进一步区分,伴随性结果中有的是可预料、可预测的,有的则不可预料、不可预测。若不可预料和不可预测的结果性质严重,那就属于突发事件,构成了社会风险。现代社会的科学研究也同其他领域一样,走过了科学家在实验室"单打独斗"的阶段,发展到今天,往往需要有组织、规模化地进行。过去那种因为个人行为而引起的伴随性结果往往影响较小,一般停留在个人的掌控之中,而有组织的科学行为能够超越这种局限,得以无限发展,其伴随性结果也变得规模巨大、难以预测和无法控制。随着全球化时代的到来,这种影响已经超越地区界限,向世界扩散。①

第二,传统发展观的局限。现代社会的发展秉持"发展必然有益"的观念,而且这种观念随着技术发展所带来的影响会进一步深入。② 在"发展中出现的问题需要通过发展来解决"这种观念指导下,人们长期以来坚信社会进步是一个不以任何人意志转移的不可逆过程,是一种任何力量都无法阻挡的客观必然趋势。这种偏颇的发展观和进步决定论形成的深层次原因在于人类过分

---

① 参见刘婧:《现代社会风险解析》,载《浙江社会科学》2005 年第 1 期。

② 参见[德]乌尔里希·贝克等:《自由与资本主义》,路国林译,浙江人民出版社 2001 年版,序言。

相信自己的理性,认为人类凭借理性就可以认识和把握世界,掌握了知识就获得了驾驭和改造自然的力量。正是这种“人定胜天”的发展观使人们无限制地发展技术、无限制地开发资源。于是,人类理性在社会发展过程得到过度张扬,在推动历史进步的同时,其弊端也逐渐暴露无遗。贝克认为,现代社会与以往社会最大的不同在于人为风险的增多。① 吉登斯也认为,人为风险使人们陷入前所未有的风险环境之中。②

第三,科学技术不受控制的发展。人类秉持的“科技至上”“科技万能”这种片面乐观主义导致科学技术的发展缺乏应有的理性与反思。随着科学技术的快速发展,人类一方面掌握了越来越多改变自然的能力,另一方面也把这种能力发挥到了极致。这种人为控制自然同时产生了新的意外后果,即风险。面对新的风险,人们总以为掌握了更好的技术、更多的知识就能够避免或消除这些风险。事实上,这是一种错觉,因为这种观点容易使我们过于自信,结果带来更大的风险与不确定性,使我们置身于一个“风险社会”之中。互联网在加快金融产业发展的同时,给我们带来的金融领域系统性风险便是一例。

尽管国内外学界对“风险”很早就开始予以关注,在风险管理和技术风险评估方面也有了比较成熟的研究体系,但是只有在德国学者乌尔里希·贝克提出“风险社会”这一概念之后,“风险”才从一种局部领域的现象上升至一个用来刻画整个当代社会根本特征的核心术语。③ 在贝克看来,风险社会是现代化不可避免的产物。④ 与洪水、飓风等自然界发生的传统风险不同,现代风险更多表现为一种人为制造的风险,且超出人类的自身控制能力。在现代风险社会中,未知的和意外的后果成为社会关注的重点。换言之,风险社会已经把我们带出了数学模型计算的安全范围。这种风险跨越时空,其危害不限于特定事件的发生地,常常是超越国界乃至遍布全球;而且危害也不限于现在,未来数代人都可能受到当前事件的影响。⑤ 贝克的风险社会理论以反思现代化为视角,沿着风险分配的逻辑、个体化法则、科学和政治的衰微这三条路线展开。它解释了现代社会三个敏感问题:经济增长过程中制造风险的责任、高科技带来风险的普遍性和抽象科学研究的不充分性。⑥

---

① 参见[德]乌尔里希·贝克等:《自由与资本主义》,路国林译,浙江人民出版社 2001 年版,序言。

② 参见[英]安东尼·吉登斯:《现代性:吉登斯访谈录》,尹宏毅译,新华出版社 2000 年版,第 195 页。

③ 参见成伯清:《“风险社会”视角下的社会问题》,载《南京大学学报(哲学·人文科学·社会科学)》2007 年第 2 期。

④ 贝克将风险解释为“一种应对现代化本身引致之危害和不安全的系统方式”。See Ulrich Beck, *Risk Society: Towards a New Modernity*, London: Sage Publications, 1992, p. 21.

⑤ 参见成伯清:《“风险社会”视角下的社会问题》,载《南京大学学报(哲学·人文科学·社会科学)》2007 年第 2 期。

⑥ 参见薛晓源、周战超主编:《全球化与风险社会》,社会科学文献出版社 2005 年版,第 26 页。

至此，我们可以看到，贝克所指的“风险”包含以下三个层次依次递进：第一，作为一种现象，它是对潜在的事实或事实的隐伏状态及其文化的认知或理解，是人为的结果；第二，制度层面上，它是一种处理或应付风险的控制方式或制度化回应；第三，思维层面上，它是一种现代性的思维范式和制度理念。如果说从工业化的视角去思考现代化，我们可以将现代社会描述成一个工业社会；从资本的本质出发考察现代社会，可以将现代社会称为资本主义社会。那么，贝克从风险的模式去思考和审视现代社会，将这种视阈下的现代社会定义为“风险社会”。[①] 这一理论的价值在于将风险社会的出现与对现代性的反思紧密结合起来，认为风险社会的形成正是技术革命的必然产物。

“风险社会理论”是风险理论的分支之一，贝克无疑是这一理论体系的集大成者。与贝克一样，安东尼·吉登斯也认为风险社会是现代文明的结果，导源于全球化的发展和被科学技术人为制造出来的风险。[②] 吉登斯不仅阐述了对现代性问题的反思，同时指明了认识现代性本质的新路径，既向人们展示了现代社会的各种不确定性，又为人们指出了通过社会改革、不断探索的前进方向。他与贝克都从宏观制度结构因素的分析中得出如下结论：随着科学技术与社会发展而大量出现各种各样的风险与全球化一道遍布于世界范围，它们更具有不确定性，难于预测、管理或避免。[③] 此外，“风险文化理论”[④]“风险系统理论”[⑤]以及当代科技风险研究[⑥]的相关成果也为风险理论提供了不同的研究视角和理论支撑。

---

① 李怀涛、陈治国：《贝克风险社会理论评析》，载《贵州社会科学》2010 年第 11 期。

② ［英］安东尼·吉登斯：《现代性的后果》，田禾译，译林出版社 2000 年版。

③ 鲍磊：《现代性反思中的风险——评吉登斯的社会风险理论》，载《社会科学评论》2007 年第 2 期。

④ 这一流派从人类学、文化学的视角来解读风险社会的含义，体现出人类对风险的认识加深，其代表人物有玛丽·道格拉斯、威尔德韦斯和斯科特·拉什，代表作是道格拉斯和威尔德韦斯 1982 年所著的《风险与文化》。

⑤ 尼古拉斯·卢曼是有关风险研究的另一位集大成者。他的风险复杂系统理论从现代社会的结构和内在机理来阐释风险的来龙去脉，其代表作包括《技术、环境和社会风险：一个系统的视角》《风险：一个社会学理论》。卢曼与贝克关于风险理论的区别在于：在认识基础方面，贝克倾向于建构主义的现实主义，而卢曼倾向于强建构主义；在方法论上，贝克采用的是制度主义的方法论，而卢曼采用的是系统主义的方法论；在风险应对策略上，贝克强调的是反思性科学化和全球“亚政治”的策略，卢曼更为悲观一些，但也强调二阶观察的重要性。刘玉涛：《当代风险与科技风险研究述评》，载《科技创新与运用》2014 年第 15 期。

⑥ 科技风险研究聚焦新技术、新发明，在给人类带来科技进步的同时，把相应的风险带给了人类。蕾切尔·卡逊在其《寂静的春天》一书中以技术宏观负面效应的实证研究对科技风险产生的事后效应进行批判。查尔斯·培罗的《当科技变成灾难：与高风险系统并存》、刘易斯的《技术与风险》、威廉·埃文的《危机四伏：预防技术灾难》、沃兹尼亚克的《切尔诺贝利核事故与教训》则通过技术微观负面效应的实证研究探讨科技风险。

风险社会理论给我国构建转基因食品规制法律体系的启示是：立法的目的不仅要着眼现在，也要关注未来。贝克指出的风险三个递进层次符合转基因食品这类现代科技产物的基本特征：人为的结果、与百姓生活密切相关、它改变了我们对食品的传统认识。在强调尊重科学、尊重事实的同时，我们也要为未来留出发展空间。从规则角度看，这些预防性措施更多是体现在事前审批和事后救济方面。具体而言，这些启示包含以下几个方面：

第一，转变旧的观念，构建新的风险管理模式。正如贝克所指出的，我们现在正处于"风险社会"之中，原有工业社会的理性基础——制度、法律、科学体系等都对风险问题束手无策，而人们的风险感知更容易引发风险的次级效应。因而，我们需要转变原先单纯追求"技术至上"的风险评估观念，改为"科学与民主"相结合的评估方式——权威机构的产生必须具有广泛的代表性。这种改变是基于科学还有许多未知领域、科学认知是一个渐进过程这一基本事实。科学家已经从一个"绝对优势"群体变为"相对优势"群体，即相对于普通群众，科学家具有专业优势，但是科学家对于任何一项新技术、新发明并不具有绝对掌控的能力。将科学决策置于民主过程，这是基于社会各方利益平衡的选择。科学家受限于自身的技术和知识，不能独断专行；普通群众由于缺乏科学常识，将接受新技术、新发明的权利委托给科学家。这种民主参与过程的具体体现，就是通过民主选举产生具有公信力的科学评估机构（国家转基因生物安全委员会），对转基因食品这类新技术革命产物进行安全评估。在此基础上，对转基因食品生产与流通的各个环节依法进行规制。

第二，发挥媒体沟通作用，积极推广、普及科学知识，为转基因生物研发和转基因食品产业发展营造一个良好的社会氛围。信任是一种社会资本和道德资源，它对于解决类似转基因食品规制这样的集体困境具有重要作用，而有效的风险沟通能够促进社会信用体系的完善。转基因食品在中国之所以没有受到广泛认可，一个重要原因是信息不对称、沟通不充分。消费者得不到权威、完整的信息而无所适从；科学家没有机会向社会宣传、普及转基因知识，导致一些人对转基因食品产生误解；政府和媒体在这过程中没有及时作出回应，转基因食品的相关知识缺乏权威定论。在中国现行的行政体制下，政府在市场规制方面发挥着至关重要的作用，理应肩负起激浊扬清、正本清源的职责。转基因食品是一项高科技产物，无论是"挺转派"还是"反转派"，任何个人都无法充当其价值的判断者，只有政府相关职能部门才能担起这一责任。而主流媒体也应该担负起正确引导的社会责任。在如今自媒体发达的年代，百姓接受信息的渠道是多元的，也难以辨认信息的可靠性。主流媒体应该积极发挥主渠道作用，营造良好的舆论环境，做到客观中立、价值无涉的基本要求，培养公众辨别是非的能力,帮助公众回归对信息的理性认知。

第三,处理好公平问题,完善风险治理的决策机制。虽然社会公平无法阻止风险的发生,但风险治理不能无视公平问题。我国目前正处于社会转型期,这也是一个矛盾多发期。消除或避免社会矛盾的一个重要方法是在决策过程中追求社会各方利益的平衡。因此,转基因食品法律规制不仅是一个政治问题(粮食安全、科技进步)和经济问题(产业发展与经济效益),也关乎社会公平。公平涉及事实和价值两个方面,其自身的基本原则和标准是不断变化的,很难清楚界定谁是风险的制造者、谁是风险的受益者。因此,风险治理过程中需要社会科学家、自然科学家、公众、政府共同对公平问题进行分析,同时考虑代际公平、分配公平、程序公平等问题,避免或降低不公平社会根源的风险隐患,对不可避免的不公平予以补偿,确保风险决策程序的公平。① 中国不仅人口众多,而且各地区经济发展不平衡,自然环境和人们受教育程度的差异也客观存在。一种制度很难适用于所有地方,需要根据不同地区的情况具体分析与对待。在发展转基因食品产业时,需要根据不同地区的特点,在国家法律统一规范的前提下,允许不同地区作出结合本地区特点的特别规定。例如,我国东北地区具有土壤肥沃和寒冷期长等特殊自然条件,云南是我国拥有最丰富生物多样性资源的地区,这些地方可以作为我国"非转基因作物"种植区。在其他地区,转基因作物的种植与非转基因作物种植、转基因食品生产与非转基因食品生产也应该有相应的操作规范加以区别。只有照顾各方关切的利益,才有利于实现社会公平。

社会风险是一个全球关注的话题,因为发展与风险从来都是任何一个民主国家在现代化过程中必须处理好的一对关系。社会风险本质上是现实的,一旦嵌入社会结构之中就是建构的。政策制定者通常站在国家层面,思考如何从制度上应对社会风险;理论研究者通常站在社会层面,探索社会风险是如何被放大的,关心风险是如何被感知的;管理者关注的是如何预警社会风险和管理公共危机。社会科学研究的一对主要矛盾是如何处理好微观与宏观、个体与社会之间的关系。随着社会结构变得日益复杂,我们只有将风险的客观表现与个体的风险感知相结合,从现实主义走向建构主义,再从建构主义回到现实主义,从制度层面去完善国家治理体系,才能对社会风险作出有效的解读和说明,人类也才能逐渐认知如何去驾驭这个风险社会。②

目前,国内有关转基因食品的研究大多停留在宏观层面,重点集中在宏观

---

① 参见王京京:《国外社会风险理论研究的进展及启示》,载《国外理论动态》2014 年第 9 期。

② 参见张海波:《社会风险研究的范式》,载《南京大学学报(哲学·人文科学·社会科学)》2007 年第 2 期。

对策方面,对于社会风险的微观产生过程、从微观到宏观的传递放大机制缺乏了解,这就削弱了研究价值。既然制度所制造出的现实社会风险已经形成,我们现在关注的重点应该是如何理解、选择与规避这些风险。这种转向对社会风险起着消解作用,使人的行为变得更加理性。公众与专家的意见常常是不一致的,一些在专家看来无关紧要的风险,在公众看来可能要严重得多。这一点在转基因食品上表现得尤为突出。我国近期在食品、卫生等公共领域暴露出来的问题显示,现有监管体制与专家知识体系显然无法满足公众的要求。风险社会理论在重视机构建设、媒体开放的同时,在制度建设层面也具有极为重要的意义。它要求我们从风险监测、预警、评估到应急处理、恢复等各个阶段,都要建立健全相关制度与法律,强化职能,依法落实风险和突发事件监管责任,实现对各类风险隐患治理的制度化、规范化、常态化。①

全球治理委员会认为:治理是个人和机构管理其共同事务的诸多方式的总和。它使相互冲突或不同的利益得以调和并且采取联合行动,它既包括有权迫使人们服从的正式制度和规则,也包括各种人们同意或认为符合其利益的非正式的制度安排。它有四个特征:治理内容不是一整套规则,也不是一种活动,而是一个过程;治理过程的基础不是控制,而是协调;治理对象既涉及公共部门,也包括我们每一个人;治理目标不限于构建一种正式的制度,还需形成一种持续的互动。②

我国转基因食品治理的方向应该是在政府主导下,充分倾听民意,完善各环节的监管制度和各部门的监管职责,在具有公信力的权威机构认定下,消费者根据自己的意愿消费转基因食品,确保我国转基因食品的研发、生产和消费有一个良好的市场环境。

二、用"无罪推定"的思想看待新科技产品的安全性问题,确立转基因食品法律规制的价值导向

社会风险理论为我们构建转基因食品法律规制体系奠定了理论基础,而采取什么样的价值导向来规制转基因食品,这关乎我国转基因技术和转基因食品产业未来的发展和政策走向。换言之,社会风险理论解决了转基因食品法律规制的必要性问题,价值导向讨论的是怎样规制的问题。

对转基因食品的安全性是作"无罪推定"还是"有罪推定",在当下没有科

---

① 参见康鸿:《风险理论语境下危机管理机制的战略性构建》,载《东南大学学报(哲学社会科学版)》2013 年第 2 期。

② See The Commission on Global Governance, *Our Global Neighbourhood*, Oxford University Press, 1995, p. 2-3.

学定论,主要取决于人们的主观选择。推定源于无知,然而无知不应该成为审判者裁决的论据。不知道某个事实的存在,不等于该事实就不存在。无罪推定论和有罪推定论的支持者所蕴含的论证思路都是想通过强调对方缺乏证据来证明自己观点的成立,这不符合一般形式逻辑规律。[①] 事实上,一个既没有被证实也没有被证伪的命题,它还处于假说的不确定状态。从早期的"有罪推定",[②]到稍后的"无罪假定",[③]再到现在的"无罪推定",[④]我国的刑事审判完成了思想和程序立法的根本转变。

从价值理性角度讲,刑事审判强调"无罪推定",这无疑是正确的选择,或者是追求社会利益保护的最大化。但是从逻辑理性角度讲,无论是"有罪推定",还是"无罪推定",两者都是论证上诉诸无知的谬误。它们是基于这样的认识前提:一个命题的真假是矛盾的,如果一个命题能够证实,那么它的证伪就不可能;如果它的证伪成立,那么它的证实也不可能。这种论证方法符合传统逻辑学中的矛盾律和排中律,[⑤]但是论证的观点却不符合一般逻辑规律,因为它认为,既然一个命题的真假是矛盾的,则一个命题的证伪如果缺乏证据(并不一定证伪不可能),那么它就得到了证实;反之,当一个命题的证实缺乏证据(并不一定证实不可能),那么它就被证伪了。[⑥] 事实上,"无罪推定"有可能适用于一个既无法证实也无法证伪的"待证命题"。日本学者末木刚博在《逻辑学——知识的基础》一书中指出:"在论证中,由于没有证明为假的证据,就认为是真的。这时就产生以无知为据的谬误。……这里应该注意,与提不出其不存在的证据一样,人们也提不出其存在的证据。这种论证在超越人类理性能够确认的知识领域的问题中被经常使用。"[⑦]

基于无知为据的谬误,"无罪推定"事实上是一种认识论上的妥协,因为它不是人们正确演绎的结果(逻辑上有可能是错的),而是基于价值理性的选择。

---

① 参见汪建成:《从逻辑理性到价值理性的转变——论无罪推定原则的现实适应性》,载《人民检察》2005 年第 21 期。

② 参见张子培:《"无罪推定"原则剖析》,载《法学研究》1980 年第 3 期。

③ 参见林欣:《"无罪推定"还是"无罪假定"?》,载《中国社会科学》1983 年第 3 期。

④ 参见郑成良:《无罪推定论》,载《吉林大学社会科学学报》1988 年第 4 期。

⑤ 矛盾律又称"不矛盾律",要求人们在同一思维过程中,对同一对象不能同时作出两个矛盾的判断,即不能既肯定它,又否定它。对于两个相互矛盾和反对的命题,不能同真(相互矛盾的命题必有一假,相互反对的命题可以同假)。排中律是指在同一思维过程中,矛盾命题不能同假,必有一真。即任一事物在同一时间里具有某属性或不具有某属性,而没有其他可能(一个命题是真的或不是真的,此外没有其他可能)。

⑥ 参见张成敏:《论无罪推定的逻辑基础》,载《中山大学学报》2003 年增刊。

⑦ [日]末木刚博等:《逻辑学——知识的基础》,孙中原等译,中国人民大学出版社 1984 年版,第 114 页。

它强调人人都具有一种先定权利——无罪免证。只有所有人都是无罪免证的,才能逻辑地推导出个别人是无罪免证这样的结论。人们如果没有认识到这一点,无论是"有罪推定",还是"无罪推定",两者都是缺乏逻辑理性的。对转基因食品确立"无罪推定"的价值理念,这并不意味转基因食品的绝对安全,而是基于人们目前的科学认知水平作出的一个理性选择,这也符合认识论的一般规律。从无知到认知,人类认识客观世界就是在这样一个循环往复的进程中发展。探索未知的科学奥秘、排除各种危害与风险、为人类创造更加安全和舒适的生活环境,这些正是人们推动科技进步的动力源泉。如果我们事先在自己的前进道路上树立一个个假想的风险与危害,处处为自己的行为设置限制与障碍,这不是严谨的科学态度,最终也会束缚我们自己前进的步伐。

转基因食品"有罪推定"的管制思路源自预防原则的提出。该原则的形成背景是:自 20 世纪 70 年代以来,人们环境安全意识的增强,其背后蕴藏的理念是人类已经进入到一个史无前例的"风险时代"。在这个时代,人类对于科技的掌控能力以及科技发明的潜在影响已远远超出我们的想象。根据德国哲学家汉斯·乔纳斯的观点,这种预见能力与实际运作之间的差异凸显了伦理的重要性,同时需要我们对自己的行为采取负责任的态度。他认为,面对新时代,人类不能将自己的生存寄托在技术进步上。对于任何发明,我们要采取审慎的态度。① 这是预防原则理论的雏形。

预防原则首先由关注环境保护的人士提出,他们认为人类保护环境的责任不仅限于当下,还要着眼未来。为此,我们的决策既要考虑现实的需要,也要预防未来可能出现的各种不测。基于预防原则,反对转基因食品的人士认为,现代生物技术改变了生命规律。如果我们将转基因生物释放到自然界,它对大自然植物界和动物界的最终影响很难预测,或许会造成无法挽救的后果,因为"危害证据的缺乏并不是缺乏危害的证据"(lack of evidence of harm is not evidence of lack of harm)。尽管转基因食品究竟对我们的生活有多大危害还不确定,但是至少有一点是可以确定的,那就是我们应该对此适用预防原则,拒绝接受通过转基因生物技术改造的产品。② 可见,预防原则是建立在对未来不确定的预测基础之上的。

预防原则倡导者坚持的理由之一是该原则早已被一些国际环境法条约奉为圭臬,包括《里约宣言》《生物多样性公约》《卡塔赫纳生物安全议定书》。然

① See Hans Jonas, *The Imperative of Responsibility: In Search of an Ethics for the Technology Age*, Chicago: The University of Chicago Press, 1984.

② See Henk van den Belt, *Debating the Precautionary Principle: "Guilty until Proven Innocent" or "Innocent until Proven Guilty"?* Plant Physiology 3(2003).

而,上述条约对预防原则的定义却是语焉不详。在应对环境危害时,《里约宣言》提出了预防原则的导向是“当有严重或无法修复的危害存在时,缺乏充分的科学证据不能成为中止那些避免环境破坏代价昂贵措施的理由”。相对完整的定义来自《温斯布莱德声明》(Wingspread Statement):“当人们的行动给人类健康或环境安全带来威胁时,我们必须采取相应措施,即使这些措施与威胁之间的因果关系还没有被科学证明。”[①]根据贝尔特的研究,各国依据预防原则对转基因食品采取的限制措施一般有三类:(1)完全禁止上市或进口;(2)在进一步研究期间,暂停审批上市或进口申请;(3)允许上市或进口,同时对其影响进行严密监视。[②]

预防原则直接导致转基因食品是否安全推定的举证责任转移。对该原则持批评态度的人士认为,许多环保人士和管理者借口“预防原则”,给新技术推广者施加了无法承受的举证责任。[③] 在绝对安全的名义下,反对转基因食品的人士要求支持转基因食品的人士保证他们提倡的新技术没有造成任何危害的可能。这是一项苛刻的要求,从逻辑学上讲,也是一个无法证实的命题,因为我们不是生活在一个真空世界里。从吃饭、穿衣到居住、出行,我们的生活充满各种现实和潜在的风险,但是这些风险并没有束缚我们前行,没有阻碍我们提升生活质量甚至延长寿命。转基因食品本身没有好坏之分,只不过是反对者和赞成者所持的立场差异,导致它被人为贴上了“魔鬼”与“天使”的标签。两种观点至今相持不下,各有众多支持者,这是因为他们一方站在道德高地,另一方站在科技高地。尽管反对转基因食品人士列举的种种危害都是假设的,许多人由于在现实生活中经历了太多不安全食品,便采取“宁可信其有,不可信其无”的态度,这是转基因食品被“有罪推定”的社会基础。

由于国家之间的差异,转基因食品安全性评价没有一个全球公认的标准和认定方法。相比之下,实质等同原则是目前国际上较为广泛接受和采用的评价原则,这是联合国粮农组织(FAO)和世界卫生组织(WHO)于2000年联合作出的一个定义,指转基因生物与自然存在的传统生物在相同条件下进行性状表现的对比。如转基因大豆与传统大豆比较,其生理性状、分子特征、营养成分、

---

① 1998年1月23-25日,美国威斯康星州拉辛市的温斯布莱德会议中心(Wingspread Conference Center)举行了一个有关环境保护的国际会议,与会的32位学者在会议结束前签署了一份名为《预防原则温斯布莱德声明》(Wingspread Statement on the Precautionary Principle)。

② See Henk van den Belt, *Debating the Precautionary Principle*:“*Guilty until Proven Innocent*” *or* “*Innocent until Proven Guilty*”?,Plant Physiology 3(2003).

③ See Henry Miller and Gregory Conko, *The Science of Biotechnology Meets the Politics of Global Regulation*, http://www.issues.org/17.1/miller.htm,2015年10月8日访问。

毒素含量和过敏原等方面是否具有等同性。如果实质上是相同的,即应同样对待,视为安全。

"实质等同性"本身不是一种安全评价方法,而是一种动态比较过程。对于转基因植物安全性评价必须依据导入基因的目的意图、固有性状、意外效果作出检测与评价,然后与传统植物进行比较。虽然采用比较的方法评价转基因植物的安全性还存在一定的局限性,但目前仍然是一种较为可取的方法。[①] 事实上,世界上没有一种食品是绝对安全的。联合国粮农组织把人们日常食用的牛奶、鸡蛋、鱼、甲壳类(虾、蟹、龙虾)、花生、大豆、核果类(杏、板栗、腰果等)及小麦 8 类食物列为常见过敏食物,一部分人吃了会有风险。即便是水、盐和糖这些人体必需的东西,吃多了也是有害的。例如,水喝多了会导致电解质失衡,盐吃多了会诱发高血压,而糖吃多了容易骨折,还会诱发一些诸如肥胖症和糖尿病之类的慢性疾病。人类对于食品危害的认识是随着科学技术进步一点点深入的,从早先的苏丹红,到最近的反式脂肪酸,人们在发现这些食物有害健康之前,已经食用了很长时间。换个角度讲,如果没有这样的长期食用,人们对这些危害永远无法了解,人类将新技术运用于食品研究与开发的工作也将举步维艰。

根据联合国粮农组织提供的数据,目前世界上仍有 8.05 亿人口处于营养不良状态,主要是由于粮食短缺引起的。[②] 全世界每年因为饥荒而引发的地区冲突持续不断。转基因技术可以减少病虫危害、增加粮食产量,这已经是不争的事实,而且也是目前解决世界范围内粮食短缺的有效方法之一,其社会意义重大。因此,赞成者主张对转基因食品采取"无罪推定"的态度:在没有充分证据证明有害的情况下,应该认定转基因食品是安全的。

转基因食品在一些国家之所以遭遇"有罪推定",除这些国家消费者的宗教信仰和消费习惯之外,[③]一个很重要的原因就是,这些国家都不同程度地经历过食品安全危机。欧盟是世界上最早研究转基因技术和接受转基因食品的地区之一。20 世纪 90 年代后期,就在转基因食品首先在欧美国家上市不

---

① 参见何光源、何勇刚:《转基因作物安全评价及其伦理学慎思》,载《华中科技大学学报(社会科学版)》2005 年第 1 期。

② 参见联合国粮农组织官方报告:*The Post - 2015 Development Agenda and the Millennium Development Goals*,http://www.fao.org/post-2015-mdg/14-themes/food-security-and-the-right-to-food/en/,2015 年 10 月 8 日访问。

③ See Stephen Haller,*A Prudential Argument for Precaution under Uncertainty and High Risk*,Ethics and the Environment 2(2000).

久,欧洲部分国家暴发了疯牛病,[①]导致严重的食品安全危机。此后,欧盟还经历了比利时的“二噁英食品污染事件”、[②]部分国家的“口蹄疫事件”[③]等一系列公共卫生安全事件,加上稍早传出的“可乐事件”、[④]“法国输血丑闻”,[⑤]消费者开始不信任政府的监管,转而选择那些“有机食品”(organic food)。由于欧盟已经实现了市场一体化,这使得任何局部地区的食品危机都会导致“一人得病,大伙吃药”这样的局面。迫于反对者的压力,欧盟当局颁布了2001/18号条例,暂停转基因食品上市和进口的审批,从而引发了美国与欧盟关于转基因食品贸易纠纷的世纪大战。[⑥] 通过这场争论,人们不难发现,欧盟与美国的主要分歧其实并不是在食品的安全上,而是双方的农业政策上,转基因食品只不过

---

① 疯牛病,即牛脑海绵状病,简称BSE。牛患上这种病会变得神经错乱、痴呆,不久便死亡。疯牛病于1985年4月首次在英国被发现,此后10多年,迅速蔓延至欧洲和世界多个国家,导致每年有成千上万头牛被宰杀销毁,且该病对人类健康造成极大危害。

② 1999年4月,比利时农户使用的鸡饲料被查出二噁英含量超出世界卫生组织规定的140倍,不仅导致欧盟各国超市下架所有比利时食品,也直接导致当时的比利时政府下台。

③ 2001年2月20日,英国发现首例猪口蹄疫,给欧洲国家造成极大恐慌,纷纷采取紧急措施。德国在从英国进口的羊身上发现口蹄疫病毒抗体后,立即决定将这批羊全部杀掉,并在机场海关设立严格检疫防线;荷兰也宰杀了大批从英国进口的羊、牛、猪、鹿,并下令暂时关闭所有牲畜交易市场;法国对当年2月1日以后从英国进口的两万只羊进行宰杀和销毁。

④ 1985年,《新英格兰医学杂志》报道,哈佛大学医学院的专家对市面上销售的3种不同配方的可乐饮料进行“杀精”实验。他们将冷冻精子放入试管内,分别倒入不同的可乐饮料。经过反复测试,得出结论:可乐确实具有杀死精子的效果。对于男性来说,饮用可乐会影响生殖能力。这一研究结果公开后,很多要做爸爸的年轻人都不敢喝可乐了。对此,可口可乐公司发言人称,其他研究人员在后来的实验中不能证实哈佛大学的结论。See John Lanchester, *Mad Coke Disease*, The New York Times Magazine, July 4(1999).

⑤ 1985年5月,法国全国输血中心决定允许已受艾滋病毒污染的血液制品在市场出售,导致300多人因输入被污染的血液而去。这一事件导致包括总理在内多名内阁成员辞职和多名高管被刑事指控。

⑥ 美国是世界上出口转基因粮食最多的国家。自20世纪90年代末,欧盟许多环保组织就开始组织反对转基因食品的运动。1998年,世贸组织在美国西雅图召开部长级会议期间,反对活动达到高潮。就在美国准备针对欧盟2001年出台的条例采取反制措施时,发生了“9·11”事件。为了联合欧盟一起打击恐怖活动,美国搁置了对欧盟的指控,直到美国抓到了萨达姆,宣布反恐战争结束。2003年5月,美国联合加拿大、阿根廷向世贸组织提起申诉,指控欧盟的“全面停止批准转基因产品销售规定”(general moratorium)、“停止批准特定转基因产品销售规定”(product-specific moratoria)以及部分成员国禁止进口和销售用生物技术培育的种子和加工的食品规定违反了SPS协议、农业协议、GATT1994以及TBT协议的相关规定。See European Communities—*Measures Affecting the Approval and Marketing of Biotech Products*, WT/DS291/R, WT/DS292/R, WT/DS293/R, Panel Report, paras. 3.2-3.7.

是双方矛盾的一个引爆点。[①]

近年来,有关转基因食品安全的讨论在中国也是如火如荼。从表面上看,反对转基因食品的主要理由是这种技术目前还不成熟,人们对转基因食品的安全还没有十分把握。因此,应该在有充分证据证明转基因食品是安全可靠之后,才允许它上市推广。这种"有罪推定"的态度折射的是部分公民对于我国目前整个食品风险防范机制的不信任。转基因食品管制讨论已有愈演愈烈的趋势,并成为全国和许多地方两会讨论的提案。在这场观点针锋相对的论战中,一个有趣的现象是,赞成转基因食品的人士大多是这个领域的专家或者对转基因食品有一定了解的人,反对转基因食品的人士大多对转基因技术知之甚少。

"无罪推定"不是实体法规定,而是一项程序法原则,它折射的是被告人在刑事诉讼过程中的法律地位,而不是为法官提供刑事案件裁判的法律依据。从规定举证责任和保护被告人权利角度讲,"无罪推定"原则可以对审判人员起到心理制约作用,它要求有罪怀疑受到限制,强调依据客观事实裁决,从而有效克服一些人固有的确证偏见。持确证偏见者在论证中,对其特征论点(假说)往往存在轻信或偏执的信任,对自己的观点只满足于确认,而不去反思它是否有可能是错误的,也拒绝承认别的可能性解释。这一点在转基因食品的安全性辩论中表现得尤为明显。确证偏见者以自我为中心取舍证据,无视、贬损甚至掩盖对之不利的证据,其论证往往缺乏严谨的态度和充满不当思维。[②] 现代心理学已经证明,确证偏见有以下特点:第一,不能对一切可能性的解释进行思考;第二,偏重于设法证明论点,而不是设法弄清论点有无错误的可能。[③]

确证偏见的形成包含一系列阶段性行为:首先是先入为主。面对事件的复杂性,人们怠于繁琐、艰难的考证,容易出现思维偏向,选择符合自己逻辑习惯的论点。如前述,反对转基因食品的人中其实大多数对转基因技术并不了解。其次是自圆其说。争论者偏重于自我选定的论点,满足于自我圆满的逻辑结论,放弃对其他可能性结论的探究。对转基因食品持"有罪推定"的人并不是依据科学事实,而是依据自己的习惯思维。最后则表现为固执己见。人们越是

① 此前,美国诉欧盟的"激素牛肉案"和"香蕉案"也都反映了双方在农业政策上的分歧。See European Communities, *Measures Concerning Meat and Meat Products* (*Hormones*), WT/DS26, Panel Report; See European Communities—*Regime for the Importation, Sale and Distribution of Bananas*, WT/DS27, Panel Report.

② 参见张成敏:《案史:西方经典与逻辑》,中国检察出版社 2002 年版,第 279 页。

③ 参见张成敏:《案史:西方经典与逻辑》,中国检察出版社 2002 年版,第 276 页。

想证明自己的观点是正确的,就越是不愿意接受别人的观点,对挑战自己观点的信息也越封闭。这也是转基因食品安全性争辩越演越烈的原因之一。

由于确证偏见是一种较为普遍的思维倾向,它也是许多争论的思想源头。作为一种心理活动,确证偏见是“有罪推定”和“无罪推定”共同的思想基础。但是“有罪推定”和“无罪推定”的一个重要区别是“确证”的前提不一样,前者是“有罪”,后者是“无罪”。因此,在分析人们对待转基因食品持“有罪推定”还是“无罪推定”的态度时,除考察其心理因素外,我们还要关注这两种选项背后不同的价值取向。

转基因农作物加工后的食品是否安全,评判的依据不是常人的经验,更不是捕风捉影或道听途说,而是科学标准。无论是赞成还是反对,人们都应该以科学证据作为判断依据,一切用事实说话。在没有充分证据证明转基因食品有害之前,我们应该推定它是安全的,这也是我们对待科学发展应有的基本态度。否则,对任何一项新技术都采取“有罪推定”的态度,这会遏制科学技术的发展。

对转基因食品持“无罪推定”的态度,这并不否定预防原则的适用,只不过是把它作为转基因食品风险评估的一个法定因素。但是,与“有罪推定”的一个本质区别是,“无罪推定”强调科学家是风险评估的主体,只有他们才能决定转基因食品的风险程度。这也是人们经常质疑风险社会科学评估的正当性与合理性的原因。当风险评估缺乏必要佐证时,风险程度根据参与评审的科学家已经掌握的文献,依据风险因果关系模式评估计算。

风险因果关系模式也称“风险分析框架结构”(Risk Analysis Framework,RAF),是由美国国家科学院(US National Academy of Sciences)于1983年设计编撰的。[①] 针对许多新技术产品在生产者和消费者之间存在信息不对称,风险因果关系模式旨在为政府推出的管制这类产品的公共政策提供充分的科学依据,消除人们的担忧或不信任。目前,风险评估已经是许多国家和地区出台的新技术产品研发和商业化推广指南的必备内容,同时是各类多边协定和条约的重要内容之一。[②]

---

① “风险分析框架结构”基于以下两点强调科学事实是制定政策的最高标准:第一,自然科学将规则放到实践中检验,这一点社会科学无法做到。因此,自然科学能够用事实证明一项产品是否安全;第二,当科学评估的结论出现分歧,可以用大家都能接受的方法去论证评估中使用的材料和程序。“风险分析框架结构”有三个构成要素:第一,风险评估,旨在提供客观、科学的产品风险程度;第二,风险管控,旨在根据风险评估者得出的风险结论,制定管制决定;第三,信息沟通,旨在确保信息公开透明,保证风险评估者与风险管控者、“风险分析框架结构”与受影响者之间的信息畅通。

② 例如,《卫生与植物检疫措施协议》第5条、《生物多样性公约》第14条、《卡塔赫纳生物安全议定书》第15条及附件三。

然而,如何将风险因果关系模式运用于转基因食品的风险评估,这在美国和欧盟之间存在严重分歧,问题的源头在于双方对待转基因食品立法和政策导向存在重大区别。对于转基因食品的风险评估,是采取"实质等同原则",还是"预防原则"? 对于风险容忍程度,是"零容忍",还是"最低限度容忍"? 对于风险信息披露,是采取"强制标签制度",还是"非强制标签制度"? 这些认识上的差异根源于人们对于科学技术在现实生活中的地位和作用看法不一。

"以科学技术为依据"的立法和政策导向强调,创新能力和生产效率的提高推动了经济发展,同时增加了国民收入。随着生活质量的提升,人们对于食品安全和环境保护提出了更高要求,其结果必然推动科学技术的进一步发展。① 因此,立法和政策导向应该是在取得一定安全标准的前提下,最大限度地推动技术进步。就转基因食品而言,关注的重点应该在于产品的新颖性,而不是产品的生产过程。

"以社会反应为依据"的立法和政策导向侧重的是公共政策的社会反应。持这种观点的人认为,科学技术并不是经济发展的推手,而是改变社会原本平衡关系的一个积极因素。由于这种改变打破了原先的平衡,他们支持管制政策应该确保预防原则的落实,以便将这种改变所产生的影响放到整个社会层面去考察。② 就转基因食品而言,他们强调管制的重点应该放在现代生物技术的运用过程之中,而不是转基因食品的新颖性上。与"以科学技术为依据"的立法和政策导向不同,"以社会反应为依据"的立法和政策导向不仅将预防原则作为风险评估的法定因素,也是风险管控的法定因素。因此,除风险评估者(科学家)之外,风险管控者(管理者)也可以适用该原则。换言之,在决定是否适用预防原则时,风险管控者会考虑管控措施的社会反应,而不是像科学家考虑的仅仅是科学证据。

上述比较显示,"以科学技术为依据"的立法和政策导向强调的是"以事实为根据";"以社会反应为依据"的立法和政策导向则强调"以民意为根据",这种区别体现了两者在转基因食品管制的价值取向和社会基础方面的差异。两种立场相持不下,在美国和欧盟等不同国家和地区都有深厚的社会基础。世贸

---

① See R. E. Blackhouse, *Economists and the Economy: The Evolution of Economic Ideas*, second edition, New Brunswick, NJ: Transaction Publishers, 1994; G. M. Grossman & E. Helpman, *Innovation and Growth in the Global Economy*, Cambridge, MA: MIT Press, 1991.

② See U. Beck, *Risk Society: Towards a New Modernity*, London: Sage, 1992; A Giddens, *Living in a Post-Traditional Society*, in U. Beck, A. Giddens and S. Lash, eds., Reflexive Modernism, Cambridge: Polity Press, 1994; A. Wendt, *Social Theory of International Politics*, New York: Columbia University Press, 1999.

组织争端解决机构 1998 年通过的“激素牛肉案”上诉机构报告，裁定欧盟限制进口美国激素牛肉的措施没有充分的科学证据，这一裁决在一定程度上对欧盟过于强调社会反应的做法予以否定。[①] 虽然此案没有进一步激化欧美双方在农产品管制方面的矛盾，欧盟最终也撤销了自己的限制措施，但是在“欧盟影响生物产品审批和上市措施案”中，评审团既回避了申诉方美国等成员国依据 TBT 协议提出的理由，也避免了就 SPS 协议针对欧盟的暂停审批决定进行实质性的分析。[②] 事实上，评审团是将本案涉及的核心问题退回给欧盟去解释，同时给别的成员留下进一步援引世界贸易组织规则的空间。[③] 这样的裁决说明，转基因食品涉及的问题更复杂，社会关注度更高，在科学性上的争议也更大。受制于政治制度、法律文化、经济发展水平等因素，不同国家和地区对待转基因食品管制的价值取向有很大差异。

不同的法的价值观是不同社会经济条件的反映。表现在某一民族法的观念、法的理论思维中的法的精神，是社会物质关系的直接产物。一个民族或时代的经济发展构成了该社会发展的基础，人们一定的法的观念以及法的价值取向就是在这个基础上发展起来的。[④] 欧盟与美国的科学技术水平相近，转基因技术的研发和商业化投入的时间相同，但是两者对待转基因食品的态度却截然不同，除前面所述的自 20 世纪 90 年代以来出现的一系列公共卫生事件改变了欧洲消费者的观念外，还有更深层次的原因导致了这种差异。

欧洲各国地少人多，农业长期得不到有效发展，特别是大规模的机械化作业和优良品种的大面积播种，不适合大多数欧洲国家。因此，尽管欧盟整体科技水平在世界领先，但是许多国家的农业效率低下，长期依赖政府补贴，这也不断引发欧盟（包括其前身——欧共体）与别的国家农产品贸易纠纷。[⑤] 虽然欧盟成员国之间的农业政策也不尽相同，但是欧盟邦联制的政治架构决定了它所

---

① See European Communities, *Measures Concerning Meat and Meat Products* (*Hormones*), WT/DS26/AB/R, Appellate Body Report, paras. 253-255.

② See European Communities, *Measures Affecting the Approval and Marketing of Biotech Products*, WT/DS291/R, WT/DS292/R, WT/DS293/R, Panel Report, paras. 8. 3-8. 10.

③ See Mark A. Pollack & Gregory C. Shaffer, *When Cooperation Fails—The International Law and Politics of Genetically Modified Foods*, Oxford University Press, 2009, p. 192.

④ 参见公丕祥:《法的价值与社会主体的权利观念——兼议社会主义民主制度的法律化》，载《中国法学》1988 年第 1 期。

⑤ 早在关贸总协定期间，欧盟的前身——欧共体就与包括美国在内的许多缔约方因农业政策的不同而发生贸易纠纷。世贸组织成立之后，双方的纠纷并没有中断，其中影响较大的案例包括：European Economic Community, *Payments and Subsidies Paid to Processors and Producers of Oilseeds and Related Animal-Feed Proteins*, L/6627, dated 14 December 1989 and published as BISD 37S/86; European Communities, *Export Subsidies on Sugar*, WT/DS265, WT/DS266, WT/DS283, Panel Report。

有重大决策的出台都必须得到全体成员国的支持。在转基因食品问题上，西班牙、葡萄牙等国家不仅持开放态度，而且已经开始大面积播种，而奥地利、法国、德国、希腊、意大利、卢森堡则采取严格的限制措施。[①] 因此，从总体上讲，欧盟对待转基因食品的态度是保守的。

与欧盟不同，美国的自然条件非常适合农业发展。转基因工程等现代生物技术被商业化运用之后，美国的农业发展更是如虎添翼，也使得一度给予本国高度保护的农业政策逐渐趋向完全开放和自由化。事实上，关贸总协定时期适用的"祖父条款"就是美国提出来的，[②]主要目的也是保护美国农业免受其他国家的冲击。但是经过数十年的发展，美国借助基因工程等一系列高科技，不仅基本上放弃了农业补贴，还成为世界上最主要的农业出口国之一。农业发展给科技创新创造了巨大的空间，而大量新技术的运用又增加了美国农产品的市场竞争力。目前，美国不仅是世界上出口转基因产品最多的国家，其本国市场上消费的大豆、玉米等也以转基因产品为主。[③] 转基因产品在美国之所以如此普及，除美国掌握世界上最先进的转基因技术之外，严格的法律监管体系也是确保转基因食品安全的一个重要保证。转基因食品在美国上市前，要经过农业部、食品与药物管理局、环境保护署三个部门长达 3 年的严格审核。有这样一套严密的监管体系，政府对市场上销售的转基因食品就有了足够的信心，消费者也可以放心食用转基因食品。

反观转基因食品在中国的发展情况，对待转基因食品，无论是"有罪推定"还是"无罪推定"，在当下的中国均不能轻易作出选择。转基因食品在我国上

---

① 在"欧盟影响生物产品审批和上市措施案"中，美国、加拿大和阿根廷不仅挑战欧盟的规定，还挑战奥地利、法国、德国、希腊、意大利、卢森堡六个成员国针对欧盟已经按照 Directive 90/220 或者 Regulation 258/97 规定批准上市的转基因产品禁止其进口和销售所依据的 9 项安全措施，指控这些措施并未建立在风险评估基础之上。See European Communities—*Measures Affecting the Approval and Marketing of Biotech Products*, WT/DS291/R, WT/DS292/R, WT/DS293/R, Panel Report, paras. 3.2-3.7.

② 由于关贸总协定是一个不具法人地位的国际组织，《1947 年关税及贸易总协定》的《临时适用议定书》规定，各缔约方在申请加入关贸总协定时，之前制定的法律即使与《1947 年关税及贸易总协定》冲突，仍然可以优先适用，这些优先适用的国内法条款，谓之"祖父条款"。

③ 据 2013 年 10 月 18 日《新京报》报道，美国农业部部长顾问霍兹曼介绍，美国市场上销售的玉米和大豆超过 90%是转基因作物。美国生产的玉米和大豆，分别有 20%和 40%供出口，其余用于本国消费。美国市场上约七成的加工食品含有转基因生物成分。

市不久,[①]许多人对它持怀疑甚至否定的态度,这是可以理解的,关键是权威部门要为转基因食品树立公信力。目前,我国对转基因食品的监管部门是农业农村部,[②]而批准转基因食品上市的主管部门也是农业农村部,[③]这种"既是运动员,又是裁判员"的监管体制是公众对转基因食品安全性不放心的原因之一。

在当今世界,科学技术突飞猛进,人们对美好生活的要求日益提高。这要求我们在利用转基因这类现代技术提高产量的同时,不断提高产品的质量。食品安全关系百姓福祉,也关系我们国家的未来。在为转基因食品确定"无罪推定"价值取向的同时,我们必须完善监管体系。只有这样,我们才能化解分歧,为转基因食品的研发和推广营造一个良好的社会氛围。

对转基因食品采取"无罪推定"的态度,这是否会导致"否证偏见"?是否会放任那些不安全的产品进入我们寻常百姓的生活,危害人类社会呢?这种担心其实是多余的。客观地讲,"无罪推定"只是导致"否证推定有利"的效果,并不等于"无罪认定"。这种举证责任的调整对质疑者是有压力的:你可能会为不负责任的言论付出代价,但这并非坏事,因为它强化了我们发表言论的责任。在资讯高度发达的年代,"造谣者动动嘴,辟谣者跑断腿"的现象屡见不鲜。确立"无罪推定"的价值取向,不仅有利于转基因生物技术的发展,也有助于社会倡导一种尊重科学、尊重事实的氛围。

三、结合"天人合一"的发展理念,将"社会风险"理论和"无罪推定"价值导向融入转基因食品的法律规制之中

"社会风险"理论为我们认识转基因食品法律规制的必要性奠定了理论基础,"无罪推定"思想确立了认定转基因食品安全性的价值导向,而将这两者有机结合在一起的则是"天人合一"的人类发展理念。

不同的发展理念决定了对待转基因食品规制的不同态度。在人类中心主

---

① 世界上最早的转基因作物(烟草)于1983年诞生。转基因食品的出现是从1994年美国孟山都公司种植的转基因西红柿上市开始的。1999年,中国水稻研究所研制的转基因杂交水稻通过专家鉴定,标志着转基因作物开始进入我国。目前,我国市场上的转基因产品,进口的主要有大豆、油菜籽和玉米及相关产品,国内生产的有棉籽油和番木瓜。参见《市场上有哪些转基因食品?》,载农业农村部网,http://www.moa.gov.cn/ztzl/zjyqwgz/zswd/201303/t20130331_3420025.htm。

② 参见《农业转基因生物安全管理条例》第4条规定,国务院农业行政主管部门负责全国农业转基因生物安全的监督管理工作。

③ 据报道,华中农业大学研发的两种转基因抗虫水稻"华恢1号"和"Bt汕优63"再获原农业部颁发的农业转基因生物安全证书。这两个转基因抗虫水稻品系曾于2009年8月首获安全证书,也是我国转基因水稻仅有的两张安全证书,有效期为5年。参见汪彤、刘涛据:《华中农业大学研发的两种转基因抗虫水稻"华恢1号"和"Bt汕优63"再获农业部颁发的农业转基因生物安全证书》,载《湖北日报》2015年1月7日。

义价值观之下,转基因技术是作为主体的人类在认识自然界方面的一次重要飞跃,是人类自我肯定和超越自然的又一次集中体现,是人类控制、征服自然的又一个有力工具。在"知识就是力量"的光芒指引下,人类在使用现代技术改造自然时,根本无须考虑其感受,也无须考虑其行为对自然是否会造成伤害,因为人类对自然没有任何这方面的义务,人类唯一需要考虑的是在改造自然的过程中是否会对自身造成伤害。

以上这种人类中心主义的思想,源自亚里士多德的观点"人天生就是其他物存在的目的"。[①] 当人作为绝对唯一而存在,人的利益表达作为终极行为准则,必然带来人和自然关系的断裂,造成人类生存和发展的灾难性后果。人类中心主义遮蔽了自然界物的本质,表露出对物的无度索取以及深藏其中的"人的此在"的形而上学倾向,最终导致生态危机从预感征兆变成残酷现实。人类在享受科技成果的同时,正面临着更加脆弱的生态环境。恩格斯曾经说过:"我们不能过分陶醉于我们对自然界的胜利。对于每一次这样的胜利,自然界都报复了我们。每一次胜利,在第一步都确实取得了我们预期的结果,但是在第二步和第三步却有了完全不同的、超乎预料的影响,常常把第一个结果又取消了。"[②]人类中心主义从观念形态向实践领域延伸,尽管带来了人类文明多样性的千年跨越,但也埋下了生态系统断裂和生态危机爆发的祸根。[③] 转基因食品法律规制固然以保障人的生命健康为第一要务,但是我们不能用牺牲环境的代价来实现自身的发展,必须做到人与环境的和谐相处。

生态中心主义作为一种价值观,认为人类伦理关怀和权利主体范围应扩展至整个生态系统、自然过程以及其他存在物。其主要内涵包括:第一,生物平等原则;第二,自然界的生物存在与人类一样具有天赋的权利,权利主体范围应当包括整个生态系统;第三,以感知能力作为判断行为伦理性、道德性和法律合理性的标准与依据。[④] 生态主义以其超前的伦理价值为类似转基因食品法律规制这样的科技立法提供了法理学的哲学基础。然而,生态中心主义预设的前提是生物圈中的一切存在物平等,包括人类与非人类、有机体与无机体,都有自身固有的内在价值。基于此,生态中心主义也就不遗余力去论证非人类生物具有内在价值,并千方百计让自然获得主体地位,让一切客体都穿上"道德主体"的

---

① [希]亚里士多德:《政治学》,吴寿彭译,商务印书馆1997年版,第23页。

② [德]马克思、恩格斯:《马克思恩格斯选集》(第四卷),人民出版社1995年版,第383页。

③ 参见蔡春玲、汤荣光:《人类中心主义的哲学阈限及其价值重构》,载《南通大学学报(社会科学版)》2018年第6期。

④ 参见蔡琳、马治国:《从"生态中心主义"到科技立法的生态价值》,载《社会科学研究》2012年第4期。

新衣,以寻求自然获得人类保护的伦理依据。福斯特认为:“仅仅关注生态价值的各种做法,在更加普遍的意义上讲,就像哲学上的唯心主义和唯灵论,都无益于理解这些复杂的关系。”①

生态中心主义论者将人类活动(甚至是求生存的生产劳作)视为一种冒犯自然的“非自然行为”,充分暴露出该理论表面秉承的是整体主义的还原论,实质同人类中心主义一样,仍然属于将人看作外在于自然的、与自然对立的二元论观点。可见,生态中心主义与人类中心主义形异质同。对于持上述论点的人而言,“‘自然和历史的对立’,这好像是两种互不相干的‘事物’,好像在人们面前始终不会有历史的自然和自然的历史”。②

在生态文明视域下,“天人合一”是指人与自然环境、社会伦理与自然规律、人的行为与人的道德天性或自然天性等的协调、一致和一体。“天人合一”思维方式的内涵体现在三个方面:一是在本体论上采取宏大的思维视角,把“天”与“人”视作是同源、同类、相通的有机整体;二是在认识上运用直觉体悟的思维方式,将“天”与“人”差别对立与内在联系统一起来,并把二者的联系视作根本,把二者作为一个有机整体来认识;三是在实践论上坚持主体性原则,强调通过发挥人的主观能动性来超越“天”与“人”的差别对立,以实现二者和谐统一为实践目标的价值取向。③

从历史的维度看,“天人合一”思想并不是现代社会的产物。早在远古时期的农耕社会,人与自然本来就浑然一体。只是人类社会发展到了近代,随着资产阶级思想启蒙运动和工业革命的到来,人的主体意思不断加强,并开始与自然世界这个客体渐行渐远,直至工业革命之后,出现二元对立的局面。从这个意义上讲,“天人合一”思想的出现是人类回归自然、回归理性的表现,是“后工业革命”的产物。它与农耕社会的“天人合一”现象的根本区别在于人类自我意识的觉醒,即人类尊重自然规律并不是出于盲目的“自然崇拜”,而是一种理性选择。

“天人合一”与“天人二分”作为相对范畴,对人与自然的关系给出回应。“天人二分”近似于主客二分,前者源于荀子“人定胜天”的生产实践观念,是生存活动层面的“二分”;后者源于以笛卡尔为先导的西方近代哲学,是认识层面上的“二分”。两者在一定程度上都主张让人充分认识或改造自然,按照“人的

① [美]约翰·贝拉米·福斯特:《马克思的生态学——唯物主义与自然》,刘仁胜等译,高等教育出版社2006年版,第21页。

② [德]马克思、恩格斯:《马克思恩格斯全集》(第四十六卷上),人民出版社1979年版,第76页。

③ 参见卢黎歌、王福益:《“天人合一”思维方式及其现代价值》,载《学习与实践》2015年第2期。

尺度”为自然立法，因而也是导致现代生态危机的一个重要因素。① 恩格斯考察英国后，在其著述中讲到：“各门科学在18世纪已经具有自己的科学形式，因此，它们终于一方面和哲学，另一方面和实践结合起来了。科学和哲学结合的结果就是唯物主义（牛顿的学说和洛克的学说同样是唯物主义的前提）、启蒙运动和法国的政治革命。科学和实践结合的结果就是英国的社会革命。”②

源自中国古代哲学的“天人合一”思想是一个价值命题，关注的核心是人的道德和生命存在的方式。由于古代环境问题不严峻，人与自然相处的生态问题不是传统“天人合一”思想的主流关切。我们今天提倡“天人合一”思想，需要对这一古老的哲学思想进行创造性地转化。在处理转基因生物技术与人类和自然之间的关系时，我们不仅要创造性地吸收“天人合一”思想，更要制定结合我们当下国情、符合我国经济发展水平和人民群众对美好生活向往的政策和法律。用“天人合一”的发展理念指导转基因食品法律规制是科学与哲学、科学与实践相结合的结果。这种理念的形成基础是，人类在享用现代科技文明成果的同时，要享受“人与自然和谐共处”所赐予的幸福和美感体验。③

“不妄为”与“有作为”是中国哲学“天人合一”生态观的两个方面。“不妄为”与破除“人类中心主义”、谋求人与自然和谐共处的生态环境转向相契合；而“有作为”则是基于哲学语境，体现了价值与责任担当，同时修正了“生态中心主义”的部分观点。“不妄为”是从消极方面来讲，是要减少人的不正确行为；“有作为”则是从积极方面来讲，是对自然宇宙的主动担当，是人类与生俱来的先天价值责任。如果说“不妄为”是西方生态理论对中国哲学的发掘，那么价值层面的“有作为”则是我们向现代生态文明理论提供的中国智慧。就像习近平总书记所说的，既要金山银山，也要绿水青山，绿水青山就是金山银山。唯有在“不妄为”的基础上积极“有作为”，我们才能达到中国哲学“天人合一”的“太和”境界。④

“天人合一”理论改变了人类中心主义和生态中心主义二元对立的观点，认为人类在利用转基因技术造福于自身的同时，能改善生态环境，两者并非“鱼”和“熊掌”的关系。我国转基因食品立法必须兼顾人类利益和生态利益，在坚持“无罪推定”的价值导向基础上，始终绷紧“社会风险”这根弦。只有这样，人类社会发展才是可持续的，人与自然的关系才是和谐的。

---

① 参见包庆德：《天人合一：生存智慧及其生态维度研究》，载《思想战线》2017年第3期。

② ［德］马克思、恩格斯：《马克思恩格斯文集》（第一卷），人民出版社2009年版，第97页。

③ 参见钱进：《论“人与自然和谐”作为生态伦理学的对象——兼议关于“人类中心主义”的争论》，载《道德与文明》2015年第4期。

④ 参见刘震：《重思天人合一思想及其生态价值》，载《哲学研究》2018年第6期。

第三节 转基因食品规制域外制度比较

在转基因食品法律规制方面,不少国家和地区已经积累了许多成熟经验和做法,这其中既有美国、欧盟、日本这样的发达国家,也有巴西、阿根廷这样的发展中国家。这些国家和地区的自然条件和经济发展水平差异较大,公众对待转基因食品的态度也各不相同。他们的做法对我们构建自己的转基因食品法律规制体系有诸多启示。

一、公众对待转基因食品的基本态度

美国与欧盟是世界上最早研究和开发转基因技术的国家和地区,两者的科研投入与技术产业化水平也不相上下。但是,经过近半个世纪的发展,两地公众对待转基因食品的态度却相去甚远。美国长期以来一直奉行"实质等同原则",认为在目前的科学技术条件下,没有证据证明转基因食品是有害的,因此推定转基因食品与传统的非转基因食品是一样安全的。欧盟在此问题上遵循的是"预防原则",认为在人们能够证明转基因食品绝对安全之前,应采取谨慎态度,先将转基因食品与非转基因食品相区别,对转基因食品给予特别管制甚至禁止销售。可见,美国的态度是以"科学依据为导向",侧重点是为转基因食品提供稳定、可预见的市场准入规则;欧盟的态度则以"社会反应为导向",侧重结合消费者意愿等各种社会因素,在此基础上,对转基因食品作出相应管制。

总体而言,美国公众对待转基因食品的态度是复杂的。2001 年至 2006 年,一项花费 5 年时间所做的民意调查显示,美国人对于生物技术的了解有限。消费者一般也不了解他们选购的商品中含有转基因成分。① 上述调查显示,支持转基因食品的受访者人数比例稳定在 26%~27%,反对转基因食品的受访者比例从开始的 58%降到 46%。② 调查显示,支持对转基因食品制定标签制度的人数比例很高。2013 年的一项调查表明,93%的受访者支持对转基因食品采取强制标签制度。③ 同一份调查显示,75%的美国人对食品中的转基因成分表

---

① See *Memorandum from the Mellman Group to the Pew Initiative on Food and Biotechnology*, Review of Public Opinion Research (Nov. 16, 2006), http://www. pewtrusts. org/en/archived - projects/pew - initiative-on-food-and-biotechnology.

② See *Memorandum from the Mellman Group to the Pew Initiative on Food and Biotechnology*, Review of Public Opinion Research (Nov. 16, 2006), http://www. pewtrusts. org/en/archived - projects/pew - initiative-on-food-and-biotechnology.

③ See Allison Kopicki, *Strong Support for Labeling Modified Foods*, New York Times (July 27, 2013).

示关注;接近50%的受访者表示,他们知道许多加工和包装的食品中含有转基因生物成分。与此同时,将近50%的受访者表示,他们不愿意吃转基因蔬菜、水果、粮食;75%的受访者表示,他们不愿意吃转基因鱼;约66.7%的受访者表示,他们不愿意吃转基因肉。[①]

美国的一些科学组织曾经就转基因生物的安全性做过调查,并发表相关声明表示:与传统食品相比,没有证据显示转基因食品有任何独特的安全风险问题。参与上述工作的机构包括"美国国家研究理事会"(National Research Council)、[②]"美国科学促进协会"(American Association for the Advancement of Science)[③]和"美国医学协会"(American Medical Association)。[④] 在美国,反对转基因生物的组织包括一些环保组织、[⑤]有机农业组织、[⑥]消费者组织等。[⑦] 美国法学界不少学者对政府管制转基因生物的措施和立场持批评态度。[⑧]

欧盟的政策受其成员国的影响很大。各成员国对待转基因产品的规制态度差异较大。它们大致可以分为三种类型:第一类是接受转基因产品的国

---

① See Allison Kopicki, *Strong Support for Labeling Modified Foods*, New York Times, July 27(2013).

② 参见美国国家研究理事会下属的 Committee on Environmental Impacts Associated with Commercialization of Transgenic Plants, Board on Agriculture and Natural Resources (Division on Earth and Life Studies) 出版的文集: *Environmental Effects of Transgenic Plants: The Scope and Adequacy of Regulation*, National Academy Press, 2002, p. 49; Committee on Identifying and Assessing Unintended Effects of Genetically Engineered Foods on Human Health 出版的文集: *Safety of Genetically Engineered Foods: Approaches to Assessing Unintended Health Effects*, National Academy Press, 2004, p. 180, http://www.nap.edu/catalog/10258/environmental-effects-of-transgenic-plants-the-scope-and-adequacy-of; http://www.nap.edu/openbook.php? isbn=0309092094。

③ 参见美国科学促进协会申明: *AAAS Issues Statement on Labeling of Genetically Modified Foods*, California Council on Science and Technology (Nov. 1, 2012), http://ccst.us/news/2012/1101aaas.php。

④ 参见美国医学协会的政策性文件: Policy No. H-480.958, *Bioengineered (Genetically Engineered) Crops and Foods*, https://login.ama-assn.org/account/login。

⑤ 例如, Greenpeace USA, http://www.greenpeace.org/usa/what-we-do/。

⑥ 例如, *Organic Seed Growers & Trade Association*, http://www.osgata.org/policy/, 2015年8月4日访问。

⑦ 例如, *Organic Consumers Association*, http://www.organicconsumers.org/gelink.cfm, 2015年8月4日访问。

⑧ See Gregory N. Mande, *Toward Rational Regulation of Genetically Modified Food*, Santa Clara Journal of International Law 1(2006); Maria Lee-Muramoto, *Reforming the "Uncoordinated" Framework for the Regulation of Biotechnology*, Drake Journal of Agricultural Law 2(2012); Debra M. Strauss, *Defying Nature: The Ethical Implications of Genetically Modified Plants*, Journal of Food law and Policy 1(2007); Sheryl Lawrence, *What Would You Do With a Fluorescent Green Pig?: How Novel Transgenic Products Reveal Flaws in the Foundational Assumptions for the Regulation of Biotechnology*, Ecology Law Quarterly 1(2007).

家,包括种植转基因作物或者愿意种植的国家(如果欧盟进一步放开限制),例如,西班牙、葡萄牙等国。这些国家的政府和企业都鼓励采用生物技术。第二类是对待转基因产品态度矛盾的国家,赞成采用转基因技术的力量(主要来自科技界和农业领域)与反对转基因技术的力量(主要是在反转基因人士宣传和压力下的消费者和政府代表)旗鼓相当,例如,脱欧前的英国。第三类是反对转基因产品的国家。这些国家大多数民众都反对农业中采用转基因技术,他们支持农业有机作物的生产和采用地理标志,例如,德国、奥地利等国。

欧盟市场转基因产品销售有三个特点:第一,多元农业形态共存。有反对转基因技术的国家,也有赞成采用这一技术的国家。第二,由于不断受到反转基因人士负面报道的影响,欧盟消费者总体上对转基因产品持负面印象。第三,食品零售商根据消费者的喜好不断调整其销售策略。此外,各成员国国内的情形也有差别。2014 年,欧盟各成员国达成一项新的协议,允许反对转基因作物的成员国禁止批准在其境内以非科学目的种植欧盟批准的转基因作物。

根据第 1829 号条例[Regulation (EC) No. 1829/2003]①和第 1830 号条例[Regulation (EC) No. 1830/2003]②的规定,欧盟成立了一个专门委员会,要求其评估欧盟转基因生物授权法律框架的绩效。③ 该委员会的研究报告是根据发放给相关利益方、主管机构的问卷表以及访谈和调查的结果汇总而成的。这份长达 217 页的研究报告认为,从总体上讲,欧盟制定的授权程序,通过科学的风险评估,对转基因生物进行管制,实现了保护人类和动物健康的目标。迄今为止,欧盟尚未发生过转基因生物引起人类和动物健康问题的事件。与此同时,该研究报告也反映了人们的普遍关切,即授权程序并没有像人们想象的那样在成员国境内对转基因生物管制发挥其应有的作用,因为不同成员国对于转基因生物在食品和饲料中容许存在的比例以及偶然出现的概率等技术问题的

---

① See Regulation (EC) No. 1829/2003 of the European Parliament and of the Council of 22 September 2003 on Genetically Modified Food and Feed,第 1 条,2003 O. J. (L 268) 1, http://eur-lex.europa.eu/LexUriServ/LexUriServ.do? uri=OJ:L:2003:268:0001:0023:EN:PDF。

② See Regulation (EC) No. 1830/2003 of the European Parliament and of the Council of 22 September 2003 Concerning the Traceability and Labeling of Genetically Modified Organisms and the Traceability of Food and Feed Products Produced from Genetically Modified Organisms and Amending Directive 2001/18/EC, 2003, O. J. (L 268) 24, http://eur-lex.europa.eu/LexUriServ/LexUriServ.do? uri=OJ:L:2003:268:0024:0028:EN:PDF.

③ See European Commission Directorate General for Health and Consumers, Evaluation of the EU Legislative Framework in the Field of GM Food and Feed (Final Report) (July 12, 2010), https://ec.europa.eu/food/sites/food/files/plant/docs/plant_gmo_legislation_executive_summary_food-and-feed_en.pdf.

解释是有差异的。①

鉴于欧盟制定转基因生物授权程序的目的是保护人类和动植物健康，当问卷表问到这一措施是鼓励还是限制农业生物技术的发展时，50%的受访者表示，目前的机制是不完备的，因为转基因生物的许多潜在益处还没有被考虑进去。② 关于欧盟目前的转基因生物标签制度，受访的农民和零售商总体上是满意的。此外，非政府组织和消费者组织也赞成这些规则，认为欧盟目前的做法能够确保民众的知情权。他们主张强制性标签制度应该扩大适用范围，增加家禽产品、经过微生物发酵的产品。目前，这两种产品在欧盟是被排除在强制标签适用范围之外的。非政府组织认为有必要进一步澄清 0.9%的强制标签门槛并不是人们对转基因生物的容忍程度，而是源于食品中不可避免的转基因生物出现的概率基数。③ 这份研究报告还提到，由于欧盟市场缺少足够带有强制标签的转基因产品，要评估消费者对转基因产品的接受程度是不容易的。④ 然而，许多受访者都提到消费者对于转基因产品的负面评价，建议在有关当局启动转基因生物授权程序时，消费者也能够了解更多风险评估的科学知识。⑤

美国对外关系委员会（US Council on Foreign Relations）发表的一份名为《欧洲与美国的转基因生物管制：一个欧洲当代管理政治学的案例研究》（The Regulation of GMOs in Europe and the United States：A Case-Study of Contemporary European Regulatory Politics）的文件提供了一个欧盟与美国在转基因生物问题不同态度的比较研究。⑥ 该文件认为，欧盟当今对待转基因生物的管制态度比美国更加严格，而美国直到 20 世纪 80 年代中期，对转基因生物的管制比当时的欧共体还要严格。这种转变的发生，既有经济上的因素，也有文化上的因素。

---

① 参见 European Commission Directorate General for Health and Consumers，Evaluation of the EU Legislative Framework in the Field of GM Food and Feed（Final Report），第十五部分。

② See European Commission Directorate General for Health and Consumers，Evaluation of the EU Legislative Framework in the Field of GM Food and Feed（Final Report），p. 76.

③ See European Commission Directorate General for Health and Consumers，Evaluation of the EU Legislative Framework in the Field of GM Food and Feed（Final Report），p. 105.

④ See European Commission Directorate General for Health and Consumers，Evaluation of the EU Legislative Framework in the Field of GM Food and Feed（Final Report），p. 144.

⑤ See European Commission Directorate General for Health and Consumers，Evaluation of the EU Legislative Framework in the Field of GM Food and Feed（Final Report），p. 52.

⑥ See Diahanna Lynch & David Vogel，*The Regulation of GMOs in Europe and the United States：A Case-Study of Contemporary European Regulatory Politics*，Council on Foreign Relations（April 5，2001），http://www. cfr. org/agricultural - policy/regulation - gmos - europe - united - states - case - study - contemporary-european-regulatory-politics/p8688.

如果说欧盟的管制措施是为了保护农业生产者的利益,那么欧盟成员国中对利益最敏感的法国理应站在反对转基因生物的最前沿。① 然而在20世纪90年代初期,时任法国总理朱佩是欧盟内部农业生物技术最坚定的支持者之一。他领导的法国政府意识到这种新技术对于拥有强大农业食品加工业的法国具有潜在好处。1996年,在种植工业协会和主要农场主联合会的支持下,法国农业部批准了转基因玉米的销售。在1997年6月召开的欧洲理事会上,法国是唯一投票赞成授权耕种转基因玉米的国家。然而到了1998年,受疯牛病的影响,法国政府不顾部分农场主联合会成员的反对,在其国内市场撤出转基因玉米。英国在脱欧前的情形与法国有点相似。可以这么认为,尽管欧盟国家农场主联合会支持转基因食品的标签制度,但是,他们这样做的主要原因是满足消费者的要求。换言之,如果大多数国家没有禁止转基因作物的种植,而是让农民自由选择,那么即使转基因作物种子的使用没有美国那么普及,至少其范围要比现在广泛得多。

然而为何事态发展到了后来,在欧洲形成了一边倒的反美或反全球化情绪?有三方面原因可以对此作出解释:第一,美国孟山都公司是转基因生物技术的第一个推手,即第一批在欧洲种植的转基因作物种子是来自美国,并非由欧盟成员国自己培育。不仅如此,孟山都公司没有对转基因作物用标签加以识别,这引起欧洲消费者的不满,他们觉得自己的选择权被剥夺了。第二,孟山都公司在欧洲收购了一大批种子公司以及转基因作物种子的"绝育"特点给欧洲许多农民带来不安。他们把孟山都公司推广转基因作物种子视为美国控制欧洲农业战略的一部分。第三,美国第一批出口欧洲的转基因作物种子恰好是在"激素牛肉案"裁决生效后欧盟拒绝履行裁决、美国对欧盟征收价值一亿美元惩罚性关税这个敏感时期发生的,而这些惩罚措施主要针对欧盟出口至美国的农产品。②

事实上,正当孟山都公司在欧洲遭遇强烈抵制的同时,欧盟严厉的管制措施和消费者的抵制行为也给欧洲从事转基因生物技术研发的公司带来巨大损失。虽然像诺华(Novartis)、罗纳普朗克(Rhone-Poulenc)、安万特(Aventis)和阿斯利康(Zeneca)这些欧洲公司还可以在美国销售它们培育的转基因作物种子,但是它们却无法在家门口销售自己的产品。为此,包括时任英国首相托尼·布莱尔在内的一些欧洲国家领导人多次表示,欧盟对待转基因生物严厉的

① See David Vogel & Olivier Cadot, *France, the United States, and the Biotechnology Dispute*, Brookings, January (2001).

② See European Communities—*Measures Concerning Meat and Meat Products* (*Hormones*), WTO/DS26.

管制政策正在损害欧洲农业生物技术领域的长远发展。这些政策让许多欧洲公司付出了高昂的机会成本。

除政治因素外,文化差异也是导致欧盟与美国在转基因生物管制措施方面有很大区别的重要原因。据《华盛顿邮报》报道,“尽管欧盟各国在饮食烹饪习惯上有差异,他们都崇尚天然食物,对食品中掺杂任何物质怀有深深的敌意,例如,含有激素的牛肉和基因被改良过的西红柿等”。[①] 这方面与习惯于“加工食品”和“快餐文化”的美国人有很大的不同。这种饮食习惯差异折射的是美国人求新求快的生活方式和欧洲人崇尚自然生活方式的不同。[②]

不同的生活方式源于对大自然的不同认识。正如《金融时报》记者库克森和赫尔德所描述的:“当欧洲人谈到原野生活和乡村环境时,他们会联想到自己的农场。转基因技术对于欧洲人来说似乎是以一种规模化、集约化方式耕作农业的不受欢迎的未来发展趋势。”欧洲人的乡村情结使他们对任何改变农业方式的企图有着很深的抵触情绪。相反,“美国人谈到原野和和乡村环境时,则联想到国家公园。他们把农场视为工业体系的一部分”。[③] 可见,美国人把休闲场所与农业生产场所相区别。因此,欧洲人对转基因作物“侵蚀”他们家园的担心,在美国人中是不存在的。[④]

日本是世界第三大经济体,也是科技发达的国家。但是日本农业由于受自然条件限制,发展相对落后。除大米等少量主食能够自给外,日本的粮食主要依赖进口,其中包括转基因玉米和大豆。日本的不少公众对于转基因作物和转基因食品的安全持怀疑态度。这一点可以从一些社会组织的活动中得到证明。在一份向日本政府递交的名为《在日本人民中推广科学知识》的书面请求中,日本植物病理学协会(Japanese Society of Plant Physiologists)联合其他一些社团组织,对于为什么日本消费者对待转基因作物坚持他们负面观点的原因做了详细分析,认为日本社会上的反转基因组织和人士在这方面起了不小的作用。[⑤] 一些个人博客和民间团体的网站经常散布有关转基因生物的负面信

---

① Anne Swardson, *Round 2 of the Food Flight: Genetically Altered Items*, Washington Post National Weekly Edition, April 5, 1999, p. 20.

② See Daniel Greenberg, *The Right to Know What We Eat*, Washington Post National Weekly Edition, July 7, 1999.

③ Clive Cookson & Vanesse Houlder, *An Uncontrolled Experiment*, Financial Times, February 13/14, 1999.

④ See *Sticky Label*, Economist, May 1(1999).

⑤ Japanese Society of Plant Physiologists, Teigen: *idenshi kumikae shokubutsu no shakai ni okeru tekisetsu na juyōo susumeru taisei o motomu* [Proposal: "Requesting System to Support Adequate Acceptance of GM Food by the Society"], p. 3, http://www.s.affrc.go.jp/docs/commitee/gm/4kai/pdf/siryo1.pdf.

息,并警告日本消费者使用转基因食品的种种危害。这些宣传活动在一定程度给转基因食品在日本的推广造成了负面影响。在某些方面,日本民众开始怀疑政府掩盖了转基因生物的相关信息。① 日本媒体有时也会刊登一些对转基因生物负面评价的文章。②

巴西和阿根廷是发展中国家中生产和出口转基因产品最多的国家,但是两国的国情有所不同。总体而言,巴西的国家制度和民众的态度比较有利于转基因技术的研发和转基因产品的生产。2015~2016 年,巴西的转基因作物耕种面积比上一年度又增加了 3%,主要是扩大转基因大豆和玉米的播种面积。同时,政府增加了对播种转基因作物农民的信贷投入。截至 2015 年,巴西批准播种的转基因作物有 45 个品种,包括 25 个玉米品种,12 个棉花品种,6 个大豆品种,1 个豌豆品种,1 个桉树品种,其中大豆是产量最高的转基因作物。目前,巴西播种的 93%的大豆、83%的玉米、67%的棉花是转基因品种。转基因作物的种植面积达 4200 万公顷,巴西也一跃成为世界第二大转基因作物生产国,仅次于美国(6900 万公顷)。巴西如今 65%的农田播种的是转基因作物。③ 2011 年,由巴西农业研究公司(Empresa Brasileira de Pesquisa Agropecuária, Embrapa)④进行的一项有关公众对转基因生物安全性反应的调查显示,⑤巴西民众是知道转基因生物的,但是对于转基因技术到底给巴西带来多少经济效益还不甚了解。⑥

---

① See GM shokuhin, shohisha no "shiru kenri" ni dou kotaeruka [GM Foods, How to Respond to Consumers "Right to Know"], JAPAN AGRICULTURAL COMMUNICATIONS, http://www.jacom.or.jp/news/2013/06/news130611-21193.php, 2015 年 8 月 14 日访问。

② See Yoshiyuki Ashida, Mainichi shinbun no rensai shokutaku doko e: idenshi kumikae [How Foods on Table at Home Change According to Mainichi Newspaper: Genetically Modified Food], YASASHII BAIO TEKUNOROJI [EASY BIOTECHNOLOGY]. http://yoshibero.at.webry.info/200911/article_23.html, 2015 年 8 月 14 日访问。

③ João F. Silva, Brazil-Agricultural Biotechnology Report, GAIN Report Number: BR 0971, 2015, p. 3-9.

④ 农业研究公司成立于 1973 年 4 月 26 日,是隶属于巴西农业部(Ministry of Agriculture, Livestock and Supply)的一个国家机构,它的使命是通过研究、开发和创新来解决农业可持续发展中出现的问题,以造福巴西社会。Missão e Atuação, EMBRAPA. https://www.embrapa.br/a_embrapa/, 2016 年 9 月 13 日访问。

⑤ Embrapa Meio Ambiente, Desenvolvimento de Comunicação Estratégica sobre Biossegurança de Plantas Geneticamente Modificadas-O Caso do Projeto LAC-Biosafety no Brasil (Aug. 2011), http://www.cnpma.embrapa.br/download/documentos_85.pdf.

⑥ Embrapa Meio Ambiente, Desenvolvimento de Comunicação Estratégica sobre Biossegurança de Plantas Geneticamente Modificadas-O Caso do Projeto LAC-Biosafety no Brasil (Aug. 2011), p. 13.

阿根廷普通公众对于粮食生产过程中采用的转基因技术知之甚少。[①] 2004年的一项调查显示，只有39%的受访者听说过阿根廷生产转基因大豆。51%的受访者认为，他们情愿消费非转基因食品，即使价格贵一点。[②] 只有12%的受访者认为，转基因作物有利于大众。与此相对应，51%的受访者认为，那些大公司，尤其是从事转基因技术的外国公司，是转基因作物的主要受益者。[③] 阿根廷科尔多瓦省（Córdoba）的马尔维纳斯（Malvinas）曾经发生过民众抗议美国孟山都公司的示威活动。该地区靠近正在新建的转基因种子加工场的主要入口。[④] 孟山都公司计划兴建240座粮食仓库，储存经过生化处理的玉米。这些仓库配有传输带和风扇，以保证储存的粮食处于通风状态。附近的居民反对这一建设项目，认为这些转基因作物的灰尘会被风扇吹落到附近农田，孟山都公司也一直被指责危害那些长期接触"农达"（Roundup）杀虫剂的生产人员的身体健康。[⑤]

二、转基因食品法律规制的基本框架

（一）美国的立法框架

美国在国家层面没有专门针对转基因生物的综合立法。转基因生物的管制规定是散见于环境、卫生、产品安全等相关立法之中。

1986年，美国总统科学技术办公室公布了一份名为《生物技术管制的协同框架》（Coordinated Framework for Regulation of Biotechnology，以下简称协同框架）的政策声明，确立了美国对待转基因生物管制的基本立场。[⑥] 协同框架是成立于1984年的一个跨部门工作小组努力的结果，该小组的主要工作是评估管制传统产品的法律框架是否足以管制通过生物技术提炼加工的产品。工

---

① Alicia Diamante & Juan Izquierdo, "Manejo y gestión de la Biotecnología Agrícola apropiada para pequeños productores: ESTUDIO DE CASO ARGENTINA", Research Paper, Buenos Aires Argentina, April, 2004, p. 59.

② Alicia Diamante & Juan Izquierdo, "Manejo y gestión de la Biotecnología Agrícola apropiada para pequeños productores: ESTUDIO DE CASO ARGENTINA", Research Paper, Buenos Aires Argentina, April, 2004, p. 60-61.

③ Alicia Diamante & Juan Izquierdo, "Manejo y gestión de la Biotecnología Agrícola apropiada para pequeños productores: ESTUDIO DE CASO ARGENTINA", Research Paper, Buenos Aires Argentina, April, 2004, p. 60-61.

④ 相关报道参见：Liberaron a los Ambientalistas y Monsanto Suspende la Obra, LA VOZ (September 30, 2013), http://www.lavozdegalicia.es/, 2016年9月11日访问。

⑤ 相关报道参见：*Blockade Against Monsanto in Malvinas*, Argentina, http://revolution-news.com/blockade-against-monsanto-in-malvinas-argentina/。

⑥ See Coordinated Framework, 51 FED. REG. 23,302 (June 26, 1986)。

作小组的结论是:美国当时执行的法律,辅之以一些新的法规,是完全可以满足管制的需要。[①] 该小组随后发布一份建议通知,征求社会各界的意见。[②] 协同框架最终文本发布时的政策解释强调:生物技术产品的管辖权限按照传统产品的方式划分,适用的也是现行管制传统产品的法律。[③]

转基因生物管制的三个主要机构分别是美国农业部下属的"动物与植物健康监测署"(APHIS)、"食品与药品管理局"(FDA)和"环境保护署"(EPA)。

1. 动物与植物健康监测署

依据《植物保护法案》(Plant Protection Act),动物与植物健康监测署(以下简称健康监测所)负责监管转基因植物的种植、进口和运输。[④] 法案规定:"当农业部长发现有必要防止一种植物害虫或有害的杂草流入美国,他/她有权禁止或限制任何植物或植物产品等的进口、进入、出口或国内各州之间的商业往来。"[⑤]通过管制,健康监测所将大多数转基因植物归类为"植物有害物"(plant pests)或"潜在的植物有害物"(potential plant pests),因而属于"受管制品种"(regulated articles)。[⑥] 根据《植物保护法案》的规定,受管制的品种在引进之前必须获得健康监测所的批准。[⑦] 健康监测所通过三种方式颁发转基因植物使用授权:(1)通知;(2)许可;(3)决定非管制状态。

(1)通知程序

通知程序适用于那些没有被归类为有害草类的植物,或者在满足一定标准和操作规范后准备向自然界播撒的草类。[⑧] 上述标准包括该植物必须是被健

---

① See Coordinated Framework, 51 FED. REG. 23, 302 (June 26, 1986), p. 3。

② See OSTP, Proposal for a Coordinated Framework for Regulation of Biotechnology, 49 FED. REG. 50, 856 (December 31, 1984).

③ See Organic Seed Growers & Trade Association, http://www.osgata.org/policy/; *Coordinated Framework*, 51 FED. REG. 23, 302 (June 26, 1986), p. 6-8.

④ See Chapter 104—Plant Protection, 7 U. S. C. 2012, http://uscode.house.gov/view.xhtml?path=/prelim@title7/chapter104&edition=prelim.

⑤ See *Regulation of Movement of Plants, Plant Products, Biological Control Organisms, Noxious Weeds, Articles, and Means of Conveyance*, 7 U. S. C. § 7712 (a) (2012), http://uscode.house.gov/view.xhtml? req=granuleid:USC-prelim-title7-section7712&num=0&edition=prelim.

⑥ See *Animal and Plant Health Inspection Service*, USDA, 7 C. F. R. § 340. 1 (2013), http://www.gpo.gov/fdsys/pkg/CFR-2013-title7-vol5/pdf/CFR-2013-title7-vol5-sec340-1.pdf.

⑦ See *Regulation of movement of plant pests*, 7 U. S. C. § 7711(a) (2012); Animal and Plant Health Inspection Service, USDA, 7 C. F. R. § 340. 0 (2013), http://uscode.house.gov/view.xhtml? req=granuleid:USC-prelim-title7-section7711&num=0&edition=prelim; http://www.gpo.gov/fdsys/pkg/CFR-2013-title7-vol5/pdf/CFR-2013-title7-vol5-sec340-0.pdf.

⑧ See *Animal and Plant Health Inspection Service*, USDA, 7 C. F. R. § 340. 3 (2013), http://www.gpo.gov/fdsys/pkg/CFR-2013-title7-vol5/pdf/CFR-2013-title7-vol5-sec340-3.pdf.

康监测所鉴定为安全和可以引进的品种；基因物质必须是被稳定植入的；基因物质的反应不会导致植物疾病等。[①] 操作规范包括装运、储存、种植和测试等方面，目的是防止植物从隔离区被释放出来。[②] 当申请人将通知书送至健康监测所后，健康监测所在规定的时间内作出是否同意的答复。[③] 如果通知书被健康监测所拒绝，申请人还可以向健康监测所申请许可。[④]

（2）许可程序

许可程序要求申请人递交相关信息，包括供体生物和受体生物的信息，被管制物品的构成，被改变的基因物质在受管制物品中的反应；供体生物和受体生物以及发展而成的管制物品的位置；管制物品的用途；引进的数量；避免传播的准备过程；引进的转基因生物的使用目的地、使用和传播的情况；管制物品的最后处置情况。[⑤] 如果健康监测所颁发许可，它还要确保不仅管制物品处于可控状态，而且健康监测所也能够实施全程监控。[⑥] 申请人如果不能满足上述要求，健康监测所会撤销许可。[⑦]

（3）决定非管制状态

已经通过测试并证明没有危害的转基因植物可以被决定处于非管制状态。[⑧] 希望获得这样决定的申请必须载有管制物品和受体生物具体的生物信息、已经公布和尚未公布的科学研究内容、田间测试的数据以及其他可以帮助健康监测所决定该植物是否构成一种有害物的相关信息。[⑨] 收到申请后，健康监测所在《联邦纪事》上公布这一申请，并设定60天的公示期。[⑩] 然后，健康监测所在180天内决定批准申请的全部或部分内容，或者拒绝批准。[⑪]

2. 食品与药品管理局

在美国，除肉类、禽类和蛋类产品外，食品与药品管理局负责管制在美国销售的人类和动物食品以及药品和生物制品的安全。

---

① See 7 C. F. R. § 340. 3(b).

② See 7 C. F. R. § 340. 3(c).

③ See 7 C. F. R. § 340. 3(e).

④ See 7 C. F. R. § 340. 3(e)(5).

⑤ See *Animal and Plant Health Inspection Service*, USDA, 7 C. F. R. § 340. 4(b) (2013), http://www. gpo. gov/fdsys/pkg/CFR-2013-title7-vol5/pdf/CFR-2013-title7-vol5-sec340-4. pdf.

⑥ See 7 C. F. R. § 340. 4(f).

⑦ See 7 C. F. R. § 340. 4(g).

⑧ See *Animal and Plant Health Inspection Service*, USDA, 7 C. F. R. § 340. 6 (2013), http://www. gpo. gov/fdsys/pkg/CFR-2013-title7-vol5/pdf/CFR-2013-title7-vol5-sec340-6. pdf.

⑨ See 7 C. F. R. § 340. 6(c).

⑩ See 7 C. F. R. § 340. 6(d).

⑪ See 7 C. F. R. § 340. 6(d).

(1)食品

食品与药品管理局的法律授权来自《联邦食品、药品和化妆品法案》。[①]该法案规定,食品与药品管理局有权管制"掺杂食品"及其他事项。[②]法案将"掺杂食品"定义为"包含任何有毒、有害物质,并能危及健康的食品";[③]"食品添加剂",[④]即包含"任何构成食品成分或影响食物特征的物质"。[⑤]《联邦食品、药品和化妆品法案》禁止销售掺杂和标签错误的食品。[⑥]

根据《联邦食品、药品和化妆品法案》的规定,添加到食品中的物质可以分为"食品添加剂"和"一般认为安全的物质",前者需要获得食品与药品管理局批准,确保它们的安全;[⑦]后者不需要食品与药品管理局的批准。[⑧]

在1992年公布的一份政策声明中,食品与药品管理局重申,在大多数情况下,它将视转基因食品如同非转基因食品,大多数转基因食品将被推定为"一般认为是安全的"。然而,鉴于转基因食品在"结构、功能和成分"方面与非转基因食品的显著区别,转基因食品如同食品添加剂,在上市之前,需要得到食品与药品管理局的批准。[⑨]

食品与药品管理局鼓励包括采用转基因生物在内的食用植物新品种开发商与食品药品管理局进行磋商,以此"确保人类食品和动物饲料安全问题以及

---

① See Chapter 9—Federal Food, Drug, AND Cosmetic ACT, 21 U. S. C. § § 301 - 399f (2012), http://uscode. house. gov/view. xhtml? path =/prelim@ title21/chapter9&edition = prelim.

② See CHAPTER 9-Federal Food, Drug, And Cosmetic Act Subchapter Ⅳ-FOOD, 21 U. S. C. § 342 (2012), http://uscode. house. gov/view. xhtml? req = granuleid: USC - prelim - title21 - section342&num = 0&edition = prelim.

③ See 21 U. S. C. § 342(a)。

④ See CHAPTER 9-Federal Food, Drug, And Cosmetic Act Subchapter Ⅳ-Food 21 U. S. C. § 348 (2012), http://uscode. house. gov/view. xhtml? req = granuleid: USC - prelim - title21 - section348&num = 0&edition = prelim.

⑤ See CHAPTER 9-Federal Food, Drug, And Cosmetic Act Subchapter Ⅱ-Definitions 21 U. S. C. § 321 (s) (2012), http://uscode. house. gov/view. xhtml? req = granuleid: USC - prelim - title21 - section321&num = 0&edition = prelim.

⑥ See Chapter 9 - Federal Food, Drug, And Cosmetic Act Subchapter Ⅲ - Prohibited Acts And Penalties, 21 U. S. C. § 331 (2012), http://uscode. house. gov/view. xhtml? req = granuleid: USC - prelim - title21 - section331&num = 0&edition = prelim.

⑦ See Chapter 9 - Federal Food, Drug, And Cosmetic Act Subchapter Iv - Food, 21 U. S. C. § 348 (2012), http://uscode. house. gov/view. xhtml? req = granuleid: USC - prelim - title21 - section348&num = 0&edition = prelim.

⑧ See 21 U. S. C. § 321(s)。

⑨ See FDA, *Statement of Policy: Foods Derived from New Plant Varieties*, 57 Fed. Reg. 22,984 (May 29, 1992), http://www. fda. gov/Food/GuidanceRegulation/GuidanceDocumentsRegula toryInformation/Biotechnology/ucm096095. htm.

诸如标签等其他管制问题能够在产品的商业化之前得到妥善解决”。[①] 磋商程序的设立旨在确保食品与药品管理局能够就食品从中提炼的新物质是否存在诸如“显著增加毒素程度、抗营养物质、重要营养成分减少、产生新的过敏源以及食品中出现未经批准的添加剂”等情形作出判断,是否需要采取管制措施。[②] 磋商的一个重要议题是确认含有新品种植物和新的蛋白质食品的安全性,包括那些通过基因工程开发的新植物品种。[③] 食品与药品管理局会将磋商的详细信息公之于众。[④]

(2)动物

依据《联邦食品、药品和化妆品法案》中管制“新的动物药”的规定,食品与药品管理局对于转基因动物也有管辖权。法案将“新的动物药”定义为一种“旨在改变动物身体结构和功能”的物质。[⑤] 食品与药品管理局对此进一步解释:“转基因动物体内的基因重组构造是为了影响转基因动物身体的结构和功能,不管由转基因动物生产出来的产品的用途是什么。”因此,所有转基因动物都属于“新动物药”范畴内的被管制对象。[⑥]

依据《联邦食品、药品和化妆品法案》的规定,新动物药一般情况下被认为是不安全的,除非食品与药品管理局批准一种新的动物药的特定用途。[⑦] 除非

---

① See FDA, *Guidance on Consultation Procedures: Foods Derived from New Plant Varieties* (Rev. Oct. 1997), http://www. fda. gov/Food/GuidanceRegulation/GuidanceDocumentsRegula toryInformation/Biotechnology/ucm096126. htm.

② See FDA, *Guidance on Consultation Procedures: Foods Derived from New Plant Varieties* (Rev. Oct. 1997), http://www. fda. gov/Food/GuidanceRegulation/GuidanceDocumentsRegula toryInformation/Biotechnology/ucm096126. htm.

③ See FDA, *Guidance for Industry: Recommendations for the Early Food Safety Evaluation of New Non-Pesticidal Proteins Produced by New Plant Varieties Intended for Food Use* (June 2006), http://www. fda. gov/Food/GuidanceRegulation/GuidanceDocumentsRegulatoryInformation/Biotechnology/ucm096156. htm.

④ See FDA, *Completed Consultations on Bioengineered Foods*, http://www. accessdata. fda. gov/scripts/fcn/fcnNavigation. cfm? rpt=bioListing.

⑤ See FDA, *Guidance for Industry: Regulation of Genetically Engineered Animals Containing Heritable Recombinant DNA Constructs* (Revision, June, 2015), 参见 21 U. S. C. § 321(v), http://www. fda. gov/downloads/AnimalVeterinary/GuidanceComplianceEnforcement/Guidance forIndustry/UCM 113903. pdf.

⑥ See FDA, Guidance for Industry: Regulation of Genetically Engineered Animals Containing Heritable Recombinant DNA Constructs, p. 6-7. 尽管食品与药品管理局有权管制所有转基因动物,它也表示,如果转基因动物的部分事项属于其他部门管辖,它会放弃对这些事项的管辖。

⑦ See Chapter 9-Federal Food, Drug, And Cosmetic Act Subchapter V-Drugs And Devices Part A-Drugs And Devices, 21 U. S. C. § 360b (a) (2012), http://uscode. house. gov/view. xhtml? req=granuleid: USC-prelim-title21-section360b&num=0&edition=prelim。

是在这样的情形下，即食品与药品管理局依职权拒绝合规性审查要求，①或者在药物仅仅是为了调查的需要，只是需要满足一定的特定例外条件这样的情形下，②食品与药品管理局要求转基因动物经过新动物药申请的审批程序。审批基于对目的用途是否安全和有效为基础。③ 转基因动物的新动物药申请必须包含的信息包括：动物的识别标志、化学实验数据、临床用途、标签、成分与合成过程、生产方式和设施及过程控制、安全性与疗效、环境影响以及其他信息。④

(3)药品

一般情况下，食品与药品管理局对于药品也有管辖权。在大多数情形下，有兴趣将新药引入美国市场的公司必须向食品与药品管理局递交新药申请，其中包括诸如新药的化学实验过程、新药制作、动物体内和体外试验、临床运用数据等有关新药的安全性和疗效的详细数据。⑤ 通过转基因工程生产的药品也需要与其他类型的药品一样经过新药审批程序。

(4)生物制品

根据《公共卫生服务法案》(Public Health Service Act)规定，食品与药品管理局也负责监管被归类为“生物制品”的医疗产品，包括疫苗、血清、血液制品等。⑥无论其是否通过转基因合成，生物制品都必须在引进或投放市场之前获得食品与药品管理局的许可。申请许可的程序包括向食品与药品管理局提供详细的实验和临床运用数据、生产方式以及相关制品的安全性和疗效的详细信息。⑦

3. 环境保护署

美国环境保护署负责监管通过基因工程生产的杀虫剂和微生物。

(1)杀虫剂

环境保护署依据《联邦杀虫剂、杀真菌剂和灭鼠剂管制法案》，负责监管杀

---

① See FDA, Guidance for Industry: Regulation of Genetically Engineered Animals Containing Heritable Recombinant DNA Constructs, p. 7-9.

② See FDA, Guidance for Industry: Regulation of Genetically Engineered Animals Containing Heritable Recombinant DNA Constructs, p. 9-12.

③ See FDA, Guidance for Industry: Regulation of Genetically Engineered Animals Containing Heritable Recombinant DNA Constructs, p. 12-13.

④ See FDA, Guidance for Industry: Regulation of Genetically Engineered Animals Containing Heritable Recombinant DNA Constructs, p. 14-20.

⑤ See 21 C. F. R. § 314. 50 (2013), http://www.gpo.gov/fdsys/pkg/CFR-2013-title21-vol5/pdf/CFR-2013-title21-vol5-sec314-50.pdf.

⑥ See 42 U. S. C. § § 262 to 263a-7 (2012), http://uscode.house.gov/view.xhtml? path=/prelim@title42/chapter6A/subchapter2/partF&edition=prelim。

⑦ See 21 C. F. R. § 601. 2 (2013), http://www.gpo.gov/fdsys/pkg/CFR-2013-title21-vol7/pdf/CFR-2013-title21-vol7-part601-subpartA.pdf.

虫剂的生产、销售和使用。[①] 依照该法案的解释,杀虫剂未必"给环境造成不合理的负面作用",[②]这意味着杀虫剂对环境和消费的食品是安全的。[③] 法案要求所有杀虫剂在进入商业流通领域之前必须在环境保护署登记备案。[④] 杀虫剂登记注册前必须经测试并显示是安全的。[⑤] 注册申请材料必须包括测试结果、产品识别标志、标签初稿等信息,以及残留物容忍度和其他与安全相关的信息。[⑥]

环境保护署依据《联邦杀虫剂、杀真菌剂和灭鼠剂管制法案》的授权,管制用于生产控制害虫、确保环境和食品安全物质的转基因植物,这些物质被称为"植物植入保护体"(plant-incorporated protectants)。[⑦] 杀虫剂的标准注册程序适用于植物植入保护体,除非条例规定它们可以豁免。[⑧]

植物植入体在下列三种情况下可以免予法案要求的登记程序:

①如果植物植入保护体是用于生产食品的农作物,它的残留物是依照《联邦杀虫剂、杀真菌剂和灭鼠剂管制法案》可以豁免的;[⑨]

②如果植物植入保护体是被环境保护署明确列举的添加成分;[⑩]

③如果植物植入体是来自一种植物,这种植物与受体植物在性别上是相匹配的。[⑪]

对于那些免予登记的植物植入体,如果生产者掌握该物质对于人类和环境

---

① See Chapter 6, Subchapter Ⅱ: Environmental Pesticide Control, 7 U. S. C. § § 136 – 136y (2012), http://uscode. house. gov/view. xhtml? path =/prelim @ title7/chapter6/subchapter2&edition = prelim.

② See 7 USC 136a: Registration of pesticides, 7 U. S. C. § 136a(c)(5) (2012), http://uscode. house. gov/view. xhtml? req = granuleid: USC-prelim-title7-section136a&num = 0&edition = prelim.

③ See 7 USC 136: Definitions, 7 U. S. C. § 136(bb) (2012), http://uscode. house. gov/view. xhtml? req = granuleid: USC-prelim-title7-section136&num = 0&edition = prelim。

④ See Registration of pesticides, 7 U. S. C. § 136a (a) (2012)。

⑤ See Registration of pesticides, 7 U. S. C. § 136a (c) (5) (2012)。

⑥ See ELECTRONIC CODE OF FEDERAL REGULATIONS, 40 C. F. R. § 152. 50 (2013), http://www. ecfr. gov/cgi-bin/text-idx? SID = 9f032ce863baf7cb8c325ee059e495 10&node = 40: 25. 0. 1. 1. 3&rgn = div5#40: 25. 0. 1. 1. 3. 3. 1. 6.

⑦ See 40 C. F. R. pt. 174 (2013), http://www. ecfr. gov/cgi-bin/text-idx? SID = 9f032ce863baf7cb8c325ee059e495 10&node = 40: 25. 0. 1. 1. 3&rgn = div5#40: 25. 0. 1. 1. 3. 3. 1. 6.

⑧ See 40 C. F. R. § 174. 1 (2013), http://www. ecfr. gov/cgi-bin/text-idx? SID = 9f032ce863baf7cb8c325ee059e495 10&node = 40: 25. 0. 1. 1. 3&rgn = div5#40: 25. 0. 1. 1. 3. 3. 1. 6.

⑨ See 40 C. F. R. § 174. 21(b) (2013), http://www. ecfr. gov/cgi-bin/text-idx? SID = 9f032ce863baf7cb8c325ee059e495 10&node = 40: 25. 0. 1. 1. 3&rgn = div5#40: 25. 0. 1. 1. 3. 3. 1. 6.

⑩ See 40 C. F. R. § 174. 21(c) (2013), http://www. ecfr. gov/cgi-bin/text-idx? SID = 9f032ce863baf7cb8c325ee059e495 10&node = 40: 25. 0. 1. 1. 3&rgn = div5#40: 25. 0. 1. 1. 3. 3. 1. 6.

⑪ See 40 C. F. R. § 174. 25 (2013), http://www. ecfr. gov/cgi-bin/text-idx? SID = 9f032ce863baf7cb8c325ee059e495 10&node = 40: 25. 0. 1. 1. 3&rgn = div5#40: 25. 0. 1. 1. 3. 3. 1. 6.

有不利影响的信息,他/她必须与环境保护署共享这些信息。[①]

(2)微生物

依据《有毒物质控制法案》(Toxic Substances Control Act),美国环境保护署也有权监管转基因生物。[②] 法案授权环境保护署管制那些对于人类健康和环境带来损害威胁的化学物质。[③] 生产相关产品的制造商必须在生产前向环境保护署通报生产内容。[④] 环境保护署已经作出过裁定,认定转基因微生物是化合物质,属于《有毒物质控制法案》管辖范畴。[⑤] 为此,环境保护署专门为微生物制定规则,要求在将微生物用于商业目的之前,生产者需要提供一份"微生物商业活动通知"(Microbial Commercial Activity Notice)。[⑥] 这份通知必须包括描述微生物的特征和基因构造、生产过程中产生的副产品、用途及处置、健康和环境影响数据等相关信息。[⑦]

4. 国家环境政策法案

美国《国家环境政策法案》[⑧]要求联邦政府部分机构为国家的某些行为进行环境评估(如采纳某项政策或批准某项许可),评估这些行为是否对环境产生重大影响。[⑨] 如果一项国家行为可能产生重大影响,评估机构将准备一份名为"环境影响声明"(Environmental Impact Statement)的评估报告。[⑩] 在某些情况下,食品与药品管理局在批准转基因生物生产和销售时也需要申请人进行环

---

① See 40 C. F. R. § 174. 71 (2013), http://www. ecfr. gov/cgi-bin/text-idx? SID = 9f032ce863baf7cb8c325ee059e495 10&node = 40:25. 0. 1. 1. 3&rgn = div5#40:25. 0. 1. 1. 3. 3. 1. 6。

② See 15 USC Ch. 53: Toxic Substances Control, 15 U. S. C. § § 2601-2695d (2012), http://uscode. house. gov/view. xhtml? path = /prelim@ title15/chapter53&edition = prelim.

③ See 15 USC 2605: Regulation of hazardous chemical substances and mixtures, 15 U. S. C. § 2605 (a) (2012), http://uscode. house. gov/view. xhtml? req = granuleid: USC - prelim - title15 - section 2605&num = 0&edition = prelim.

④ See 15 USC 2604: Manufacturing and processing notices, 15 U. S. C. § 2604 (2012), http://uscode. house. gov/view. xhtml? req = granuleid: USC-prelim-title15-section2604&num = 0&edition = prelim.

⑤ See 40 C. F. R. § 725. 1 (a) (2013), http://www. ecfr. gov/cgi - bin/text - idx? SID = 7c33b229782bc824885546d25f6cf057&.

⑥ See 40 C. F. R. § 725. 100 (2013), http://www. ecfr. gov/cgi - bin/text - idx? SID = 7c33b229782bc824885546d25f6cf057&.

⑦ See 40 C. F. R. § § 725. 155, 725. 160 (2013), http://www. ecfr. gov/cgi-bin/text-idx? SID = 7c33b229782bc824885546d25f6cf057&.

⑧ See 42 U. S. C. § § 4321 - 4370h (2012), CHAPTER 55—NATIONAL ENVIRONMENTAL POLICY, http://uscode. house. gov/view. xhtml? path = /prelim@ title42/chapter55&edition = prelim.

⑨ See 42 USC Ch. 55: NATIONAL ENVIRONMENTAL POLICY, 42 U. S. C. § § 4321 - 4370h (2012), http://uscode. house. gov/view. xhtml? path = /prelim@ title42/chapter55&ed ition = prelim.

⑩ See 40 C. F. R. § § 1502. 1-1502. 25 (2013).

境评估或出具环境影响声明。[①]

5. 美国的州立法

在美国,州立法对于转基因管制的影响甚微。依据联邦优先权原则,当联邦立法旨在管制某一特定领域,各州的立法不得与之相冲突。因此,上述联邦立法排除了各州对转基因生物的许多管制。[②] 只有一个罕见的例子,州的立法比联邦立法对于转基因生物管制更严格,该转基因生物名为“荧光鱼”(GloFish),是一种原产于赤道附近水域、后经过生物工程繁殖的观赏鱼。美国联邦政府对这种鱼不加管制。食品与药品管理局在一份声明中指出,在不存在明显对人类健康构成威胁的情况下,食品与药品管理局认为没有理由去管制这一特定鱼类。[③] 但是,加利福尼亚州的“渔业与游戏委员会”(California Fish and Game Commission)禁止这种鱼在该州饲养和销售。[④]

美国的一些地方市政府已开始禁止种植转基因作物。例如,加利福尼亚州的马林市(Marin)和曼多西诺市(Mendocino)颁布了地方条例,禁止在本地区种植转基因作物。[⑤] 夏威夷的库瓦市(Kauai)和夏威夷市(Hawaii)也有类似规定,禁止在本地区种植大多数转基因作物。[⑥]

(二)欧盟的立法框架

欧盟有关转基因产品的立法基于以下三个原则:人类、动物健康和环境安全原则,消费者、农民和企业的自由选择原则,个案评估原则。

欧盟审批转基因作物的期限要比一般国家长,这导致一些在别的国家生产的转基因作物在欧盟无法进行商业化种植。由于欧盟对未经批准转基因作物采取“零容忍”政策,向欧盟出口的产品如果有夹杂未经批准转基因作物可能的,随时可以在任何欧盟成员国被叫停。欧盟的饲料生产商经常批评“零容忍”政策,认为这一政策会导致欧盟的肉类价格上涨以及整个产业失去国际竞

① See FDA, Guidance for Industry: Regulation of Genetically Engineered Animals Containing Heritable Recombinant DNA Constructs (Revision, June 2015).

② See Doug Farquhar & Liz Meyer, *State Authority to Regulate Biotechnology Under the Federal Coordinated Framework*, DRAKE Journal of Agriculture Law 12, 2007.

③ See FDA Statement Regarding GloFish (December 9, 2003).

④ See Kenneth R. Weiss, *State Takes Dim View of GloFish, Bans Sale*, Los Angeles Times (Dec. 4, 2003).

⑤ See Marin County, *California-CODE of Ordinances*, (2013), http://library.municode.com/index.aspx?clientID=16476. Mendocino County, *California-Code of Ordinances*, (June 18, 2015), http://library.municode.com/index.aspx?clientId=16484.

⑥ See Andrew Pollack, *Limits Approved for Genetically Modified Crops in Kauai, Hawaii*, New York Times (October 16, 2013); Christopher D'Angelo, *Hawaiian Islands Take More Steps to Limit Spread of GMO Crops*, REUTERS (December 6, 2013).

争力。

欧盟与其 27 个成员国在与使用转基因生物相关的领域或诸如环境、消费者保护、公共卫生等受其影响的事物方面共同享有管辖权。[①] 在欧盟层面，两部基础性的全面立法调整转基因生物的各个方面：第 1829 号条例（Regulation on Genetically Modified Food and Feed）[②]和第 2001/18/EC 指令（Directive on Deliberate Release into the Environment of Genetically Modified Organisms and Repealing Council Directive 90/220/EEC），[③]后者稍后被第 2008/27/EC 指令修正。[④] 第 2001/18/EC 指令的执行也与第 91/414/EEC 指令（Directive on the Placing of Plant Protection Products on the Market）有密切关系，第 91/414/EEC 指令随后又被第 1999/80/EC 指令修正。[⑤] 此外，第 1830 号条例［Regulation（EC） No. 1830/2003］调整转基因生物可溯性的调查和标签规则，并修正第 2001 号指令（Directive 2001/18/EC）[⑥]有关转基因生物的可追溯性和标签规定、转基因食品和饲料的可追溯性等相关内容。

第 1829 号条例和第 1830 号条例（Regulation Concerning the Traceability and Labeling of Genetically Modified Organisms and the Traceability of Food and Feed Products Produced from Genetically Modified Organisms and Amending

① See Treaty on the Functioning of the European Union（TFEU），2012 O. J.（C 326）47，http://www.docin.com/p-494274261.html.

② See Regulation（EC） No. 1829/2003 of the European Parliament and of the Council of 22 September 2003 on Genetically Modified Food and Feed，第 1 条，2003 O. J.（L 268） 1，http://eur-lex.europa.eu/LexUriServ/LexUriServ.do? uri=OJ:L:2003:268:0001:0023:EN:PDF.

③ See Directive 2001/18/EC of the European Parliament and of the Council of 12 March 2001 on the Deliberate Release into the Environment of Genetically Modified Organisms and Repealing Council Directive 90/220/EEC，art. 2（2），2001 O. J.（L 106） 1，http://www.wipo.int/wipolex/en/text.jsp? file_id=236475#LinkTarget_2003. Directive 2001/18/EC was amended by Directive 2008/27/EC，2008 O. J.（L 81） 45/EC，http://eur-lex.europa.eu/LexUriServ/LexUriServ.do? uri=OJ:L:2008:081:0045:0047:EN:PDF.

④ See Directive 2008/27/EC of the European Parliament and of the Council of 11 March 2008 Amending Directive2001/18/EC on the Deliberate Release into the Environment of Genetically Modified Organisms，as Regards the Implementing Powers Conferred on the Commission，2008 O. J.（L 81） 45，http://eur-lex.europa.eu/LexUriServ/LexUriServ.do? uri=OJ:L:2008:081:0045:0047:EN:PDF.

⑤ See Directive 91/414/EEC on the Placing of Plant Protection Products on the Market，1991 O. J.（L 230） 1，http://eurlex.europa.eu/LexUriServ/LexUriServ.do? uri=OJ:L:1991:230:0001:0032:EN:PDF.

⑥ See Regulation（EC） No 1830/2003 of the European Parliament and of the Council of 22 September 2003 Concerning the Traceability and Labeling of Genetically Modified Organisms and the Traceability of Food and Feed Products Produced from Genetically Modified Organisms and Amending Directive 2001/18/EC，2003，O. J.（L 268） 24，http://eur-lex.europa.eu/LexUriServ/LexUriServ.do? uri=OJ:L:2003:268:0024:0028:EN:PDF.

Directive 2001/18/EC)在欧盟 28 个成员国境内具有直接适用效力。至于第 2001/18/EC 指令,各成员国需要遵守指令的基本内容,但是可以自由选择执行方式。一般而言,转基因生物的出口受第 1946 号《转基因生物跨径转移条例》管辖。[①]

不仅如此,欧盟委员会在 2010 年起草了《为避免在传统和有机作物中无意间出现转基因生物制定各国之间协同措施指南》。[②] 该指南敦促欧盟各成员国基于他们当地的特殊情况,制定旨在避免无意间在传统和有机作物中出现转基因生物的国家管制措施。[③] 另一项建议是允许欧盟成员国将其境内的大多数区域确定为"无转基因区域"(GM-free areas),以避免无意间在传统和有机作物中出现转基因生物。在这种情况下,欧盟成员国必须证明采用其他方法无法彻底排除转基因生物的"污染"。[④]

(三)日本的立法框架

《卡塔赫纳法案》是日本执行《卡塔赫纳生物安全议定书》的国内法。在日本,食品安全问题由其国内食品方面的立法调整。此外,日本的《药品法》(Pharmaceutical Affairs Act)调整采用转基因生物制造的药品安全评估问题。

根据日本法律(laws)和条例(regulations)不同的立法目的,转基因生物在日本法律和条例中的定义有所区别。《卡塔赫纳法案》对转基因生物是这样定义的,"通过采用下列两种技术中的任何一种拥有核酸或含有核酸复制品的生物:(1)依据政府相关职能部门制定的规则,获得细胞外核酸的技术;(2)依据政府相关职能部门制定的规则,融合来自不同科目生物细胞的技术"。[⑤]

《卡塔赫纳法案》规定,日本政府有义务采取措施[或称"基本事务"(Basic Matters)]避免转基因生物引起的负面影响,同时确保转基因生物的正确使

---

① See Regulation (EC) No. 1946/2003 of the European Parliament and of the Council of 15 July 2003 on Trans-boundary Movements of Genetically Modified Organisms, 2003 O. J. (L 287) 1, http://eur-lex. europa. eu/LexUriServ/LexUriServ. do? uri=OJ:L:2003:287:0001:0010:EN:PDF.

② See Commission Recommendation of 13 July 2010 on Guidelines for the Development of National Co-existence Measures to Avoid the Unintended Presence of GMOs in Conventional and Organic Crops, 2010 O. J. (C 200) 1, http://ecob. jrc. ec. europa. eu/documents/CoexRecomm endation. pdf.

③ See Commission Recommendation of 13 July 2010 on Guidelines for the Development of National Co-existence Measures to Avoid the Unintended Presence of GMOs in Conventional and Organic Crops, 2010 O. J. (C 200) 1.

④ See Commission Recommendation of 13 July 2010 on Guidelines for the Development of National Co-existence Measures to Avoid the Unintended Presence of GMOs in Conventional and Organic Crops, 2010 O. J. (C 200) 1.

⑤ 《卡塔赫纳法案》第 2 条第 2 段。

用。[①] 2003 年，日本政府以一项法令（ordinance）的形式规定了“基本事务”的范围。[②]

除国家层面的立法外，日本还有一些地方法令规范转基因作物。11 个县和 3 个市制定了地方法令或出台指南，限制在这些地区种植转基因作物，其限制程度超过日本国家层面的《卡塔赫纳法案》的规定。[③] 在一些没有制定地方法令的地区，关注转基因生物安全的一些地方社区组织也要求当地政府通过类似法令。[④]

（四）巴西的立法框架

巴西新制定的《生物安全法》（第 11，105 号法律）是由国会于 2005 年 3 月 24 日通过的，随后又分别在 2006 年和 2007 年通过第 5 号、第 591 号法令（Decree # 5，591 of 2006）和第 11 号、第 460 号法律（Law # 11，460 of 2007）进行修订。该法的颁布结束了巴西长期以来围绕转基因生物争论、法律依据不明的历史。除对生物技术研究作了一般性规定外，第 11 号、第 105 号法律依据《宪法》原则，调整了针对涉及转基因生物及其副产品相关活动的规定，并制定了相应的安全标准和监管机制。[⑤]《生物安全法》的立法指南承认生物安全和生物技术领域科学发展的现实，承认保护人类和动植物生命与健康的重要性，明确遵守环境保护中的预防原则。

预防原则是一条法律和政策原则，关注环境保护决策过程中的一些科学未知的问题。虽然预防原则的定义有多种学理解释，其中的核心思想就像一句民谚所言：“宁可事先谨慎有余，不要事后追悔莫及（better safe than sorry）。”预防原则要求有关国家在制定环保政策时，既要控制眼前已经出现的风险与危

---

① 参见《卡塔赫纳法案》第 3 条。

② See Basic Matters Under the Provisions of Article 3 of the Law Concerning the Conservation and Sustainable Use of Biological Diversity Through Regulations on the Use of GMOs（Basic Matters），Mof，Mext，Mhlw，Maff & Moe Ordinance No. 1 of 2003，http://www. bch. biodic. go. jp/english/law. html.

③ See Yoshiko Sasaki，Idenshi kumikae gijutsu to shoku no anzen / anshin [Safety and Feeling of Safety on Gmtechnology and Foods]，1st and 2nd Meetings for Food Safety and Feeling of Safety，Yamanashi Pref.（November 15 & December 20，2012），p. 25，http://www. pref. yamanashi. jp/shoku - portal/communication/documents/tudoikouen-sassa_1. pdf.

④ See Jiro Urushihara，Jorei de chiiki no anzen/anzhin o kakuho suru—idenshi kumikae o meguru ho（5）[Securing Safety/Feeling of Safety of Residents by Local Ordinances—Laws Concerning GM（5）]，Kagaku gijutsu no anekudoto [Anecdote of Science and Technology]（June 11，2012），http://sci-tech. jugem. jp/? eid=2416.

⑤ 参见 Lei No. 11. 105，de 24 de Março de 2005，第 1 条，http://www. planalto. gov. br/ccivil_03/_Ato2004-2006/2005/Lei/L11105. htm#art42，2015 年 8 月 17 日访问。

害,也要考虑未来有可能出现的环境危害。[①] 预防原则被提及最多的是在《里约热内卢宣言》第 15 条。该条款规定:“为了保护环境,各国应根据其实际能力,广泛适用预防原则。当出现严重的或不可扭转的损害威胁时,缺乏充分科学依据不应该成为延误采用代价昂贵的措施来防止环境恶化的借口。”[②]

此外,巴西的《生物安全法》决定成立一个直接隶属于总统办公室的生物安全理事会(CNBS),负责巴西生物技术领域的所有管制事项,包括制定和执行全国性的生物安全政策,评估转基因产品商业化的社会经济影响以及消费者的反应。迄今为止,生物安全理事会已经批准了 50 项转基因生物的商业转化申请,其中 45 项涉及转基因作物,包括豌豆、棉花、玉米和大豆。大豆是巴西种植数量最多的转基因农作物。生物安全理事会的主席是总统办公室的首席执行官,成员包括 11 位内阁部长。生物安全理事会批准任何事项不得少于 6 位部长同意,主席没有投票权。

巴西的国家生物安全技术委员会(CTNBio)最初是依据旧的《生物安全法》(Law # 8,974)于 1995 年成立的。新制定的《生物安全法》规定,国家生物安全技术委员会的成员由 18 人增加至 27 人,其中包括政府 9 个部派出的官方代表,动物、植物、环境、卫生四个领域 12 名专家(每个领域 3 名),其余 6 名代表来自消费者协会、农场主协会等组织。国家生物安全技术委员会的成员每两年遴选一次,可连任一届。国家生物安全技术委员会受巴西科技部领导,所有涉及转基因的技术问题都要在国家生物安全技术委员会会上讨论并进行表决。巴西进口用作加工食品和生产饲料的农作物以及人用食品和宠物食品如果含有转基因成分的,事先都需要得到国家生物安全技术委员会的批准。2007 年修订的《生物安全法》规定,国家生物安全技术委员会表决改为简单多数制,即 27 名成员中有 14 人同意即为通过。按照国家生物安全技术委员会主席的观点,巴西有关转基因生物向自然环境释放的规则是全世界最严格的国家之一。[③]

一项转基因产品在巴西销售之前必须经过五个不同的审批环节。相关公司必须先向国家生物安全技术委员会提出开发转基因产品项目的申请。该委

---

① See Daniel Bodansky, Precautionary Principle, OXFORD REFERENCE, http://www.oxfordreference.com/view/10.1093/acref/9780195324884.001.0001/acref-9780195324884-e-191.

② United Nations Conference on Environment and Development, Rio de Janeiro, Brazil, June 3-14, 1992, Rio Declaration on Environment and Development, U. N. Doc. A/CONF. 151/26/Rev. 1 (Vol. 1), Annex I (August 12, 1992).

③ Brasil é Vive-Líder em Produção de Transgênicos, AGÊNCIA CÂMARA DE NOTÍCIAS (October 19, 2012), http://www2.camara.gov.br/camaranoticias/noticias/AGROPECUARIA/428224-BRASIL-E-VICE-LIDER-EM-PRODUCAODE-TRANSGENICOS.html.

员会在评估申请计划后,还要实地考察申请人的工作场地能否确保转基因产品的安全生产。只有申请被批准,转基因产品的开发和测试才可以进行,而且开发和测试必须是在有严格限制措施和可控制的环境下进行。如果工作地点是一家工厂,农业部还要负责监督实验过程。完成了上述监管程序之后,生产者在将转基因产品投放市场之前,国家生物安全技术委员会还要评估它所收到的产品信息是否与委员会制定的安全标准相符。① 产品投放市场之前,生产商要接受一个由 11 位政府部长组成的理事会进行的"政治评估"(political assessment)。理事会将决定该新产品投放市场是否对国家有利。②

2008 年 6 月 18 日,生物安全理事会决定它只负责与《生物安全法》有关、涉及巴西整个国家社会经济利益的行政复议案件。生物安全理事会不再评估由国家生物安全技术委员会批准的转基因产品涉及的技术性问题。生物安全理事会视国家生物安全技术委员会在这方面所作的结论是终局性的。此外,国家生物安全技术委员会还负责转基因生物的田间测试。相关测试者必须事先获得国家生物安全技术委员会颁发的"生物安全质量许可证"(Certificate of Quality in Bio Safety)。测试者必须成立一个"内部生物安全委员会"(Internal Biosafety Commission),每一个测试项目都要指定一位"首席技术官"(Principal Technical Officer)负责。③

上述立法机制和框架的制定基础包括以下几个方面:

1.《宪法》原则

巴西《宪法》规定,人人都有权拥有一个生态平衡的环境,这样的环境造福全体人民,对于人们的健康生活至关重要。巴西政府和社会各界有责任为了当代和子孙后代捍卫和保护环境。④ 为了确保这个目标得以落实,政府有责任保护国家基因遗传的多样性和完整性;监督从事转基因物质研究和处理单位的活动;⑤政府按照法律规定,要求在安装的设施或从事的活动有可能对环境造成破坏之前,先进行环境影响评估,评估结果对社会公开;⑥控制转基因产品的生

① Brasil é Vive-Líder em Produção de Transgênicos, AGÊNCIA CÂMARA DE NOTÍCIAS (October 19, 2012), http://www2. camara. gov. br/camaranoticias/noticias/AGROPECUARIA/428224-BRASIL-E-VICE-LIDER-EM-PRODUCAODE-TRANSGENICOS. html.

② Brasil é Vive-Líder em Produção de Transgênicos, AGÊNCIA CÂMARA DE NOTÍCIAS (October 19, 2012), http://www2. camara. gov. br/camaranoticias/noticias/AGROPECUARIA/428224-BRASIL-E-VICE-LIDER-EM-PRODUCAODE-TRANSGENICOS. html.

③ 参见巴西《生物安全法》第 17 条。

④ 参见巴西《宪法》第 225 条。

⑤ 参见巴西《宪法》第 225 条第 1 段(Ⅱ)。

⑥ 参见巴西《宪法》第 225 条第 1 段(Ⅳ)。

产、营销、生产技术和方法的采用以及对人的生命、生活质量和环境构成威胁的物品。①

2.《生物安全法》

2005年3月24日，巴西颁布了《生物安全法》，即第11,105号法律，通过对转基因生物及其副产品的研发、种植、生产、操作、运输、转移、进口、出口、储存、营销、环境释放、处置等不同环节制定安全规则和检查机制，贯彻落实《宪法》第225条第1段（Ⅱ）、（Ⅳ）和（Ⅴ）部分的内容。②

能够从事涉及转基因生物科学研究、技术开发、工业生产的教学活动和项目的主体，限于那些能够遵守《生物安全法》及相关法规（2005年11月22日颁布的第5,591号法令）③以及能够承担不遵守上述法律规定导致的一切后果的国营和私营单位。④ 基于自主开发能力的个人不允许从事涉及转基因生物的活动和项目。⑤

《生物安全法》对转基因生物是这样定义的："一种基因物质（DNA/RNA）已经通过基因工程技术改变过的生物。"⑥该法对转基因副产品是这样定义的："一种从转基因生物中提取的产品，该产品不具备自主复制能力，也不具有活的转基因形式。"⑦

3. 第8,078号法律

1990年9月11日颁布的第8,078号法律确立了保护和捍卫消费者、公共秩序和社会利益的规定。第8,078号法律第6条（Ⅲ）规定了不同产品和服务适当和清晰的信息要求、产品数量、特征、成分组成、质量和价格的准确描述要求以及明确向消费者公开产品所带来的风险，是消费者享有的基本权利。

4. 第9,456号法律和第2,366号法令

1997年颁布的《植物品种保护法》（Plant Variety Protection Law），即第9,456号法律（Law # 9,456），确立了转基因作物种子和非转基因作物种子的登记制度，但是没有对此区别对待。同年颁布的第2,366号法令（Decree # 2,366）决定成立"国家植物品种保护署"，隶属于巴西农业部，具体负责种子登记事宜。

---

① 参见巴西《宪法》第225条第1段（Ⅴ）。

② 参见巴西《生物安全法》第1条。

③ 参见2005年11月22日颁布的第5,591号法令，载 https://www.planalto.gov.br/ccivil_03/_Ato2004-2006/2005/Decreto/D5591.htm。

④ 参见巴西《生物安全法》第2条。

⑤ 参见巴西《生物安全法》第2条第2段。

⑥ 参见巴西《生物安全法》第3条（Ⅴ）。

⑦ 参见巴西《生物安全法》第3条（Ⅵ）。

5. 第4,680号法令

2003年4月24日,巴西颁布的第4,680号法令规定,如果消费者消费的食品和动物饲料及其成分中含有转基因生物或者是从转基因生物加工而成的物质,消费者依据第8,078号法律,有权了解相关产品和物质的具体信息。①

(五)阿根廷的立法框架

阿根廷没有对转基因食品专门立法,而是将其归类于普通食品,一起受《食品法典》调整。作为一部技术立法,《食品法典》(Argentine Food Code)于1969年通过第18,284号法令(Law #18,284)颁布,并于1971年通过第2,126号法令(Decree #2,126)正式生效。该法的调整对象是阿根廷国产和进口的食品,包括转基因食品。法典的技术标准参照了欧盟的相关规定、国际食品法典委员会制定的标准以及美国食品与药品管理局(FDA)制定的标准。与此同时,《食品法典》还受到阿根廷卫生部、农业部出台的部门规章影响,内容不断更新。

相比之下,阿根廷对转基因生物的研发与使用予以专门规定,相关法律包括《种子和植物嫁接新品种法》(Law on Seeds and Phyto-genetic Creations,以下简称《新品种法》)②和《现代生物技术发展与生产促进法》(Law on the Promotion of the Development and Production of Modern Biotech-nology)③。《新品种法》旨在通过确保出售给农民种子的品质的同时,保护植物新品种开发的知识产权,以此推动农产品的有效生产和销售。④ 该法对"种子"作了广义的定义,包括转基因种子在内的所有适宜播种和繁殖的植物性物质。⑤《新品种法》对包括进出口在内的农作物商业化制定了一个总体法律框架,⑥同时对种子的分类与登记要求和程序也作出相应规定。⑦ 依据该法,阿根廷在农业部设立了

① 参见2003年4月24日颁布的第4,680号法令第1条,载http://www.planalto.gov.br/ccivil_03/decreto/2003/D4680.htm#art8。

② 西班牙原文为Ley de Semillas y Creaciones Fitogéneticas[L. S.]。全文参见Law on Seeds and Phytogenetic Creations, Ley 20247, BOLETIN OFICIAL [B. O.] (March 30, 1973), http://www.infoleg.gob.ar/infolegInternet/anexos/30000-34999/34822/texact.htm。

③ 西班牙原文为Ley de Promoción del Desarrollo y Producción de la Biotecnología Moderna, [L. B.]。全文参见Law on the Promotion of the Development and Production of Modern Biotechnology, Ley 20270, B. O. (July 25, 2007), http://servicios.infoleg.gob.ar/infolegInternet/anexos/30000-34999/34822/texact.htm。

④ 《新品种法》第1条。

⑤ 《新品种法》第2条。

⑥ 《新品种法》第11-15条。

⑦ 《新品种法》第16-30条。

一个全国委员会，并授权该委员会有权决定哪些作物品种受法律管制需要登记。[①] 该委员会下设一个植物品种登记办公室，向公众介绍植物品种，并负责鉴定以任何方式向消费者提供的种子。[②]

对于转基因种子，《转基因植物生物体 2004 年第 46 号决议》（Resolution 46/2004 on Genetically Modified Plant Organisms）[③]要求，所有从事转基因生物试验、进出口、生产与再生产以及进行任何与尚未被批准在阿根廷进入商业化的转基因植物活动有关的人员都要在一个名为“国家转基因植物生物体使用者登记处”的特定机构进行特别注册。[④] 登记注册是为了测试目的申请释放转基因生物的前提条件。[⑤] 申请获得进出口转基因植物授权，也需要事先进行登记。[⑥]

《现代生物技术发展与生产促进法》旨在通过政府提供税收优惠等政策措施，鼓励科研机构和企业从事高质量的研究和符合安全与卫生标准的生产项目，以此来推动现代生物技术的开发与生产。[⑦]

阿根廷于 2000 年 1 月 29 日在《卡塔赫纳生物安全议定书》（Cartagena Protocol on Biosafety）上签了字，[⑧]但是阿根廷议会至今尚未批准加入该议定书。[⑨] 该议定书是第一部调整转基因生物跨境转移的全球性国际条约。它采用了“预防原则”，赋予缔约方在对有关转基因生物安全没有充分的信息或定

---

① 《新品种法》第 7 条。

② 《新品种法》第 9 条和第 16-18 条。

③ 该决议的西班牙原文为 Resolución 46/2004, Organismos Vegetales Geneticamente Modificandos (January 28, 2004), http://servicios. infoleg. gob. ar/infolegInternet/verNorma. do% 3bjsessionid = 578413824CD6FF46DB9979BD5F4EDD86? id=92241。

④ 参见 Resolución 46/2004, Organismos Vegetales Geneticamente Modificandos, January 28, 2004, 第 1 条。

⑤ 参见 Resolución 46/2004, Organismos Vegetales Geneticamente Modificandos, January 28, 2004, 第 3 条。

⑥ 参见 Resolución 46/2004, Organismos Vegetales Geneticamente Modificandos, January 28, 2004, 第 4 条。

⑦ 参见《现代生物技术的发展与生产促进法》第 6、7、13、14 条。

⑧ See *Cartagena Protocol on Biosafety to the Convention on Biological Diversity*, (January 29, 2000), 39 I. L. M. 1027, http://bch. cbd. int/protocol/text/.

⑨ MARÍA CRISTINA RODRÍGUEZ, MODERNA BIOTECNOLOGÍA AGRÍCOLA: NORMATIVA Y JURISPRUDENCIA NACIONAL, COMUNITARIA E INTERNACIONAL 21 (2009), http://lccn. loc. gov/2010503912.

论之前,有权限制或禁止转基因生物的进口。[①] 包括阿根廷在内,美国、加拿大等世界主要转基因生物生产大国都没有加入议定书。这些国家主要担心议定书的规定将限制转基因产品的自由贸易,从而影响它们的农业出口。[②]

---

① See *Liability and Redress in the Biosafety Protocol*, GREENPEACE, http://www.greenpeace.org/international/en/publications/reports/liability-and-redress-in-the-b/.

② Posición de ASA con respect a la ratificación del Protocolo de Cartagena sobre Bioseguridad, ASOCIACIÓNSEMILLEROS ARGENTINOS (July 2006), http://www.asa.org.ar/pdf/posicion_protocolo_06.pdf.

第五章　我国转基因食品研发试验法律规制研究

转基因食品研发试验是指以开发转基因食品为目的而进行的转基因生物实验、环境释放试验以及研发出的转基因生物获得商业化生产资格的过程。这是转基因产业化的基础和重要组成部分,也是转基因食品安全管理的关键点。在这个阶段,由于不同物种的基因被人为转入受体动物、植物和微生物中,改变了受体生物原有的基因型及其表现性状,可能引发一系列伦理问题;转基因生物实验使用病原微生物,若不采取有效保护措施,可能产生损害研究人员身体健康问题;在转基因生物环境释放过程中,如果不在一个封闭环境下操作并及时进行事后处置,可能产生破坏生态环境和损害人体健康的问题;而转基因食品商业化生产涉及多方利益,可能产生知识产权和商业生产决策权的归属与利益分配问题。

虽然我国至今尚未允许转基因粮食作物种植,但是转基因食品研发试验的步伐却一直没有停止过。仅 2002 年至 2012 年这 10 年,农业农村部共批准 3183 项转基因生物技术试验,除棉花 1953 项外,水稻、玉米、大豆、油菜和小麦各有 524 项、186 项、82 项、41 项和 125 项,此外还有马铃薯及花卉、果树等经济作物 272 项。[①] 因此,我国一旦实现转基因食品的产业化,研发试验阶段的法律规制便是一个既现实又迫切的任务,而解决好上述几层关系则是完善这一制度的前提条件。

---

① 参见付仲文、寇建平、田志宏:《安全监管视角下我国转基因种子产业化发展分析》,载《南京农业大学学报(社会科学版)》2014 年第 2 期。

第一节　转基因食品研发试验阶段的主要问题

一、转基因食品研发法律规制的伦理基础

随着人类社会进入乌尔里希·贝克所说的“风险社会”，人们围绕转基因食品可能带来哪些收益和风险的争议已经不单纯是一个技术上的争论，更多的是一种伦理、政治和决策方面的争论。伦理是人类社会在长期生活中逐渐形成的处理人与人之间关系的共识和规范人们行为的道德准则，对人类行为的性质和方向起着引导和约束作用。与此相对应，法律是国家制定或认可并通过国家强制力保证实施的各种规范的总和。法律和伦理道德的思想基础和许多内容是一致的，二者的社会功能相辅相成，但彼此不能相互替代。伦理道德对人们的行为规范具有内在性和深刻性的影响，它要求的不仅是人的外部行为依据法律规则行事，而且还要求人们的行为动机高尚、善良。[①]

有学者将转基因技术涉及的伦理争论分为三类：(1)代内伦理问题，关注的重点主要是如何在不同利益主体(跨国公司与消费者、跨国公司与发展中国家、跨国公司与农户)之间公平地分配转基因技术所带来的利益和风险；(2)代际伦理问题，即如何在当代人与后代人之间公平地分享转基因技术所带来的利益以及如何避免将风险留给后代；(3)环境伦理问题，即如何保证转基因技术的应用不损害生态系统的平衡与稳定，不破坏生物多样性的结构。从内容上看，有关转基因食品争议各方援引的伦理原则主要包括仁慈原则、不伤害原则、正义原则。[②]

我国转基因食品法律规制体系的构建正是基于以上原则，着手解决上述争议的问题。然而，即使制度层面已经解决了上述问题(合理分配各方主体的利益和风险、确保上市的转基因食品经过充分论证没有危害、在制度上保证发展转基因作物不损害环境生态系统)，这些制度同时符合伦理道德的基本原则。这还不够，因为这种努力关注的只是事物的客观性一面，忽略了事物的主观性一面。转基因生物是一个新事物，其改造生物结构的强大作用容易使公众对其怀有恐惧感。因此，其潜在的危害固然是我们开发转基因食品需要首先考虑的因素，保护人类生命健康和生态安全自然也是我们追求的目标。上述目标的实现离不开人的因素，而影响人的行为，除法律规制外，伦理道德规范的影响也是

---

① 参见谈大正：《当代生命法学的功能与伦理基础》，载《法治论丛(上海政法学院学报)》2007 年第 1 期。

② 参见杨通进：《转基因技术的伦理争论：困境与出路》，载《中国人民大学学报》2006 年第 5 期。

非常大的。

科学家是我们这个社会的杰出代表，他们掌握比一般人更多的知识，引领时代的科技潮流。因此，他们也理应比普通人具有更高尚的道德情操，因为任何一项科技发明都是一把“双刃剑”，它在给人类创造美好生活的同时，有可能把我们带向另一个深渊。当年原子弹研制成功后，科学家就是否要继续研制威力更大的核武器（氢弹）展开激烈争论。领导研制原子弹的奥本海姆（J. Oppenheimer）反对研制氢弹，而泰勒（F. Teller）则坚决主张研制。泰勒的观点是“凡是技术能够做的，都应该做”。由于种种原因，泰勒最终占了上风，他的“技术至上”观点也成为当时的主流观点。[①] 随着人类文明的进步，特别是技术负面效应的显现，“技术至上”的观点开始受到质疑和否定，因为人们已经意识到，如果不能正确使用原子能技术，它将给人类带来毁灭性灾难。这些争论也为后来的《不扩散核武器条约》的缔结奠定了思想基础。[②] 正如法国学者贝尔纳·斯蒂格勒所揭示的：现代科学技术既是人类自身前进的动力，也是人类自我毁灭的力量。[③]

基因技术因其影响的双重性，也难逃上述科技悖论。它在赋予人类创造和设计生命样态的能力和空间的同时，动摇了人类伦理道德的根基。转基因食品自问世以来，围绕它与人类健康和生态安全的争议一直没有平息过，而一切的争议都是源于转基因食品是一项新事物，人们对于它的安全性还需要有一个不断深入的认识过程。达里尔·梅斯尔将转基因食品的安全性看作外在的伦理问题，将转基因食品是否是自然的、基因的跨物种转移视为内在的伦理问题，并从转基因食品对人体健康和生态环境的影响这两个方面进行分析。[④] 毛新志等中国学者认为，基因技术/转基因食品不同于传统技术与食品，专利权人对某项基因专利拥有独断的控制权，这将会损害多数人的利益，因而不宜给基因/转基因食品授予专利权，即基因专利在伦理学上很难得到支持。[⑤] 可见，就转基

---

① 参见沈铭贤：《五个层面的挑战与三大理论难题——试论基因伦理》，载《医学与哲学（人文社会医学版）》2008 年第 2 期。

② 参见《不扩散核武器条约》（Treaty on the Non-Proliferation of Nuclear Weapons, NPT）又称“防止核扩散条约”或“核不扩散条约”，是 1968 年 7 月 1 日由英国、美国、苏联等 59 个国家分别在伦敦、华盛顿和莫斯科缔结签署的一项国际条约，共 11 条。该条约的宗旨是防止核扩散，推动核裁军和促进和平利用核能的国际合作。条约于 1970 年 3 月正式生效。中国于 1992 年 3 月 11 日加入该条约。截至 2010 年 1 月，条约缔约国共有 189 个。

③ 参见［法］贝尔纳·斯蒂格勒：《技术与时间》，裴程译，译林出版社 2000 年版，第 100 页。

④ See Darryl Macer, *Food*, *Plant Biotechnology and Ethics*, International Bioethics Committee of UNESCO, Proceedings of the Fourth Session, October 1996, Vol. I, p. 1-22.

⑤ 参见毛新志：《转基因食品的伦理问题研究综述》，载《哲学动态》2004 年第 8 期。

因食品而言,伦理学视角下的研究是多元的,有广义和狭义之分。

从研究对象看,伦理学研究包含“实质伦理”和“程序伦理”两个层面,前者主要研究一个行动或决策是否应该做,后者重在研究一个行动或决策应该如何做。转基因食品的安全问题是一个基于科学事实的“推定性”结论,即在没有充分证据证明转基因食品有害之前,我们推定其是安全的。因此,转基因食品的伦理讨论属于程序性讨论的范畴,即在“允许”的前提下研究如何将伦理规范结合到法律规制之中。

在转基因食品产业化过程中,科学家发挥着至关重要的作用,理应具有更高的道德伦理水准。首先,转基因食品安全性的结论是基于科学家当前的研究结果作出的。现代社会是一个新技术、新知识迭出的时代。传统知识已经越来越无法解释我们所面临的新生活方式和新产品特征。在这个知识经济年代,是那些掌握某一领域技能和知识的专业人士在引领时代的发展。因此,转基因食品是否安全应该基于科学判断作出。

另外,随着科学技术的发展,转基因食品这类新产品是否具有潜在危害会随着科技进步最终被证实,就像人类食用多年的苏丹红,其危害正是在科学实验中逐渐被认识到的,而有能力发现事实真相的是那些掌握相关领域专业知识的科学家。因此,要确保消费者的食品安全,在很大程度上依赖于科学家的判断。科学家能否作出客观、公正的判断,不仅有赖于他们的专业知识,而且离不开他们良好的伦理道德素养。正如已故日本科学家、诺贝尔物理学奖获得者朝永振一朗所说的:“在过去,科学家被允许将他的注意力集中在他自己的专业上;但现在不同,他必须仔细检查他的研究成果对这个世界可能带来的后果,他必须承担告知和警告人们这一后果的责任,而不论这一后果是有利的还是有害的。他必须承担责任的原因是,他比任何一般的人都事先更深入地知道他的发现所可能带来的后果。”①

面对转基因技术所引发的生命伦理问题,科学家的社会责任至少包含两个方面:一是科学家应对其科学研究本身的行为负责,即在研究中一旦意识到其结果会对人构成威胁或伤害,应当自觉约束乃至终止研究,消除其危害影响;二是科学家应对其社会行为负责,即将已经认识或预见到的由研究带来的各种可能后果负责任地告知公众。对于转基因食品可能带来的种种问题,应建立起科学家与公众沟通与交流的平台,政府也应该将社会各界达成的共识用法律规章的形式予以确立,使科学家在有法可依的框架内开展研究,消费者在信息公开透明的环境下放心消费,而这也是消除公众对于转基因食品疑虑的较好方式。

---

① 许智宏、黄小茹:《科技伦理问题的思考》,载《科学与社会》2012 年第 2 期。

在转基因生物等新技术带来的巨大经济利益面前,科学家应该自觉地依据理性和符合人类利益的原则做出选择。当年美国先锋种子公司的科学家在对大豆进行品质改良时发现巴西坚果中有一种蛋白质富含甲硫氨酸和半胱氨酸,并将这一基因转入大豆之中。但他们发现一些人对坚果有过敏反应,而引起过敏反应的正是这一被植入的蛋白。研究人员随即对带有巴西坚果蛋白的转基因大豆进行检测,发现对坚果过敏的人对这种转基因大豆也过敏,于是该公司取消了这项研究计划。这个事件一度被说成是转基因大豆引起食物过敏,这显然不准确。但是该事件也向我们警示:一方面,转基因技术有可能将一些副作用带到被转的食品之中,需要严格预防;另一方面也说明,对转基因食品研发的安全管理可以有效防止转基因食品的潜在危害。① 上述目标的实现都有赖于科学家的伦理道德和职业素养。

科学研究的目的是让我们生活的这个世界变得更加美好。科学家在向社会宣传新技术价值的同时,有责任说明新技术有可能带来的任何风险和危害、如何合理预见并减轻潜在风险或不利影响。基于此,科学家在从事科学研究过程中,必须遵循共同的道德与伦理准则。与此同时,科学家必须以负责任的态度参与决策、提供咨询。科学家也有责任向公众普及科学知识,提升公众对科学的认知水平,弘扬科学精神,理性对待科学技术发展中的不确定因素。② 中国科学院通过的《关于科学理念的宣言》中就包含了这样一段话:“鉴于现代科学技术存在正负两方面的影响,并且具有高度专业化和职业化的特点,要求科学工作者更加自觉地规避科学技术的负面影响,承担起对科学技术后果评估的责任,包括:对自己工作的一切可能后果进行检验和评估;一旦发现弊端或危险,应改变甚至中断自己的工作;如果不能独自做出抉择,应暂缓或中止相关研究,及时向社会报警。”③

科学技术的发展需要伦理、法律来加以规范,这不是限制科学研究,而是为了让科学真正造福人类,扬其利而抑其弊。④ 立法和伦理本来就是相通的,法律包含内在的道德属性,也包含基本的伦理目标和道德准则。哈特认为:“不容认真争辩的是,法律在任何时候和任何地方的发展,事实上既受特定社会集

---

① 参见何光源、何勇刚:《转基因作物安全评价及其伦理学慎思》,载《华中科技大学学报(社会科学版)》2005 年第 1 期。

② 参见许智宏、黄小茹:《科技伦理问题的思考》,载《科学与社会》2012 年第 2 期。

③ 中国科学院网,http://www.cas.cn/xw/zyxw/yw/200906/t20090629_1861195.shtml,2020 年 8 月 5 日访问。

④ 参见沈铭贤:《五个层面的挑战与三大理论问题——试论基因伦理》,载《医学与哲学(人文社会医学版)》2008 年第 2 期。

团的传统道德、理想的深刻影响，也受到一些个别人所提出的开明道德批判的影响，这些个别人的道德水平超过流行的道德。”①富勒强调法律自身是具有内在道德性的，“法律的内在道德不是某种附添或强加到法律的力量之上的某种东西，而是那种力量本身的基本条件”。②

将生命伦理学运用于转基因食品法律规制的目的不是为生命科学技术的发展设置障碍，而是在理论上为其寻找可持续发展的合理性根据；不是为生命科学技术的研究设立禁区，而是为生命科学技术的广泛应用确立善的目的和手段。③ 基因技术如何应用，这绝不单单是一个技术问题，需要进行必要的伦理思考和科学评判。伦理评判的关键是基因技术的应用对社会进步有何价值和意义；评判的基础是在尊重人的生命、生存权利和生命价值前提下，从生命伦理角度考虑基因技术对人类生活质量、生命健康、生存环境、人生价值的意义。

对基因工程技术应用于食品研发进行必要的伦理评判，与人类基因研究并不矛盾。因为，两者都是为人类自身服务：既要充分利用基因技术为人类造福，又要避免由此产生有害于人类社会的现象。坚持正确的价值判断准则，从根本上说就是要保障和维护人类自身的健康和尊严。因此，对转基因技术的伦理评判不仅要审视个人的利益，还要关注家庭、群体、社会的意义。④ 在考虑技术“可能”的同时，还应该考虑伦理上是否“应该”的问题。唯有如此，我们的选择才对得起时代所赋予的使命、经得起历史的检验。

然而，在巨大利益诱惑面前，人类有时无法抵挡自身的贪婪。在技术与产业一体化的趋势下，科学活动原本“先实验再应用”的逻辑有时被根本性地改变了。在这种情况下，科学家掌握着巨大的权力。转基因食品的研发与推广具有这一特点。因此，在强调从事转基因生物研究的科学家应该具有高尚伦理道德的同时，我们更应该寄希望于制度的完善，包括对相关人员提出更高的资质要求和对违规行为制定更严厉的惩戒措施。只有这样，从事转基因食品研发人员的伦理和情操才能物化为具体行动，转基因食品的安全才有制度的保障，并得以落实到具体的实践之中。

转基因食品的风险是人为制造的技术风险。对转基因食品研发、生产、销售的相关主体进行有效的伦理规制，应找到合适的伦理语境。转基因食品风险的不确定性，使得相关主体的“责任”成为比“义务”更适合规制转基因食品的

① ［英］哈特：《法律的概念》，张文显等译，中国大百科全书出版社 1996 年版，第 181 页。

② ［美］富勒：《法律的道德性》，郑戈译，商务印书馆 2005 年版，第 180 页。

③ 参见高兆明、孙慕义：《自由与善：克隆人伦理研究》，南京师范大学出版社 2004 年版，第 184 页。

④ 参见方宁：《试论基因技术的伦理问题》，载《理论月刊》2009 年第 5 期。

伦理学语言，因为，“当我们从责任开始的时候，行动的要求更加具体。因此，当一系列权利与义务同时被提出的时候，责任的一致性更加容易判断”。[①]这种责任伦理观强调的是事前对尚未发生的后果承担责任，[②]强调对于可预知的后果事先做出的选择是一种着眼于科技给现代社会带来巨大风险、以未来行为为导向的新的责任模式，它对责任的关注重点不是如何获得最大效果，而是如何防止最坏结果。转基因食品巨大的商业利益与巨大社会风险并存的特点决定了转基因食品伦理不能是结果论伦理，不能是以信念、意图、动机作为评判依据的“信念伦理”，而必须是一种责任伦理。[③]

既然迄今为止没有证据证明转基因食品对人类健康构成危害，我们就应该推定其安全。基于此，转基因食品可以得到实质伦理的辩护，研究转基因食品程序伦理也就有其自身的价值和意义。转基因食品程序伦理研究的关键在于：我们应该采取什么样的制度和方法来规范其研发，确保科研人员本着尊重科学、对人民高度负责的态度对待转基因生物研究？我们应该如何实施符合人类自身发展规律和尊重自然的转基因食品的产业化政策，减少风险，扩大受益，使其为人类带来更大的福祉？上述目标的实现不仅需要健全的法制，也需要构建一套科学、合理和可行的伦理程序规范。[④]

二、转基因食品研发与人体健康和环境安全保护

我国《农业转基因生物安全管理条例》以及相关配套办法规定，研发人员是农业转基因生物安全管理的第一责任人，肩负着保障转基因生物研究与试验安全的职责。农业行政主管部门是履行农业转基因生物监督职责的管理部门，国家对农业转基因实行属地化管理：农业农村部负责全国农业转基因生物安全的监督管理工作，县级以上地方各级人民政府农业行政主管部门负责本行政区域内的农业转基因生物安全的监督管理工作。[⑤]

科学试验本身就是在一个不断试错的过程中得以发展的。当年爱迪生先后用了 6000 多种材料，试验了 7000 多次，最终研制出了电灯。诺贝尔发明炸

---

① See Onora O'Neil, *Public Health or Clinical Ethics: Thinking beyond Borders*, Ethics and International Affairs 2(2002).

② 马克斯·韦伯最早强调“信念伦理”与“责任伦理”，前者把“行动者的意图、动机作为伦理评判的依据”，后者强调“伦理评判的根据在于行动的实际后果”。参见[德]马克斯·韦伯：《学术与政治》，冯克利译，生活·读书·新知三联书店 1998 年版，第 102 页。

③ 参见叶山岭：《对转基因食品安全的伦理探析》，载《自然辩证法研究》2014 年第 5 期。

④ 参见毛新志：《转基因作物产业化的伦理学研究》，载《武汉理工大学学报（社会科学版）》2011 年第 4 期。

⑤ 参见《农业转基因生物安全管理条例》第 4 条。

药时不幸失去了他的弟弟和助手。可以说,每一项发明成果的背后都凝聚着无数次的失败甚至是牺牲。然而与一般科学试验不同,转基因生物研究对研究人员人体健康和环境安全的影响有很大的不确定性,其中有些危害具有“滞后性”和“不可控性”等特点。例如,转基因生物侵入人体之后,是否构成危害有时需要一个较长过程才能够判断。转基因植物具有很强的生命力,是否会导致破坏生物多样性的后果,现在还很难下结论,但是对其他植物的影响已经显现出来。因此,转基因生物研发阶段需要关注的与人体健康和环境安全相关的问题包括以下几个方面:

(一)保障人的健康与环境安全

1. 保障研发人员安全。在转基因食品研发过程中,可能影响研究人员健康的主要原因有:不当使用致病性的病毒、细菌等微生物;实验室设计、硬件设施达不到要求,无法采取相关法律法规规定的密封措施和达到密封效果;实验室管理制度和责任落实不到位;实验室危险识别、风险评估和风险控制能力不足等。在《生物安全法》《农业转基因生物安全管理条例》等原则规定基础上,通过制定“转基因食品安全管理条例”,针对转基因食品研发,完善实验室转基因生物安全管理的相关法律法规,对病原微生物实行分类管理,对实验室实行分级管理,设立病原微生物实验的行政许可,要求实验室的设立单位制定科学、严格的管理制度等,以有效防范实验过程中的风险,保障研究人员人身安全。

2. 保障生态环境安全。转基因生物对环境影响的“不可控性”特点决定了转基因生物研究必须要有比其他领域更加严格的规范措施。在转基因食品研发试验中,如果环境释放试验中出现转基因生物破坏生态环境的事故,其后果有可能非常严重,甚至造成无法修复的损失。尽管转基因生物的环境释放试验原本是用来测试其生态环境安全性的,但是科学研究中包含许多不确定因素,有些结果是人为无法控制的。人们对这个阶段的转基因生物有无环境危害、有多大危害还知之甚少。通过对转基因食品研发试验进行法律规制,可以对转基因生物环境释放试验实行管制,提出对环境释放的地点、规模、方式和程序的具体要求,强化环境释放试验的安全管控措施,做到“防患于未然”,有效防范转基因生物试验中的生态安全隐患,保障生态环境安全。

3. 保障人民群众的身体健康和财产安全。转基因产品从研发到投产必须经过田间测试,即从“实验室走向自然界”。在转基因食品研发试验中,有时即使采取严格的隔离措施,由于转基因植物具有“漂移”功能,偶尔也会“逃逸出”监管范围,影响周边种植的普通庄稼。倘若发生影响人体健康事故,其后果可能更加严重,因为此时人们尚未对转基因生物进行食用安全性评价,对其食用安全性还不甚了解。转基因食品研发试验中产生人体健康损害的主要原因,除

“自然漂移”等自然因素外,还有对转基因生物试验收获物管理不善等人为因素。因此,通过转基因食品研发试验的法律规制,明确违反管理规定的法律责任,加强对转基因生物试验收获物流向的监督,能够有效防止试验收获物不当外流,保障人体健康与环境安全。

(二)从源头上控制转基因食品风险

转基因食品之所以备受质疑,原因之一是科学家还不能证明其绝对安全,人们尚无法排除转基因生物存在破坏生态环境和损害人类健康的潜在风险。无论是生态环境安全方面的风险,还是人类健康安全方面的风险,均源于转基因食品中含有被植入的外源基因,而外源基因的转入都是在研发试验阶段完成的。因此,转基因产品对人体和环境的安全隐患主要出现在研发试验阶段。如果研究人员在严格遵守操作规范的情况下,对植入的外源基因经过充分测试,证明没有危险,则可能减少安全隐患。转基因食品研发试验的法律规制可以实现从源头上确保转基因食品相对安全的效果。可见,除外源基因被植入后出现的“意想不到”效果外,转基因食品的相对安全还是可控的。

从管理角度而言,一方面,通过对转基因生物实验的管制,严格监控对高危转基因生物的研发,控制转基因食品源头的安全。一般而言,影响转基因生物安全性的因素包括外源基因生物带来的危害、基因操作不当对受体生物基因组的影响和受体生物的危害。科研人员在实验过程中,通过对上述三个因素进行评价,确定实验是否会产生高危转基因生物,然后采取不同的防范措施。对可能产生高危转基因生物的实验实行严格管制,可以有效避免产生高危转基因生物,从而实现在源头上对转基因食品风险进行管控。

另一方面,为了让管控措施更有针对性,主管部门应实行转基因生物安全评价制度,组织具有公信力的权威评估机构进行评估,并进行分级审批和管理。在实践中,有关部门即使对研发高风险转基因生物进行了管制,也不能保证研发出来的转基因生物没有风险。通过建立转基因生物安全评价制度,进一步对其生态环境和人类健康方面的安全性进行评估,根据危害等级采取不同的管控措施。只有被检测认为安全的转基因产品才能准许商业化,用于生产转基因食品及其原料。可见,从源头上控制转基因食品的安全风险,对推动我国转基因生物技术研发和促进我国转基因食品产业发展都具有十分重要的意义。

(三)推动转基因食品商业化进程规范有序发展

转基因食品研发试验的最后环节是申请商业化生产,即实现“从实验室到餐桌”的转变。转基因技术被用于改良食品,这是人类科技的一大进步,它不仅丰富了食物的品种,同时提升了食物的品质和延长了食物的保质期。然而,由于转基因食品属于新生事物,人类没有历史经验可以借鉴,而且人类现在的科技水平尚无法证实转基因食品的绝对安全,对转基因食品的安全评价充其量只能说目前尚未发现存在危险性。有关事实的真相将随着科学技术的进步而变得愈加清晰、明朗。

转基因食品安全的科学不确定性意味着转基因食品商业化生产存在风险,包括健康风险和商业风险。前者是指商品本身固有的风险,后者是指消费者的态度决定了转基因食品的市场前景,而转基因食品的普及程度直接决定了转基因食品的商业化进程。于是,如何有效规范转基因食品的商业化生产,实现商业化进程健康有序,是赢得消费者信任的关键,也是我们国家面临的重要课题。

通过转基因食品研发试验的法律规制,制订适合我国具体情况的、科学的转基因食品商业化生产规划,协调转基因食品商业化生产相关各方的利益,设立转基因食品商业化生产决策主体、决策标准、决策程序以及决策风险防范机制等事项的具体法律制度,有利于解决转基因食品商业化生产问题,从而推动转基因食品商业化进程健康有序发展。

第二节　域外转基因食品研发规制比较

凡是转基因产业发达的国家,其转基因食品的研发技术和制度构建也走在世界前列。正如本书前面所指出的,研发单位既是转基因产品的研发主体,又是转基因产品安全的责任主体。为此,世界各地,尤其是一些发达国家,通过立法和制定技术性措施,规范研发行为和转基因产品的应用。研发单位由于掌握研发人员的研究进展,熟悉实验室操作流程和试验田转基因作物播种的状况,了解研发人员采取具体控制措施的实际效果,可以在现行法律法规框架下,结合本单位实际情况制定具体、切实可行的管理细则,以指导研发人员的科研行为。同时,研发单位还可以在本单位职权范围内制定监督规范和处罚细则,以约束研发人员的行为。①

一、美国

美国的转基因生物安全管理分为两个阶段:第一阶段是转基因生物的研发,由美国国家卫生研究院依据 1976 年发布的《重组 DNA 研究指南》进行管理,这是全球第一个转基因技术安全管理法规。国家卫生研究院组建重组

---

① 参见刘培磊、李宁、周云龙:《浅析研发单位内部管理在转基因生物安全监管中的作用》,载《农业科技管理》2011 年第 3 期。

DNA 咨询委员会指导相关活动，成立生物技术办公室以保障法规的落实。第二阶段是转基因生物向自然界释放和应用到产业之中，由农业部、环保署、食品与药品管理局根据美国科技政策办公室 1986 年颁布的《生物技术管理协调框架》（以下简称“协调框架”）进行管理。“协调框架”进一步细化和加强农业部、环保署和食品与药品管理局的管理职能。农业部依据《作为植物有害生物或有理由认为植物有害生物的转基因生物和产品的引入》（7CFR340），主要对转基因生物的转移、进口、环境释放和解除管制四类活动进行管理。环境保护署基于管理农药的模式管理抗虫、抗病毒转基因植物和转基因微生物农药。食品与药品管理局负责新的表达蛋白和转基因生物的食用安全咨询。[①] 转基因植物食品的安全监管主要由农业部下属的动物和植物健康监测所（APHIS）和食品与药品管理局负责具体管理。

美国从事转基因生物研究的单位多达 273 家，其中进行较多试验研究的私人公司有孟山都公司、[②]美国先锋种子公司、[③]先正达公司、[④]杜邦公司等。[⑤] 这些公司均在转基因领域投入巨额资金进行研发，控制了世界转基因作物的种子市场。企业对市场信息非常敏感，它们都会及时调整科研方向，这种“研发—生产—销售—研发”一体化的经营模式使得企业成为美国转基因作物研发的主体，并掌握了大部分的资源。国家研究机构和大学有美国农业部、爱荷华州立大学、佛罗里达大学、俄勒冈州立大学等。[⑥] 然而这些公共机构往往不具有将研发产品推向市场所必需的安全评价资金或技术，常常向企业提供它们的研究成果，然后由这些企业进行后续的开发工作。

美国转基因产品研究、生产、销售的限制因不同的管制机制而有所区别，而这些机制覆盖基因转变的各个方面。

---

① 参见刘培磊、李宁、周云龙：《美国转基因生物安全管理体系及其对我国的启示》，载《中国农业科技导报》2009 年第 5 期。

② 孟山都公司创立于 1901 年，总部位于美国密苏里州克雷沃克尔，是一家跨国农业生物技术公司。2018 年，德国拜尔公司收购了孟山都公司，但是孟山都公司的业务范围基本没变，研发基地也留在美国。

③ 美国先锋种子公司是由被称为“美国玉米杂交种子之父”的亨利 · 沃莱特在 1926 年创建。它是世界上第一家玉米杂交种子公司。经过近一个世纪的发展，先锋公司已成为一家集科研、繁殖原种、种子生产、加工、推广、销售一体化的大型跨国公司。

④ 先正达公司成立于 2000 年 11 月 13 日，总部设在瑞士巴塞尔，研发分布在世界各地，并在瑞士、伦敦、纽约和斯德哥尔摩的证券交易所上市。

⑤ 杜邦公司成立于 1802 年，是一家以科研为基础的全球性企业，旨在提供提高人类在食物与营养、保健、服装、家居及建筑、电子和交通等生活领域品质的科学解决之道。

⑥ 参见夏玉平、卢长明：《美国转基因作物田间试验频次分析》，载《农业生物技术学报》2010 年第 1 期。

(一)动物和植物健康监测所

引进转基因植物需要事先征得动物和植物健康监测所的同意。该机构经过检测,作出是否同意的决定。同意的方式包括通知、许可和决定处于非管制状态三种。

(二)食品与药品管理局

1. 食品

食品与药品管理局认为,大多数转基因食品属于“一般被认为安全的食品”范畴,投放市场前不需要获得特别批准。但是,转基因产品如果“在结构、功能、成分方面与一般食品有显著区别时”,则需要像食品添加剂那样在投放市场前获得批准。

2. 动物

大多数情况下,食品与药品管理局要求经过基因工程产生的动物进入市场前需要按照申请新动物药的程序获得批准。食品与药品管理局基于该产品的安全性和效果作出审批决定。

3. 药品

食品与药品管理局要求那些希望将新药引入美国市场的人,无论这种新药是否涉及转基因生物,都必须递交新药申请。申请包括有关该药品安全性和疗效的详细信息。

4. 生物制品

食品与药品管理局要求所有生物制品,无论是否是通过转基因合成的,在投放市场前都必须获得食品与药品管理局的许可。许可申请材料必须包括该产品的安全性及效果等详细信息。

美国对转基因产品研发部门制定了严格的监督检查制度和处罚措施,违规代价相当高。2007 年,一家名为“斯考特”的公司(The Scotts Company LLC)由于多年以来多个试验点没有遵守抗除草剂剪股颖的田间试验标准,美国农业部对其罚款 50 万美元,同时要求该公司对剪股颖的转基因扩散进行检测,并采取措施消除其影响,一年内在 3 次公众会议上讲解公司的安全控制程序和技术指南。①

二、欧盟

相比美国,欧盟的转基因生物研究与转基因食品生产和销售有其自身特

① See *USDA*:*Noncompliance History*, https://www.aphis.usda.gov/aphis/ourfocus/biotechnology/sa_compliance_and_inspections/ct_compliance_history.

点。直到20世纪90年代,欧盟一直是世界上通过生物技术研发植物品种的领跑者。但是在反转基因人士的压力下,欧盟及其成员国制定了一套复杂的规制框架,从而延缓甚至限制了生物技术产品的研发和商业化进程。由于不断受到反转基因人士的影响,欧盟各国在过去几年中已经将转基因作物的田间试验转移到实验室种植。一些私营公司也将它们的试验项目转移至欧盟以外的国家进行。

欧盟第2001号指令要求各成员国和欧盟委员会确保转基因生物和转基因食品释放到自然环境和投放到市场之前必须经过充分调研。[①] 每一个成员国必须在其财政预算中分配适当的经费用于上述研究。在尊重知识产权的前提下,调研人员应该有机会接触相关的转基因物质。[②] 在整个欧盟层面,欧盟委员会于2010年公布了一份题为《欧盟资助转基因生物研究的十年》(A Decade of EU Funded GMO Research)的纲要性文件,简要概述了从2001年到2010年该委员会支持的50项评估转基因生物对于环境、人类和动物健康安全的研究计划。这些研究项目从欧盟共获得2亿欧元的研究经费资助。[③]

由于实行严格管制,欧盟的转基因作物商业化种植数量有限。目前,唯一允许种植的是MON810转基因玉米,种植面积达13万公顷,其中西班牙占90%,这一数量也占该国玉米种植面积的30%。其余少量转基因玉米种植主要分布在葡萄牙、捷克、罗马尼亚、斯洛伐克4个国家。与此相对应的是9个成员国通过国内立法明确禁止种植MON810转基因玉米,它们是奥地利、保加利亚、希腊、匈牙利、意大利、卢森堡、法国、德国和波兰,其中法国、德国、波兰起先允许种植MON810转基因玉米,现在也加入了禁止国家的行列。

除上述国家外,其余欧盟国家虽然没有明文禁止,但由于种种原因,现在也

---

① See Directive 2001/18/EC of the European Parliament and of the Council of 12 March 2001 on the Deliberate Release into the Environment of Genetically Modified Organisms and Repealing Council Directive 90/220/EEC, art. 2 (2), 2001 O. J. (L 106) 1, http://www. wipo. int/wipolex/en/text. jsp? file_id = 236475#LinkTarget_2003; Directive 2001/18/EC was amended by Directive 2008/27/EC, 2008 O. J. (L 81) 45/EC, http://eur-lex. europa. eu/LexUriServ/LexUriServ. do? uri = OJ:L:2008:081:0045:0047:EN:PDF.

② See Directive 2001/18/EC of the European Parliament and of the Council of 12 March 2001 on the Deliberate Release into the Environment of Genetically Modified Organisms and Repealing Council Directive 90/220/EEC, art. 2 (2), 2001 O. J. (L 106) 1, http://www. wipo. int/wipolex/en/text. jsp? file_id = 236475#LinkTarget_2003; Directive 2001/18/EC was amended by Directive 2008/27/EC, 2008 O. J. (L 81) 45/EC, http://eur-lex. europa. eu/LexUriServ/LexUriServ. do? uri = OJ:L:2008:081:0045:0047:EN:PDF.

③ See European Commission, *European Research Area, Food, Agriculture& Fisheries& Biotechnology, A Decade of EU-Funded GMO Research* (2001-2010), http://ec. europa. eu/research/biosociety/pdf/a_decade_of_eu-funded_gmo_research. pdf.

没有种植MON810转基因玉米。欧盟不出口任何转基因作物,但是在其每年进口的3000万吨大豆和200万吨玉米中,转基因大豆约占90%,转基因玉米约占25%。这些转基因作物主要来自巴西、阿根廷和美国。西班牙、德国、法国、意大利、比利时、荷兰、卢森堡是进口转基因作物的主要消费国。除转基因大豆用于生产食品外,转基因玉米在欧盟主要用于生产饲料和提炼沼气。

根据第2001号指令第23条规定,欧盟成员国有权援引保障条款临时禁止在其境内种植或使用转基因作物。① 采取此类行动的成员国必须有新的证据表明,针对已获得欧盟授权种植或上市的转基因作物对环境和人类健康构成威胁。欧盟委员会根据相关成员国提供的信息,要求欧盟食品与安全署出具他们的科学结论。在这种情况下,食品与安全署下属的转基因生物专家小组以一种科学的态度对相关成员国提供的新证据进行评估。自2002年以来,欧盟委员会一再呼吁相关成员国取消禁止种植经欧盟批准转基因作物的禁令,但是收效甚微。

此外,奥地利、匈牙利和卢森堡三国已经通知欧盟委员会,他们准备禁止种植已经获得欧盟批准的Amflora转基因土豆。② 开发这一转基因作物品种的德国巴斯夫(BASF)公司曾经两次向欧盟委员会递交授权申请,一次是基于第2001号指令为了工业用途种植和使用而申请,另一次是基于第1829号条例为生产动物饲料而申请,最终于2010年3月获得欧盟委员会的批准。2013年12月13日,欧洲法院根据匈牙利2010年提出的诉求,结合奥地利、法国、卢森堡和波兰对该诉求的支持,撤销了欧盟委员会对Amflora转基因土豆作出的批准决定。法院认为,欧盟委员会没有遵守授权程序,因为它没有征求由各成员国代表组成的相关委员会的意见。③ 鉴于此,欧洲法院裁定:"如果欧盟委员会遵

---

① See Directive 2001/18/EC of the European Parliament and of the Council of 12 March 2001 on the Deliberate Release into the Environment of Genetically Modified Organisms and Repealing Council Directive 90/220/EEC, art. 2(2), 2001 O. J. (L 106) 1, http://www. wipo. int/wipolex/en/text. jsp? file_id = 236475#LinkTarget_2003; Directive 2001/18/EC was amended by Directive 2008/27/EC, 2008 O. J. (L 81) 45/EC, http://eur-lex. europa. eu/LexUriServ/LexUriServ. do? uri = OJ:L:2008:081:0045:0047:EN:PDF.

② See Press Release, European Commission Memo, Questions and Answers on EU's Policies on Cultivation and Imports of GMOs (Nov. 6, 2013), http://europa. eu/rapid/press-release_MEMO-13-952_en. htm. 欧盟上述备忘录援引了《欧盟授权的转基因生物登记目录》(EU Register of AuthorizedGMOs), http://ec. europa. eu/food/plant/gmo/new/authorisation/food_feed/index_en. htm。

③ See Press Release No. 160/13 of the General Court, The General Court Has Annulled the Commission's Decisions Concerning Authorisation to Place on the Market the Genetically Modified Potato Amflora (Dec. 13, 2013), http://europa. eu/rapid/press-release_CJE-13-160_en. htm.

守了这些规则,经过授权程序作出的结论或者决定内容就有可能完全不一样。”①

2010 年 7 月,在部分欧盟成员国要求下,欧盟委员会引入了一项旨在修改 2001 号指令中的保障条款和扩大限制或禁止转基因作物种植法律依据的新条例建议。如果该条例能够获得批准,欧盟成员国将不需要援引保障条款在其境内部分或者全部限制或者禁止转基因作物的种植。尽管这项建议在 2011 年获得欧洲议会批准,但是欧洲理事会对此仍未达成一致意见。欧洲议会通过的修正案包括诸如避免增加杂草和害虫的抗药性、避免因种植转基因作物而改变农业耕种方式导致对环境的不利影响等与当地或本地区环境相关的理由,以及维护本地区的生物多样性。该修正案同时包括诸如维持种子纯洁性和保护农业生产多样性的需要等社会经济方面的理由。上述措施的执行期限一般为 5 年。②

第 2001 号指令的总体目标是,在遵守预防原则的同时,平衡欧盟目前 27 个成员国在转基因生物方面的立法,并规定相关个人和公司在向环境中有意释放转基因生物或在欧盟市场投放转基因生物或转基因产品之前采取必要措施,确保环境安全和人体健康。申请授权将转基因生物投放市场的程序类似于第 1829 号条例规定。个人或者公司必须通知转基因生物首次投放市场的相关成员国职能部门。与此同时,有关职能部门将这一申请的卷宗连同其他必需的文档一起递交给欧盟各成员国主管机构及欧盟委员会。③ 通知内容包括:(1)第 2001 号指令附件三和附件四所要求提供的信息以及对环境和人体健康潜在影响所进行的研究结论;(2)根据第 2001 号指令附件二第四部分所作出的环境风险评估结论,环境风险评估必须考虑附件二所列举的对于人体健康和环境直接、间接的影响和即时的、滞后的影响;(3)转基因生物投放市场的条件;(4)遵守有关规则至少达 10 年的承诺;(5)一份监管计划;(6)一份标签和包装建议,以及卷宗的摘要。④

第 2001 号指令要求欧盟成员国指定相关机构负责监管和执行指令的条款。⑤ 成员国主管机构的作用是审查申请内容,执行管控措施以及其他措施。⑥

---

① Press Release No. 160/13 of the General Court, The General Court Has Annulled the Commission's Decisions Concerning Authorisation to Place on the Market the Genetically Modified Potato Amflora (Dec. 13, 2013), http://europa.eu/rapid/press-release_CJE-13-160_en.htm.

② See Article 26b added by the European Parliament to the Proposal for a Regulation of the European Parliament and of the Council Amending Directive 2001/18/EC as Regards the Possibility of the Member States to Restrict or Prohibit the Cultivation of GMOs in Their Territory, 2013 O.J. (C 33) E/350.

③ 参见 Directive No. 2001/18/EC,第 13 条第 1 段。

④ 参见 Directive No. 2001/18/EC,第 13 条第 2 段。

⑤ 参见 Directive No. 2001/18/EC,第 4 条第 4 段。

⑥ 参见 Directive No. 2001/18/EC,第 4 条第 4~5 段。

主管机构收到申请后的90天内需要准备一份评估报告。该报告将明确规定转基因生物能否投放市场以及在何种条件下投放市场。①

欧洲议会和欧洲理事会于2001年3月12日通过的第2001号指令要求欧盟各成员国确保:只有在遵守指令B部分规定的前提下,有意向自然界释放转基因生物才有可能。"有意释放"是指"任何有意识地向自然界引入转基因生物或转基因生物的混合物,对此没有采用特别措施限制与其接触,并且确保一般民众和环境的高度安全"。② 2012年,欧洲法院裁定,"转基因生物的释放地点"是由所有与此相关的信息决定。这些信息由负有准备释放转基因生物通知义务的一方向欧盟相关成员国主管当局提供。③

转基因生物释放之前,负责此事的责任人先向相关成员国主管当局递交释放通知,然后才可以向自然界释放。此外,通知者还需要准备下列材料:

(1)一套包含指令附件三所要求信息的卷宗;

(2)一份符合指令附件二要求的环境风险评估报告;

(3)释放前主管部门明确表示同意的证明;

(4)根据指令附件三指定的监控计划,以检测转基因生物对人类健康和环境的不利影响;④

(5)向公众公开转基因生物的事实以及释放后的影响,并留出一定时间,以便公众提出反馈意见。⑤

如果已经释放到自然界的转基因生物需要进行修改或发生意想不到的变化,或者有新的风险信息披露,并且在成员国主管当局批准这些转基因生物释放后,这些新发现的风险有可能影响人类健康,负责转基因生物释放的相关责

---

① 参见 Directive No. 2001/18/EC,第14条第1~3段。

② Directive No. 2001/18/EC,第2条第3段。

③ See Case C-552/07, 2001/18 Judgment of the Court (Fourth Chamber) of 17 February 2009 (reference for apreliminary ruling from the Conseil d'État (France))—*Commune de Sausheim v. Pierre Azelvandre*, http://curia. europa. eu/juris/document/document. jsf; jsessionid = 9ea7d2dc30dbc3b29977a1134bcfb724c51ba52915a8. e34KaxiLc3qMb40Rch0SaxuMaNb0? text = &docid = 72933&pageIndex = 0&doclang=en&mode=lst&dir=&occ=first&part=1&cid=929369.

④ See Directive 2001/18/EC of the European Parliament and of the Council of 12 March 2001 on the Deliberate Release into the Environment of Genetically Modified Organisms and Repealing Council Directive 90/220/EEC, art. 2(2), 2001 O. J. (L 106) 1, http://www. wipo. int/wipolex/en/text. jsp? file_id = 236475#LinkTarget_2003; Directive 2001/18/EC was amended by Directive 2008/27/EC, 2008 O. J. (L 81) 45/EC, http://eur-lex. europa. eu/LexUriServ/LexUriServ. do? uri=OJ:L:2008:081:0045:0047:EN:PDF.

⑤ 参见 Directive 2008/27/EC, 2008 O. J. (L 81) 45/EC,第9条, http://eur-lex. europa. eu/LexUriServ/LexUriServ. do? uri=OJ:L:2008:081:0045:0047:EN:PDF。

任人必须采取必要的风险防范措施,并通报相关成员国的主管当局。①

三、日本

日本不是转基因生物/食品的产业大国,但是对转基因产品的研发、生产、销售方面的规制还是相当完备的。早在1981年,日本就成立专门的政府机构组织,开展生物技术相关的研究。本着突出重点领域的立项原则,日本在短期内就取得了许多具有世界先进水平的技术和专利。1973~2014年,日本发表的SCI论文数量仅次于美国,获得的专利数量名列世界第三。这些成就的取得得益于日本良好的基础研究氛围。截至2019年,日本已有的27位诺贝尔奖获得者中,仅医学生理学奖获得者就有5位,分别是利根川进(1987年)、山中伸弥(2012年)、大村智(2015年)、大隅良典(2016年)、本庶佑(2018年)。日本在转基因生物研究领域的雄厚实力使其具备将转基因技术有效应用于品种改良的良好基础。不过,日本对在其本土种植转基因作物仍有许多限制。目前,除种植一种蓝色转基因玫瑰外,日本国内几乎没有转基因作物的商业化栽培,绝大多数转基因技术成果依然停留在学术性成果阶段,没有进行后续的产业化开发。

直到20世纪90年代初,日本的政府机构和民间组织一直在积极推动农业生物技术研发。然而由于受经济衰退影响以及公众对农业生物技术接受程度的不确定性影响,绝大多数民间组织自90年代中后期开始停止或减少这方面的研究经费投入。目前,仍在从事这方面研究的大多都是公立大学和政府资助的机构。即使有部分民营机构在做这方面研究,它们也是获得了政府的资助。因此,与美国生物技术研发主要由民营企业推动并取得长足进步相比,日本在这方面显然落后许多。日本消费者对待转基因产品的谨慎态度使得零售商在销售那些需要明确标注的转基因食品时显得很慎重,即使这些食品对消费者有显著好处。日本农民也因此不太愿意种植转基因作物。② 此外,日本中央和地方政府对转基因作业活动的两级管理模式也在一定程度上阻碍了转基因生物的研发。

依据日本《卡塔赫纳法案》的规定,使用转基因生物的方式不同决定了限制程度的区别。转基因生物使用时避免将其扩散,包括"避免将转基因生物扩散到使用装置、设备和其他结构之外的空气、水源和土壤"。这类使用被分类为"第二类使用"(Type Ⅱ uses),所受的限制要少一些。③ 第二类使用包括在实验室里的科研活动。

---

① 参见Directive 2008/27/EC,2008 O. J. (L 81) 45/EC,第8条第1段。

② 日本已经批准九大类共148个转基因农作物品种,但是迄今为止没有种植过任何一种。

③ 参见《卡塔赫纳法案》第2条第5~6段、第4条和第12条。

针对第二类使用，相关政府部门会制定法令，包括转基因生物在使用过程中的密封措施规定。根据不同用途，转基因生物的使用受政府不同部门管制。如果政府部门已经制定了相关法令，转基因生物使用者在使用期间就必须执行法令规定的密封措施。① 迄今为止，两部这样的法令已经制定，一部是个人使用转基因生物时必须采取密封措施的法令，②另一部是与转基因生物研发有关的法令。③

表 5-1 展示的是在第二类使用中，哪个政府部门具体负责分管哪一种转基因生物的使用。④

表 5-1　日本政府各部门职责分工

可使用的转基因生物类别	分管部门
在限定的设施范围内使用转基因生物进行作物改良，为动物研发活的疫苗等	农林水产省
使用转基因生物在基因治疗中研究病毒等	厚生劳动省
在大学实验室基因重组试验中使用转基因生物等	文部科学省
在生产工业酵母过程中使用转基因生物等	经济产业省
在生产含酒精饮料过程中使用含有转基因生物的发酵粉等	国税厅

如果转基因生物的使用不属于现行法令调整的范畴，使用者必须在使用之前获得相关部门的许可，并采取相应的封闭措施。⑤ 为了确保相关的封闭措施得到有效落实，“基本事务”法令要求第二类转基因生物使用者根据使用特点和方式成立一个委员会，以商讨如何在他们的使用地点安全处置转基因生物，以便于防止转基因生物对当地生物多样性带来负面影响的措施得到有效落实。⑥ 当

---

① 参见《卡塔赫纳法案》第 12 条。

② See Ordinance to Designate Measures to Prevent Dispersal of GMOs During Their Industrial Use Among Type 2 Use, Ministry of Finance, MHLW, MAFF, METI & MOE Ordinance No. 1 of 2004.

③ See Ordinance to Designate Measures to Prevent Dispersal of GMOs during Their Type 2 Use for Research and Development Purposes, MEXT & MOE Ordinance No. 1 of 2004.

④ 数据来源：Biosafety Regulations in Japan, 2010 年，第 7 页，http://www.bch.biodic.go.jp/english/cartagena/images/e_cartagena.pdf，2015 年 8 月 17 日访问。

⑤ 参见《卡塔赫纳法案》第 13 条。

⑥ 参见 Basic Matters Under the Provisions of Article 3 of the Law Concerning the Conservation and Sustainable Use of Biological Diversity Through Regulations on the Use of GMOs (Basic Matters)，第二部分 (Basic Matters to be Taken into Account by a Person who Makes Use of Living Modified Organisms to Ensure Proper Implementation of said Use) 第 2 条 (Matters concerning Organization of the Implementation System for Handling Living Modified Organisms) MOF, MEXT, MHLW, MAFF & MOE Ordinance No. 1 of 2003, http://www.bch.biodic.go.jp/english/law.html。

发生意外事故，第二类转基因生物使用者无法采取封闭措施时，其必须立即采取其他紧急措施，并及时向有关部门通报事故情况以及所采取的紧急措施。如果相关紧急措施尚未采取，有关部门可以命令该使用者采取这些措施。①

转基因作物投放市场前需要经过食品、饲料、环境等相关部门的批准。这些部门包括农林水产省、厚生劳动省、环境省、文部科学省。食品安全委员会(Food Safety Commission)是隶属于内阁办公室的一个独立部门，为厚生劳动省和农林水产省提供食品和饲料的安全风险评估报告。用于生产食品的转基因作物必须获得厚生劳动省大臣的批准，农林水产省大臣批准用于生产饲料的转基因作物。(见表5-2)

表5-2 日本转基因作物安全性评议

批准类型	检测机构	管辖单位	法律依据	考虑因素
食品安全	食品安全委员会	内阁办公室	《食品安全基本法》	(1)本地植物的安全、转基因品种的影响；(2)转基因之后的蛋白质的安全，尤其是其过敏性情况；(3)转基因后有可能发生的性状改变；(4)营养成分可能发生的重大变化
动物饲料安全	农业材料理事会	农林水产省	《饲料安全法》	(1)与现有传统作物相比，饲料使用中的任何重大变化；(2)潜在的有毒物质产生
对生物多样性的影响	生物多样性影响评估小组	农林水产省、环境省	《转基因生物使用条例》	(1)具有竞争性的优先级；(2)有可能产生的有毒物质；(3)交叉授粉

日本对向自然界释放转基因生物的限制规定也很全面。只有在有关部门调查后发现不会对生物多样性带来负面影响，转基因生物的第一类使用才会在日本得到批准，即在田间或其他空旷区域使用转基因生物。根据转基因生物不同的使用目的和方法，相关政府部门会同日本环境省共同受理此类转基因生物使用的案件。环境省负责处理在所有条件下第一类使用转基因生物的案件，因为只有环境省有权判定在空旷的环境下使用转基因生物是否影响了生物多样性。

① 参见《卡塔赫纳法案》第15条。

第一类转基因生物的使用者必须向环境省递交生物多样性风险评估报告，评估转基因生物对生物多样性可能产生的影响。[①] 如果当地有一种植物品种可能会受到影响，风险评估应该包括转基因生物对此可能产生的影响以及影响程度。如果涉及农作物，评估还包括转基因生物与当地野生作物的竞争关系、与当地野生作物的杂交情况以及所产生的有害物质。[②]

希望以第一类方式制造、进口、使用转基因生物者必须制定一套使用规则，包括使用每一种转基因生物的规则，同时要得到相关部门的批准。如果按照第一类方式使用的转基因生物被有关部门认定对日本的生物多样性没有构成明显负面影响，使用者不需要制定相应的规则。[③] 如果相关部门与专家研究后认为，不存在对于维护野生动植物的品种或数量构成不可接受的风险，也没有对生物多样性有任何其他负面影响时，必须批准转基因生物的第一类使用规则。[④]

为了恰当地执行保护生物多样性的预防措施，像转基因生物第二类使用者那样，第一类使用者根据他们使用转基因生物的特点和方式，尽可能成立一个委员会，以商讨如何在他们的使用地点安全处置转基因生物。[⑤]

如果有人以第一类方式使用转基因生物，却没有制定合适的使用规则，相关部门必须命令当事人采取措施，及时汇报相关的转基因生物，或采取其他必要措施避免转基因生物对生物多样性带来负面影响。[⑥] 如果发生了事故，转基因生物使用者无法遵守第一类使用规则，对生物多样性有可能出现负面影响时，使用者应该立即采取紧急措施，以避免这种不利影响的出现。使用者还必须及时向有关部门通报事故及采取的相应措施。如果有必要，相关部门可以命令使用者采取其他补救措施。[⑦]

当一种未经批准的转基因生物很有可能不经意被带进日本时，根据事故发

---

① 参见《卡塔赫纳法案》第4条第2段。

② 参见日本环境省：Biosafety Regulations in Japan，2010，p. 9-10，http://www.bch.biodic.go.jp/english/cartagena/images/e_cartagena.pdf，2015年8月17日访问。

③ 参见《卡塔赫纳法案》第4条第1段。

④ 参见《卡塔赫纳法案》第4条第5段。

⑤ 参见 Basic Matters Under the Provisions of Article 3 of the Law Concerning the Conservation and Sustainable Use of Biological Diversity Through Regulations on the Use of GMOs（Basic Matters），第二部分（Basic Matters to be Taken into Account by a Person who Makes Use of Living Modified Organisms to Ensure Proper Implementation of said Use）第2条（Matters concerning Organization of the Implementation System for Handling Living Modified Organisms）MOF，MEXT，MHLW，MAFF & MOE Ordinance No. 1 of 2003，http://www.bch.biodic.go.jp/english/law.html。

⑥ 参见《卡塔赫纳法案》第10条第1段。

⑦ 参见《卡塔赫纳法案》第11条。

生地的具体情况，该转基因生物携带者必须通报有关部门转基因生物的具体影响。① 有关部门可以命令该携带者将相关转基因生物送交合格的检测部门检测。②

《卡塔赫纳法案》要求日本政府采集、安排和分析转基因生物信息，同时研究转基因生物对生物多样性的影响。③ 农林水产省每年检测未经批准流入日本的转基因作物种子(主要是油菜和大豆)以及它们对日本主要港口以及沿路两边农作物的影响。2012 年发布的检测报告显示，农林水产省在一些港口附近检测到转基因油菜和大豆种子，但是没有发现对当地构成危害。④

四、巴西

巴西直到 2003 年才开始推动转基因作物发展，但是到了 2011 年就已经成为世界上第二大转基因粮食生产国。如此迅速的发展主要得益于巴西在转基因产品的研究、生产、市场化方面都作出相应规定，使其具备了自主研发、生产及审批新型转基因作物的能力。

(一)实验室规则

根据巴西《生物安全法》第 14 条(Ⅵ)的规定，巴西国家生物安全技术委员会(CTNBio)负责制定有关生物安全生产的基本要求，包括签发实验室投入运行的许可证、机构成立的许可证、成立执行与转基因生物及其副产品有关活动公司的许可证。⑤

为此，2006 年 11 月 27 日，巴西国家生物安全技术委员会签发第 2 号规范决议。该决议制定了在封闭环境下适用的涉及转基因生物制造、种植、生产、操作、储存、质量控制和处置以及与转基因生物有关的研究、技术开发、教学活动的转基因生物风险分类和生物安全层次。该决议尤其对与转基因生物相关的项目和活动方案展示、转基因生物风险分类和生物安全层次、实验室建设的具体细节和设计以及隔离设施给予详细规定。⑥

---

① 参见《卡塔赫纳法案》第 16 条。

② 参见《卡塔赫纳法案》第 17 条。

③ 参见《卡塔赫纳法案》第 34 条。

④ See Press Release, MAFF, Heisei 24 nendo idenshi kumikae shokubutsu jittai chōsa no kekka ni tsuite [Regarding the Result of "Research on GM Plants in Fields in Fiscal Year 2012"] (Sept. 24, 2013), http://www.maff.go.jp/j/press/syouan/nouan/130924.htm.

⑤ 参见《生物安全法》第 14 条(Ⅵ)。

⑥ 参见巴西国家生物安全技术委员会签发的第 2 号决议第 1 条，http://www.ctnbio.gov.br/index.php/content/view/3913.html，2015 年 8 月 18 日访问。

（二）授权研究、生产和营销的规则

巴西企业对待转基因作物普遍持接受态度，这是巴西转基因产业在短期内得以迅速发展的重要条件。据巴西农业局一份连续跟踪 3 年的调查显示，80% 的生产企业接受转基因作物。[①] 巴西民众对产品是否是转基因不太在乎，他们更关心食品的价格、品质、保质期等。凡从事《生物安全法》许可活动的人必须首先申请获得国家生物安全技术委员会的批准。[②] 按照《生物安全法》的立法目的，研究活动被定义为"在实验室、隔离区或者作为转基因生物及其副产品生产过程一部分的田间，或者作为转基因生物及其副产品生物安全评估一部分的田间所进行的活动，这些活动包含了试验区域范围内转基因生物及其副产品的制造、生长、操作、运输、转移、进口、出口、储存、向自然环境释放以及处置"。[③]

一项符合标准的研究活动被认为是对转基因生物及其副产品的商业化利用，这样的使用是"为了商业目的种植、生产、操作、运输、转移、营销、进口、出口、储存、向自然环境释放以及处置转基因生物及其副产品"。[④] 除获得批准外，研究转基因生物以及生产和销售转基因生物的单位和个人还必须遵守国家生物安全技术委员会制定的第 2 号规范决议的内容。

（三）对于传播产品的标签要求

根据 2003 年 12 月 22 日颁布的第 4,680 号行政命令第 2 条第 1 段的规定，巴西司法部签发了第 2,658 号行政法规（Portaria）。该法规对转基因食品和饲料或者成分中含有转基因物质成分的食品和饲料销售时使用的"转基因标记"（如图 5-1 所示）作了定义和展示。[⑤]

图 5-1　转基因标记

---

① João F. Silva, *Brazil-Agricultural Biotechnology Report*, GAIN Report Number: BR 0971, 2015, p. 12.

② 参见《生物安全法》第 2 条第 3 段。

③ 参见《生物安全法》第 1 条第 1 段。

④ 参见《生物安全法》第 1 条第 2 段。

⑤ 参见巴西司法部网，http://portal. mj. gov. br/main. asp? View = {4521CE7B - 732B - 40EB - B529-F9200C365E93}（搜索 "Tipos:Portarias" or go to Página 2 de 3），2015 年 8 月 18 日访问。

2004年4月1日制定的“跨部门规范性指示”(Instrução Normativa Interministerial)第1号在“技术规范”(Regulamento Técnico)一栏中规定了执行第4,680号法令的辅助程序,包括消费者根据第8,078号法令行使其知情权。这些规范作为附件放在规范性指示的后面。[①]《生物安全法》进一步规定,用转基因生物及其副产品生产的食品和饲料或者含有转基因生物及其副产品成分的食品和饲料,必须在其标签上包含第5,591号法令所规定的信息,以确保消费者能够充分了解产品的内容。[②]

2015年4月29日,巴西众议院以320票对135票通过了第4,148号立法草案(Draft Bill # 4,148/2008),拟修改现行的基因工程立法第4,680号行政命令(Executive Order 4,680/2003)。草案规定,只有在最终产品中转基因生物含量超过1%才需要特别标注。[③] 该草案的另一项重要内容就是撤销转基因产品标签上的黄颜色“T”标记。

巴西的《生物安全法》禁止在下列情况下向自然环境释放转基因生物及其副产品:

(1)作为研究活动的一部分而释放,但是在技术上没有得到国家生物安全技术委员会认可;

(2)在贸易过程中释放,但是没有得到国家生物安全技术委员会批准;

(3)当国家生物安全技术委员会认为有关活动有可能对环境造成破坏时,当事人又拿不出主管机构或环保部门签发的许可证;

(4)没有按照《生物安全法》及其规范的要求获得国家生物安全理事会的许可。[④]

国家生物安全技术委员会是巴西基于转基因生物及其副产品对人类健康及环境危害的评估,负责制定转基因生物及其副产品研究和商业化利用技术标准的专业机构。[⑤] 2008年11月6日,国家生物安全技术委员会签发第6号规范决议,针对准备向自然环境释放转基因植物及其副产品制定了适用规范,具

---

① 参见 Instrução Normativa Interministerial No. 1, de 1 de Abril de 2004, http://portal. mj. gov. br/main. asp? View = {4521CE7B-732B-40EB-B529-F9200C365E93},2015年8月18日访问。

② 参见《生物安全法》第40条。

③ 2003年4月24日,时任巴西总统颁布第4,680号行政命令(Executive Order # 4,680/2003),规定巴西国内销售的食品、食品原料转基因生物含量标注的阈值是1%。

④ 参见《生物安全法》第6条(Ⅵ)。

⑤ 参见《生物安全法》第10条。

体包括以下几个方面:[①]

1. 保护目标

在转基因植物及其副产品被证明对环境和人类与动物的健康有不利影响,甚至基于新的科学知识可以得出这样的结论时,国家生物安全技术委员会可以随时中止或撤销已经作出的准备向自然环境释放转基因植物及其副产品的授权。[②]

任何偶然向自然环境释放转基因植物及其副产品的人员,必须在事后立即向本单位的内部生物安全委员会汇报,并向国家生物安全技术委员会通报。内部生物安全委员会必须在5天内向国家生物安全技术委员会汇报准备采取的补救措施。该汇报还需要包括已经通知的相关人员和主管领导的名字。[③] 有关转基因植物及其副产品偶然向自然环境释放的报告并不豁免通报人的其他义务,包括通知受影响的主管机关和人员,以使他们能够按照现行法律规定采取相应的措施。[④]

2. 种植管理

根据国家生物安全技术委员会第6号规范决议,任何人向自然环境释放转基因植物需要事先得到国家生物安全技术委员会的许可。[⑤] 转基因作物的种植必须受到有关部门的密切监视,当事人需要随时向有关部门汇报。[⑥]

2007年8月17日,巴西国家生物安全技术委员会签发第4号规范决议规定,在允许同时商业化种植转基因玉米与非转基因玉米时,两者之间必须保持不少于100公尺(大约328英尺)的间隔距离[⑦],或者种植的转基因玉米周围被10块相同面积的非转基因玉米所包围时,两者间隔的距离不少于20公尺(大约65英尺)。[⑧]

国家生物安全技术委员会2013年10月2日签发的第10号规范决议规定,在准备将转基因柑橘类植物投放自然环境时,必须考虑转基因柑橘与非转

---

① 参见巴西国家生物安全技术委员会第6号规范决议,其中第2条第7部分将“准备释放”定义为“根据第6号规范决议的内容,在有效监管的前提下,为了实验性评估向自然环境释放转基因植物及其副产品”,http://www.ctnbio.gov.br/index.php/content/view/12510.html,2016年9月13日访问。

② 参见巴西国家生物安全技术委员会第6号规范决议第3条。

③ 参见巴西国家生物安全技术委员会第6号规范决议第6条。

④ 参见巴西国家生物安全技术委员会第6号规范决议第6条。

⑤ 参见巴西国家生物安全技术委员会第6号规范决议第7条(Ⅰ)。

⑥ 参见巴西国家生物安全技术委员会第6号规范决议第4条。

⑦ 参见巴西国家生物安全技术委员会第4号规范决议第1条,http://www.ctnbio.gov.br/index.php/content/view/4687.html,2016年9月13日访问。

⑧ 参见巴西国家生物安全技术委员会第4号规范决议第2条。

基因柑橘之间的花粉影响，在种植时按照第 10 号规范决议将转基因柑橘适当隔离。[①]

3. 汇报要求

申请人必须保留负责监管转基因植物向环境中释放相关人员的个人资料。[②] 这些资料包括但不限于：安全措施、农业实践、信息采集以及转基因生物及其副产品的储存、转移、最终处置的信息。[③]

申请公司的负责人和该公司的内部生物安全委员会都有责任确保在转基因植物及其副产品准备向自然环境释放时遵守第 6 号规范决议的规定。[④] 此外，如果公司的技术部门认为向自然环境释放转基因植物及其副产品有可能违反第 6 号规范决议和国家生物安全技术委员会制定的生物安全措施标准时，必须将这一情况通报国家生物安全技术委员会。[⑤]

4. 检查

根据《生物安全法》第 16 条规定，巴西卫生部、农业部、环境部的登记与检查机构以及总统水产渔业特别顾问在以下两类事务中各自负责与其专业领域相关的事项，同时评议国家生物安全技术委员会作出的技术方面的决定、国家生物安全理事会的审核结论以及按照《生物安全法》及其规则制定的执行机制：

(1) 监督转基因生物及其衍生产品的研究活动；

(2) 登记和监督转基因生物及其副产品投入商业运作。[⑥]

5. 执行主管机构和授权程序

准备向自然环境释放转基因植物的计划被公司内部生物安全委员会批准后，申请人还需要将该计划递交国家生物安全技术委员会审批，同时附上下列材料：

(1) 根据第 6 号巴西国家生物安全技术委员会第 6 号规范决议附件一的规定，递交一份向自然环境释放转基因植物的申请，递交的材料包括申请机构信息、申请时间和公司法定代表人的签字；

(2) 根据第 6 号规范决议附件二的规定，有关转基因植物的信息；

---

① 参见巴西国家生物安全技术委员会第 10 号规范决议第 1 条，http://www.ctnbio.gov.br/index.php/content/view/18494.html，2016 年 9 月 3 日访问。

② 第 6 号规范决议第 2 条（Ⅳ）将“申请人”定义为“任何获得合法的生物安全质量证书的公司。根据规范决议 6 的规定，该公司准备向自然环境释放转基因生物”。

③ 参见巴西国家生物安全技术委员会第 6 号规范决议第 4 条。

④ 参见巴西国家生物安全技术委员会第 6 号规范决议第 5 条。

⑤ 参见巴西国家生物安全技术委员会第 6 号规范决议第 5 条。

⑥ 参见《生物安全法》第 16 条。

(3)根据第6号规范决议附件三的规定,有关转基因植物释放的信息;

(4)根据第6号规范决议附件四的规定,有关转基因植物释放点的地图和示意图;

(5)如果符合申请条件,一项进口植物类物质的申请。①

申请材料使用葡萄牙语,一式四份,并附有电子版申请材料。②

五、阿根廷

阿根廷在转基因粮食生产方面不如巴西,其本国民众对待转基因食品的态度也比巴西人更趋保守。但是,阿根廷在转基因食品的研究、生产、市场化方面也制定了详细规范,具体制度包括以下几个方面:

(一)相关责任机构

阿根廷农业部长负责颁发转基因生物环境释放和商业化的许可证。③ 农业部长的许可决定是在相关专家咨询委员会评估后作出的。④ 专家咨询委员会的评估内容包括以下三个方面:

(1)针对转基因生物在实验室的试验和释放到自然环境,评估其是否符合农业生态安全标准;

(2)评估转基因生物作为食物添加剂和食物原料的安全性;

(3)评估转基因生物商业化之后对阿根廷国际贸易所产生的影响。⑤

前两方面内容,即环境和食品安全评估,主要是基于科学证据,并由来自公共和私人机构的代表组成的专家委员会来进行。环境安全评估由"生物技术理事会"(Biotechnology Directorate)负责;食品安全评估由"国家农业食品卫生与质量署"(National Service on Agricultural Food Health and Quality)负责。转基因生物对国际贸易影响的评估由"农业市场理事会"(Agriculture Market Directorate)负责,该理事会对授权投入市场的转基因生物是否符合阿根廷贸易伙伴安全标准进行评估。这项评估对阿根廷的国际贸易非常重要,因为农产品

① 参见巴西国家生物安全技术委员会第6号规范决议第7条。

② 参见巴西国家生物安全技术委员会第6号规范决议第7条。

③ 阿根廷农业部的全称是"农业、畜牧业、渔业、食品部"(Ministry of Agriculture, Livestock and Fisheries)。

④ 参见 Decreto 1366/2009, B. O., Oct. 2, 2009, Anexo art. 4. 20, http://www.infoleg.gob.ar/infolegInternet/anexos/155000-159999/158298/texact.htm,2016年9月11日访问。

⑤ Moisés Burachik, Organismos Geneticamente Modificados: Marco Regulatorio en Argentina, Conferencia Ministerial sobre el Uso de la Ciencia y la Tecnologia para Mejorar la Competitividad en el Sector Agrícola, http://www.fas.usda.gov/icd/stconf/event5/MBurachik.pdf.

是阿根廷的主要出口商品，其中不少就是转基因产品。[①] 很多时候，相关的转基因作物在阿根廷已经被评估为对农业生态是安全的，并且被批准作为原材料用于食品生产加工，但是出口前仍然需要得到进口国主管当局的批准。[②] 为此，阿根廷农业部专门成立一个"生物技术办公室"(Biotechnology Office)，协调种子登记和管制方面的事务，参与有关生物技术协作的国际谈判。该办公室有权决定生物安全方面的事项，制定和执行安全指南和相关的行政程序，规划生物技术和农业方面的政策。[③]

(二)向自然环境释放转基因生物的限制

在特定或不特定的范围内，并且在符合法律规定的前提下，阿根廷允许转基因生物的环境释放。在以下三种情况下，申请人可以获得在限定范围内环境释放的一般审批许可：

(1)在实验室种植；

(2)田间试验；

(3)生产法律许可的转基因种子。[④]

只有在就自由种植转基因作物对于农业生态是否安全作出全面评估后，非限定范围内种植转基因作物的审批许可才能作出。[⑤] 一般审批要求申请人提供转基因作物的相关技术信息。国家农业生物技术咨询委员会(National Advisory Commission on Agricultural Biotechnology)会对这些信息进行分析。审批程序包括评估转基因作物对农业生态有可能带来的风险。[⑥]

申请人获得授权之前，需要满足下列条件：具备适当的风险管控和风险转

---

① Moisés Burachik, Organismos Geneticamente Modificados: Marco Regulatorio en Argentina, Conferencia Ministerial sobre el Uso de la Ciencia y la Tecnologia para Mejorar la Competitividad en el Sector Agrícola; 另参见 Eduardo J. Trigo, Fifteen Years of Genetically Modified Crops in Argentine Agriculture, ArgenBio, November 2011, p. 48-49。

② Moisés Burachik, Organismos Geneticamente Modificados: Marco Regulatorio en Argentina, Conferencia Ministerial sobre el Uso de la Ciencia y la Tecnologia para Mejorar la Competitividad en el Sector Agrícola, http://www.fas.usda.gov/icd/stconf/event5/MBurachik.pdf, 2015 年 7 月 31 日访问。

③ Moisés Burachik, Organismos Geneticamente Modificados: Marco Regulatorio en Argentina, Conferencia Ministerial sobre el Uso de la Ciencia y la Tecnologia para Mejorar la Competitividad en el Sector Agrícola, http://www.fas.usda.gov/icd/stconf/event5/MBurachik.pdf, 2015 年 7 月 31 日访问。

④ See Eduardo J. Trigo, Fifteen Years of Genetically Modified Crops in Argentine Agriculture, ArgenBio, November 2011, p. 49.

⑤ See Eduardo J. Trigo, Fifteen Years of Genetically Modified Crops in Argentine Agriculture, ArgenBio, November 2011, p. 49.

⑥ See Eduardo J. Trigo, Fifteen Years of Genetically Modified Crops in Argentine Agriculture, ArgenBio, November 2011, p. 49.

移措施；转基因作物与非转基因作物适当的隔离距离；特定检测方式的可行性；在未来播种季节里，转基因作物收成的数量和播种面积的限制。① 只有在严格隔离和生产条件足以防止转基因作物种子流入商业渠道的前提下，转基因作物种子的生产才被许可。②

第三节　我国转基因食品研发现有规定及其完善

转基因产业可能给我国带来巨大的经济利益和社会效益，同时可能存在潜在的风险。我国政府在管理上既不宜"严格禁止"，也不能"放任自流"。建议国家对待转基因产业采取"谨慎鼓励、严格管理"的态度和政策导向。所谓"谨慎鼓励"，就是对转基因食品的研究、生产、销售基本持鼓励态度，而对转基因作物的农业生产和商业化经营持谨慎态度。所谓"严格管理"，就是对转基因食品的产品研发和生产经营活动建立行政许可制度，由政府严格把关，未经许可不得进行此类活动。申请者应该证明所研发和经营的转基因食品与其他非转基因食品在产品构造、营养成分等方面没有本质区别。对于未经许可就非法从事转基因食品研究和商业经营活动的行为应当予以取缔和制裁。③

在"谨慎鼓励、严格管理"的方针指引下，我国转基因食品研发的法律规制应该遵循以下基本原则：

(1)安全原则。研发转基因食品首先要把安全放在首位。这份安全既是针对社会公众，也针对研发人员自己。虽然目前还没有证据证明转基因产品对人体和环境有不利影响，但也没有证据表明长期食用转基因食品对健康没有任何累积和间接的负面影响，尤其是大量种植转基因作物对野生植物的影响更加不能排除。因此，需要对转基因食品的研发进行有效管理和持续监测。

(2)公正原则。政府在促进转基因产业给国家、企业和个人带来利益的同时，应该促进各方利益的公平分配，包括注意平衡基因开发中权利人的知识产权保护与促进新技术推广之间的关系；平衡转基因食品研发单位和生产企业效益与中国的农民、农村、农业之间的关系。此外，在涉及转基因技术的国际关系上，如何平衡发达国家与发展中国家之间的关系，也是在经济全球化的当下需

---

① See Eduardo J. Trigo, Fifteen Years of Genetically Modified Crops in Argentine Agriculture, ArgenBio, November 2011, p. 49.

② See Eduardo J. Trigo, Fifteen Years of Genetically Modified Crops in Argentine Agriculture, ArgenBio, November 2011, p. 49.

③ 参见毛新志等：《我国对转基因食品研究和商业化的管理建议》，载《科技管理研究》2003 年第 5 期。

要一并考虑的问题。

(3)尊重与参与原则。转基因产品涉及千家万户,关系到社会的方方面面。在对待转基因食品的问题上,政府应该听取各方意见,保障消费者的知情权和选择权。在转基因食品的取舍上,全社会要形成这样一种共识:安全不安全,科学家说了算;允许还是不允许上市,政府说了算;买还是不买,消费者说了算。只有在充分尊重权威意见和各方利益的前提下,我们才能实现社会利益的最大化。

基于以上政策导向和基本原则,我国已经出台的《农业转基因生物安全管理条例》及其配套办法规定以及生物安全领域基本法《生物安全法》。研发单位是转基因生物安全管理的第一责任人,负责转基因生物研究和试验的安全。从事农业转基因生物研究与试验的单位应当依据相关法律法规,制定农业转基因生物试验操作规程,加强农业转基因生物试验的可追溯管理。[①] 根据《生物安全法》《农业转基因生物安全管理条例》以及建议制定的"转基因食品安全管理条例",研发单位应结合本单位转基因生物研究与试验的实际情况,制定具体的实施细则,成立由单位法人代表负责的农业转基因生物安全小组,建立安全责任制度,负责本单位农业转基因生物研发活动的安全管理。[②] 管理办法应明确转基因生物的安全管控措施以及监管的对象、内容、目标、要求;明确检查的主体、程序和频次;明确违规的具体处罚措施和责任追究办法。

按照现行的《农业转基因生物安全管理条例》规定,从事农业转基因生物研究与试验的单位应当具备与安全等级相适应的安全设施和措施,做好安全监督记录,以备核查。申请人应按照《农业转基因生物安全评价管理办法》(以下简称《安全评价管理办法》)的要求,建立转基因生物试验操作程序,包括转基因生物包装及运输、转基因生物的种植与使用情况、转基因生物的隔离与管理、转基因生物的收获与处理、转基因生物残留物的处理、收获后的监控措施等。申请人还应建立转基因生物安全管理档案,包括转基因材料管理记录、试验操作记录以及转基因生物的相关批准文件和管理制度。根据《安全评价管理办法》第9条规定,对不同等级的基因工程工作进行相应的安全控制措施。对动物使用转基因微生物的安全控制措施还应符合《病原微生物实验室生物安全管理条例》等兽用生物制品的有关规定。[③]

---

① 参见《农业转基因生物安全评价管理办法》第6条。

② 参见《农业转基因生物安全评价管理办法》第18条。

③ 《病原微生物实验室生物安全管理条例》2004年11月12日由国务院令第424号公布。2016年2月6日,《国务院关于修改部分行政法规的决定》对此作了修订;2018年3月19日,《国务院关于修改和废止部分行政法规的决定》对此再次修订。

然而,《农业转基因生物安全管理条例》和《安全评价管理办法》针对的是整个农业转基因生物,即“利用基因工程技术改变基因组构成,用于农业生产或者农产品加工的动植物、微生物及其产品”,[①]并不局限于转基因食品和与此相关的转基因农产品。因此,两者的规范适用范围广,但是比较原则和笼统。《安全评价管理办法》第44条对“实验研究”定义为“在实验室控制系统内进行的基因操作和转基因生物研究工作”。虽然《安全评价管理办法》第二章确立了农业转基因生物安全的分级评价管理制度,但是对如何定义风险(第9条)、[②]如何确定农业转基因生物安全评价和安全等级(第10条)等重要问题都没有详细的执行准则。受体生物安全等级的确定也很难找到客观标准(第11条);第12条规定基因操作对受体生物安全等级影响类型的确定,这在实践中也很难操作,因为基因操作对受体生物安全等级影响的三种类型(增加受体生物的安全性;不影响受体生物的安全性;降低受体生物的安全性)的划分界限不太好把握。实践中,针对转基因生物的隔离与管理(如不同作物种植的间隔距离)、转基因生物的收获与处理(如密封状态的管理)、转基因生物残留物的处理(如具体处置方式)等问题,缺乏具体操作规范。

上述规定不明会导致转基因生物研发申请中的不确定性。《安全评价管理办法》第15条规定,凡在中华人民共和国境内从事农业转基因生物安全等级为Ⅲ和Ⅳ的研究以及所有安全等级的试验和进口的单位以及生产和加工的单位和个人,应当根据农业转基因生物的类别和安全等级,分阶段向农业转基因生物安全管理办公室报告或者提出申请。转基因生物从试验到产品投放市场,其间需经历实验研究、中间试验、申请环境释放、生产性试验等多个环节,而每一个环节都需要根据不同的安全等级向农业转基因生物安全管理办公室报告并提交相应材料(《安全评价管理办法》第三章)。

《农业转基因生物安全管理条例》制定的初衷是将转基因食品等同于一般食品。该条例第4条规定,县级以上各级人民政府卫生行政主管部门依照《食品卫生法》的有关规定,负责转基因食品卫生安全的监督管理工作。原卫生部(现为国家卫生健康委员会)出台的《转基因食品卫生管理办法》是第一部专门性规章,2002年颁布实施,但是在2007年被《新资源食品管理办法》取代。原来的管理办法第5条规定:“转基因食品的食用安全性和营养质量不得低于对应的原有食品。”第8条明确指出,转基因食品食用安全性和营养质量评价遵循

① 参见《农业转基因生物安全管理条例》第3条、《农业转基因生物安全评价管理办法》第3条。

② 《安全评价管理办法》第9条按照对人类、动植物、微生物和生态环境的危险程度,将农业转基因生物分为以下四个等级:安全等级Ⅰ,尚不存在危险;安全等级Ⅱ,具有低度危险;安全等级Ⅲ,具有中度危险;安全等级Ⅳ,具有高度危险。

实质等同原则和个案处理原则,将"实质等同"作为安全性评价的原则之一。同时,该管理办法要求建立转基因食品品种目录,将批准生产、经营的转基因食品纳入其中。然而,该目录在《转基因食品卫生管理办法》废止时仍未公布。

从2013年10月1日起,《新食品原料安全性审查管理办法》(以下简称"新管理办法")取代了《新资源食品管理办法》。"新管理办法"第22条明确提出了实质等同的定义,即"某个新申报的食品原料与食品或者已公布的新食品原料在种属、来源、生物学特征、主要成分、食用部位、使用量、使用范围和应用人群等方面相同,所采用的工艺和质量要求基本一致,可以视为它们是同等安全的,具有实质等同性"。第16条规定,在适用实质等同原则时,对具有实质等同性的食品或已公告的食品原料应当作出终止审查的决定,并书面告知申请人。卫生监督中心还应当及时向社会公开"终止审查"和"准予许可"的新食品原料情况,以便公众查阅。"新管理办法"第24条明确规定:"本办法所称的新食品原料不包括转基因食品、保健食品、食品添加剂新品种。转基因食品、保健食品、食品添加剂新品种的管理依照国家有关法律法规执行。"《转基因食品卫生管理办法》废止后,《新资源食品管理办法》及其后续的《新食品原料安全性审查管理办法》均无法适用转基因食品,这使得专门管制转基因食品的法律法规目前仍付之阙如。

《食品安全法》第151条规定,转基因食品和食盐的食品安全管理,《食品安全法》未作规定的,适用其他法律、行政法规的规定。2010年12月1日起施行的《食品安全国家标准管理办法》第3条规定"卫生部负责食品安全国家标准制(修)订工作",其立法来源正是《食品安全法》第5条第3款。[①] 然而迄今为止,无论是当时的卫生部,还是现在的卫健委,都没有对转基因食品作出过明确定义,更没有就其研发、生产、经营等环节制定详细的规范制度。而通过上述对《农业转基因生物安全管理条例》和《农业转基因生物安全评价管理办法》的分析,我们也不难发现,这些行政法规和部门规章的内容过于宽泛,在规范转基因食品研发等方面缺少具体可操作的内容。因此,如何从研发这一源头控制转基因食品的安全?结合《生物安全法》,通过"转基因食品安全管理条例"制定专门规范,这是一条现实和有效的途径。

---

① 《食品安全法》第5条第3款规定,国务院卫生行政部门依照本法和国务院规定的职责,组织开展食品安全风险监测和风险评估,会同国务院食品药品监督管理部门制定并公布食品安全国家标准。

第六章　我国转基因食品生产加工法律规制研究

转基因技术在农业领域的应用和转基因作物产业化是生物技术研究的一个重要方向，也是国内外社会各界热烈争论的话题之一。但即便这样，据国际农业生物技术应用服务组织（ISAAA）发布的2015年全球转基因发展报告介绍，2015年全球转基因作物种植面积已达1.797亿公顷，28个国家的1800万农户在种植转基因作物中受益。转基因农作物的产业化种植对粮食安全、气候变化和全球可持续发展均作出了重大贡献，并成为当下不可逆转的世界科技潮流和许多国家的发展战略。①

转基因作物产业化涉及的是整个产业链，包括研发、育种、试验、转化、生产（种植）、加工、运输、储藏、销售、消费、监管等各个环节。相应地，转基因作物产业化风险也可能出现在各个环节。因此，转基因作物产业化风险管理的目标是确保转基因作物在各个环节的安全。作为我国转基因食品法律规制的基本思路，本书第四、五、六、七、八章分别对应转基因产业链的各个环节，从基本思路的形成到转基因作物研发、生产、流通到事故处置与责任追究，实行全流程监管。本章侧重的是转基因食品生产加工法律规制问题。当然，生产加工有时与其上游的研发、育种和下游的销售、流通界线并不是截然分明的。

中国曾经被认为是在农业转基因领域最具竞争力和发展潜力的国家，转基因技术研发的起步时间较早。据统计，我国

---

① See Clive James, 20th *Anniversary* (1996 *to* 2005) *of the Global Commercialization of Biotech Crops and Biotech Crop Highlights in* 2015, ISAAA Brief, No. 51, 2015, ISAAA: Ithaca, NY.

学者在1973~2014年发表的转基因水稻SCI论文605篇、转基因棉花SCI论文234篇，均居世界第一；发表的转基因玉米、大豆和小麦的SCI论文数量仅次于美国，名列世界第二。此外，中国授予转基因专利2812项，也仅次于美国。[①] 1992年，双抗转基因烟草（抗CMV和TMV）在中国的种植面积达8600公顷。1994年，其种植面积更是达到100万公顷，后因美国不再收购这种烟草而停止种植。[②] 2000年后，中国在农业转基因生物技术应用的三个重要领域（纺织纤维、饲料和粮食）都取得了研究成果——转基因棉花、转基因玉米和转基因水稻，国际上能有这样成就的国家屈指可数。2004年之前，中国的转基因作物种植面积迅速扩展，曾是世界上种植面积第四的国家，但是在2004年被巴西超越，2006年被印度超越。到了2015年，中国的转基因作物种植面积不到印度的35%。[③] 即使按照一种“谨慎”但正常的监管节奏，我国自主研发的转基因玉米和水稻在2008年和2009年首次获得安全证书后，最晚于2010年也应该被批准产业化。然而，中国的农业转基因产业化被搁置了整整10年。

黄季焜和他的同事以1999~2001年为例，对这一问题做了专题研究。结果表明，我国种植每公顷转基因抗虫棉比种植普通棉能为农民增收1857元。据此，转基因棉花一年能为中国增收75亿元。[④] 黄季焜等人的后续研究还显示，以2001~2003年转基因抗虫水稻试验田数据为例，每公顷大概能增收840元，转基因水稻一年估计能为中国增收300亿元。如果中国能实现转基因玉米商业化，预计能为玉米增产2.4%到7.7%，以虫害一般年份为例，每年能为国家增收386亿元。[⑤]

尽管我国已经开始种植转基因棉花，但是转基因产业化并没有因此得到改善。我国科学家研发出来的双价转基因棉花目前仍无法被批准种植。早在1999年，当时的农业部受理了华中农业大学培育的两种转基因水稻（转cry1Ab/cry1Ac基因抗虫水稻“华恢1号”及杂交种“Bt汕优63”）的安全评价申请，经过11年的评价，于2009年8月17日颁发了安全证书，有效期为五年。2015年1月4日，华中农业大学水稻研究团队收到由当时的农业部颁发的“转

---

① 参见沈平等：《转基因作物发展及应用概述》，载《中国生物工程杂志》2017年第1期。

② 参见高国庆、李杨瑞、林文雄：《转基因作物产业化与风险评价》，载《南方农业学报》2001年第1期。

③ 参见胡瑞法等：《中国农业生物技术的研发能力、存在问题及改革建议》，载《中国软科学》2016年第7期。

④ 参见黄季焜、胡瑞法等：《现代农业生物技术对中国未来经济和全球贸易的影响》，载《中国科学基金》2002年第6期。

⑤ 参见黄季焜、胡瑞法：《转基因水稻生产对稻农的影响研究》，载《中国农业科技导报》2007年第3期。

cry1Ab/cry1Ac 基因抗虫水稻华恢 1 号在湖北省生产应用安全证书”[农基安证字(2014)第 29 号]和“转 cry1Ab/cry1Ac 基因抗虫水稻 Bt 汕优 63 在湖北省生产应用安全证书”[农基安证字(2014)第 30 号],安全证书的有效期为 2014 年 12 月 11 日至 2019 年 12 月 11 日。同日,中国农业科学院生物技术研究所的转基因植酸酶玉米 BVLA430101 再次获得农业转基因生物安全证书。但是由于种种原因,我国的转基因作物产业化进展并不顺利。

与此形成反差的是,自 2004 年起,我国进口转基因粮食快速增加,尤其是转基因大豆的年进口量从 2004 年的不足 2017 万吨猛增到 2015 年 8100 万吨,几乎是我国国产大豆产量的 7 倍。① 由于进口大豆出油率高,我国生产的食用油原料主要采用进口的转基因大豆。除大豆外,我国每年还进口数百万吨转基因玉米和油菜籽。我国正面临转基因粮食“能吃不能种”的尴尬局面。一方面,我们自己研发出来的转基因粮食作物不能在中国种植,严重影响我国农业转基因的后续研发能力;另一方面,我国每年在进口大量其他国家生产的转基因粮食。转基因产业化在中国已经不是一个单纯的技术问题,而是一个重要的民生问题和政治问题。

粮食安全包括产品的食用安全和供给安全。据介绍,我国人均耕地仅为 1.35 亩,不到世界平均水平的 1/2,中低产田占耕地总面积近 70%。② 在粮食单产无法提高的情况下,我国部分粮食产品的对外依赖程度会不断提高。中国大豆的对外依存度已高达 80%,粮食自给率已由过去的 98%下降为 90%。目前,国外申请出口到中国的转基因作物有 45 项获得了安全证书,按照作物种类划分,包括玉米 16 项、大豆 12 项、棉花 9 项、油菜 7 项、甜菜 1 项。在申请者中,美国孟山都公司 18 项、杜邦公司 5 项、德国拜耳公司 13 项、巴斯夫公司 1 项、瑞士先正达公司 8 项。③ 进口转基因粮食大量增加与我国转基因作物产业化停滞不前有关。据统计,由于转基因水稻和转基因玉米在我国都无法实现产业化种植,仅此两项每年至少损失 600 亿元。考虑到转基因产业化中有近一半收益直接为农民所得,转基因作物不能产业化等于剥夺了中国农民多挣钱的机会。④

郭淑静等研究人员基于对黑龙江、吉林、山东、河南和福建 5 省 723 个农户的实地调查数据,以玉米、大豆、水稻和小麦 4 种作物为例,从生产层面评估我国转基因作物产业化的推广前景。他们的研究表明,对农业生产者而言,相比

---

① 参见国家统计局:《2015 年国民经济和社会发展统计公报》,2016 年 2 月 29 日,载 http://www.stats.gov.cn/tjsj/zxfb/201602/t20160229_1323991.html。

② 参见李有军:《我国人均耕地不到世界平均水平 1/2》,载《人民日报(海外版)》2012 年 12 月 26 日。

③ 参见沈平等:《转基因作物发展及应用概述》,载《中国生物工程杂志》2017 年第 1 期。

④ 参见沈平等:《转基因作物发展及应用概述》,载《中国生物工程杂志》2017 年第 1 期。

常规品种，种植转基因作物品种具有比较明显的潜在经济效益。按照 2009 年这个特定年份的病虫草害来计算，抗虫、抗病和抗除草剂三类转基因技术应用在玉米、大豆、水稻和小麦 4 种粮食作物上的潜在收益平均为 72 元/亩，若按照往年病虫草灾害最严重的年份来计算，转基因技术应用到上述 4 种粮食作物上的潜在收益平均可以达到 104 元/亩。[①] 据中科院预测，以目前种植的转基因棉花为比较对象，如果我国大面积推广种植已经获得安全证书的植酸酶玉米，它的效益大概相当于棉花的两倍；如果 40% 的水稻种植为抗虫水稻，其效益相当于棉花的 5 倍。[②]

但是在现实中，我国的转基因作物产业化一直面临舆论上有争议、实际操作中有困难的困境。获得安全证书的转基因作物从理论上讲应该是安全的，对人体健康是没有危害的，但这并不意味着对其生长环境也没有影响。转基因作物大面积种植会将转基因生物大规模释放到自然环境中，可能出现破坏生态和生物多样性的问题；由于生产加工会对转基因生物产生影响，可能出现降低转基因食品安全性的问题。在加工过程中，由于人为操作不当，可能会出现将只准许用于加工的转基因作物擅自进行种植的问题。在生产过程中，由于没有严格执行操作标准，可能出现转基因食品与非转基因食品相混杂的问题。

第一节　我国农业转基因产业化的现状与存在的问题

在推动转基因产业化过程中，我们还应该处理好以下几方面关系：

一、转基因作物产业化与生态环境保护问题

（一）基因漂流侵蚀传统物种

植物生长除人工播种外，更多的是通过自然繁殖。转基因作物在进入大规模种植之前都经过封闭环境下的田间试验检测，在确认安全的情况下才被准予种植。然而，由于其具有超强的生命力，转基因作物大规模释放到环境中之后，如果不采取严格的隔离措施，容易侵蚀自然界同类非转基因作物品种或者其近亲物种。毕竟形成基因漂流的途径有很多，它们之间的杂交成功率也非常高。为此，许多国家都明确规定转基因作物与非转基因作物种植的间隔距离，甚至专门辟出“非转基因作物种植区”，目的就是保护传统物种。

---

① 参见郭淑静、徐志刚、黄季焜：《转基因技术采用的潜在收益研究——基于中国五省的实地调查》，载《农业技术经济》2012 年第 1 期。

② 参见马玉荣、王艺璇：《是什么阻碍转基因农作物产业化》，载《中国经济报告》2014 年第 1 期。

（二）转基因作物破坏农田生态系统

农田生态系统是经过自然界长期变迁后逐渐形成的，具有相对稳定性。就像我国东北的黑土地是在特定的纬度、气候条件下，地表植被死亡后经过长时间腐蚀形成腐殖质后演化而成的肥沃土壤。抗病虫转基因作物的外源基因与田间的病原菌长期、广泛接触并相互作用后，有可能产生新的病菌种类，拓宽原有病菌的传播途径和寄生范围，加强原有病菌的侵蚀能力和致病性，或使原来的非病菌微生物恶化为作物病原菌，从而加重作物病虫害的发生，破坏原有的农田生态平衡系统。科学研究表明，转基因植物因其超强的抗虫害功能有可能对土壤中的微生物、昆虫、软体动物等产生负面效应，进而对土壤生态环境产生长远影响。

（三）长期种植转基因作物有可能造成种植地带的杂草化

历史经验表明，长期使用农药不仅会让土壤中的营养成分流失，也会让部分植物具有一定的“抗药性”。这种恶性循环导致农民使用农药的剂量越来越大，植物的抗药性越来越强，耕地也变得越来越贫瘠。转基因作物具有抗除草剂功能，大量种植后，其本身或者其抗除草剂基因与某些杂草基因组合后，有可能生长出具有抗除草剂特性的超级杂草，形成转基因作物种植地带杂草化，进而影响转基因作物的生长。

（四）转基因作物有可能破坏种植区域原有的生物多样性

转基因生物是人为生成的，具有超强的生存能力，这与自然界的生物物种经过长期进化形成不同。转基因产品通常具有普通物种不具备的优势特征，大面积种植转基因作物或大规模养殖转基因动物，会改变物种之间原来的竞争关系，破坏自然界原有的生态平衡系统，可能导致原有部分物种灭绝或者生物多样性的丧失，而生态系统遭到破坏之后往往是无法修补的。①

因此，我国在批准转基因作物种植的同时，必须明确转基因作物与非转基因作物的间隔距离，密切监视转基因作物周围的生态环境。必要时，可以划出部分区域为“非转基因作物种植区”。这些区域可以根据不同的地理、气候和生物多样性条件划分，如某个地区或某个片区为我国“非转基因作物种植区”；也可以按照转基因作物的特性划分，如某个地区或片区为“非转基因××（产品名称）种植区”。

二、转基因作物产业化与食品安全问题

粮食安全是一个国家的立国之本，尤其是像中国这样一个拥有十四亿多人

① 参见何余堂、解玉梅、吕艳芳：《转基因食品安全与环境分析》，载《食品科学》2007年第8期。

的人口大国，粮食安全只能依靠我们自己的力量解决。中国政府历来重视农业问题和粮食安全。2009年，国家更是划出了18亿亩耕地红线，实行最严格的耕地保护制度。然而，守住耕地数量只是确保粮食安全的一个方面，另一方面是如何提高粮食产量和粮食质量。随着中国全面建成小康社会，消费者开始对粮食品质有了更高的要求。提高粮食品种主要依靠科技，其中采用转基因生物技术是增加粮食品种、提高产品质量的有效途径，关键是如何规制这一新技术，使之得以安全、有序地推广到农业生产之中。

基于现有的科技水平和检测手段，经过批准上市的转基因食品与普通食品一样都是安全的。然而，企业在生产加工过程中是否严格按照规范操作，或者是否会出现基因突变等意想不到的事情发生，这些都是值得探讨的问题。虽然转基因作物经过安全评价，取得主管部门颁发的安全证书，说明其本身达到国家要求的安全水平。但是，正如有些学者所指出的，转基因作物在生产加工过程中，产品的安全性有可能降低。在种植或者养殖过程中，转基因作物和动物中的生物基因组可能发生变异，导致性状发生改变并产生非目标产物。在加工过程中，转基因作物因受外界影响有可能出现有害成分富集，增加食品的毒性，降低食品的稳定性。①

在转基因食品生产加工过程中，由于转基因食品（原料）与非转基因食品（原料）在物理外观上没有区别，用途相同，可能发生混杂的环节很多。例如，在收割过程中，农场主将自己种植的转基因作物收获物与非转基因作物收获物放在一起晾晒、烘干和储存；在运输过程中，承运人将转基因作物与非转基因作物进行混装运输；在加工过程中，加工者将转基因食品原料和非转基因食品原料进行混合储存，然后在同一条生产流水线上进行加工等。这些转基因作物与非转基因作物的“交叉污染”，虽然有些是人为的，但是更多情况下，是当事人受客观条件限制无意造成的。②

尽管迄今为止，在世界范围内尚未发生转基因食品危害人体健康的案例，但是转基因食品因其原料的特殊性，在其收割、存储、运输、生产加工过程中不能混同于一般的非转基因作物。尤其是在人们尚未普遍接受转基因产品之前，转基因食品与非转基因食品的商业价值也不相同。为了避免转基因作物在生产加工环节“侵蚀”非转基因作物，也是因为转基因食品与非转基因食品的标签规定有区别，企业应该为转基因作物和非转基因作物安排不同的仓储设备、运输工具。食品生产加工企业也应该安排不同的生产流程，包括不同的流

① See Jonas D. A. & Elmadfa I., *Safety Considerations of DNA in Food*, Annals of Nutrition and Metabolism 6(2001).

② 参见张忠民：《转基因食品法律规制研究》，中国政法大学出版社2014年版，第180页。

水线及其密封装置。

三、擅自改变转基因生物用途问题

据统计,全世界种植转基因作物的国家有28个,而进口转基因作物用作食品或者饲料加工原料的国家和地区则更多。日本和欧盟是对转基因作物种植采取严格管制措施的国家和地区,但又是世界上转基因粮食进口最多的国家和地区。即使在允许转基因作物种植的国家中,其具体情况也有所区别。例如,虽然印度科学家用转基因技术研发出印度人喜欢的茄子,但是印度政府没有批准推广种植。目前,印度种植的转基因作物只有棉花。

中国目前只允许种植转基因经济作物(棉花、木瓜),不允许种植转基因粮食作物,尽管我国科学家早已拿到转基因水稻和玉米的安全证书,但是我国每年却需要进口大量转基因大豆和玉米,其中转基因大豆已经是我国食用油加工的主要原料,进口的转基因玉米也是我国饲料加工和部分食用油的主要原料,这说明我国在这些粮食作物种植上还有很大缺口,进口依赖度高。转基因作物的进口对我国食用油、肉类和禽蛋市场的价格波动已经产生一定影响。由于利益驱动,有可能出现农民擅自种植的情况。由于国家在这方面缺少规制措施,有可能造成非法种植的转基因作物"污染"环境或者对原生品种遗传资源造成破坏。

生产加工是整个转基因食品产业链中的重要一环,它一头连接的是转基因作物的种植,另一头连接的是转基因食品的消费。产品的生产、运输、储存过程中都有可能出现转基因产品与非转基因产品"交叉污染"。尤其是我国今后基于对不同地区的生态环境保护需要,对待转基因产业化有可能因不同地区采取不同的政策措施,企业的自律责任和政府的监管责任都非常大。然而,经济利益的驱使会导致一些人铤而走险非法种植和加工转基因作物,这些都需要政府通过制定法律加以规制,包括明确违反转基因作物种植和生产加工规定应承担的民事责任和刑事责任。

转基因产业具有广阔的发展前景,应该得到政府的保护和支持。与此同时,转基因产品又因其具有独特的生物特性需要严格监管,其中政府管制的边界划分——转基因产品的阈值标准尤为重要,也是保护市场主体合法权益和培育市场营商环境的需要。阈值标准并不是转基因产品安全与不安全的划分标准,它是一个国家和地区对待转基因食品的一个容忍度。目前,无论是种植转基因作物的国家,还是进口转基因作物的国家,除中国之外,绝大多数国家和地区都有自己的阈值标准。

我国一直执行转基因生物定性标准,即"零阈值标准"。这种号称"世界上最严管制标准”的做法事实上是不科学的标准。在转基因产品无处不在的当下，要做到转基因产品零阈值标准几乎是不可能的。除故意掺杂之外，因技术等客观原因在普通食品中含有少量转基因生物有时是难以避免的。因此，我国的转基因食品生产加工法律规制应该以阈值标准的制定为切入点，通过制定科学、客观的转基因生物定量标准，让企业放心生产，让消费者安心消费，也让我们的执法者有明确的裁量标准。

第二节　域外转基因作物产业化的规制措施与政策导向——以转基因阈值为视角

自从人们在1994年首次将转基因番茄投放市场以来，全球转基因作物商业化运用至今已有20多年。截至2016年，全球转基因作物累计种植约21亿公顷，约占全球耕地面积12%，其中包括约11亿公顷转基因大豆、约6亿公顷转基因玉米、约3亿公顷转基因棉花和约1亿公顷转基因油菜。美国、巴西、阿根廷、加拿大、印度是世界上种植转基因作物较多的五个国家，其种植面积之和占全世界的91%，仅美国的转基因作物种植面积就占了全球的39%。[①]

随着转基因技术的不断发展，转基因作物的品种与特征也日益丰富。目前，转基因作物的性状大致可以分为以下三类：第一类是以降低生产成本、增加产量为目的的输入型性状，如具有抗虫、抗病、耐逆境、耐除草剂功能的大豆、玉米、棉花等；第二类是以改善作物产品的品质为目的的输出型性状，如增加营养、抗氧化、改善味道、气味的水果和蔬菜等；第三类是以提高产品附加值为目的的附加值性状的转基因产品，如生物医药、生物燃料等。[②]

阈值管理是指对所有认为有风险的事物（如混杂率、异交率、阳性率、致死率、危害率等）给出一个容忍的“度”，并以这个“度”为依据进行区别管理。[③]阈值的高低反映的是一个国家和地区对风险的认识和接受程度。被认为风险较大的产品管理一般设置一个较低的阈值；相反，如果已经被证明风险较小或可控的，则可设置一个较高的阈值。如果没有一个“度”，就无法实施定量的科学管理，阈值的设置是科学管理的重要依据之一。

转基因成分阈值的确定应综合考虑转基因产品的安全性（包括对人类健

---

① 参见林祥明、王东：《转基因产业在各国的发展和监管》，载《团结》2018年第4期。

② 参见刘治先等：《世界转基因农作物的应用现状和发展趋势》，载《山东农业科学》2008年第7期。

③ See Bansal S. & Ramaswami B., *The Economics of GM Food Labels: An Evolution of Mandatory Labeling Proposals in India*, Research Paper, Washington DC: International Food Policy Research Institute, 2007.

康、环境的影响)、经济贸易、运营成本和技术可行性等因素。因此,阈值本身不仅包含科技理性,还包含经济理性和政策理性,集中反映了一个国家或地区对转基因产品风险的容忍度。目前,批准产业化生产的转基因作物已被证明不存在明显危害人类健康的问题,对这类产品设定阈值标准主要是从贸易保护和运营成本等方面考虑。

正是基于转基因生物的上述特点,世界各国和地区设定的转基因成分阈值也是大小不一。除考虑科学因素外,更多的是顾及本地区的经济和社会因素。2002 年,欧盟将转基因标识的阈值从 1%降到 0.9%,但是没有证据表明,食品中转基因成分含量为 0.9%时,其安全性与转基因成分含量为 1%的食品有何差异。欧盟这一调整的很大一部分原因是 0.9%是现有技术能够检测出转基因成分的极限。一般而言,转基因产品的出口国倾向于制定比较高的阈值,而进口国则倾向于较低的阈值。根据金芜军和吉小燕等学者的研究,各国制定的转基因产品阈值标准差异较大。(见表 6-1)

表 6-1　不同国家和地区设定的最低转基因成分含量阈值

国家或地区	阈值	国家或地区	阈值
欧盟	1%(1997 年) 0.9%(2002 年)	捷克共和国	1%
巴西	4%(2003 年以前) 1%(2003 年以后)	沙特阿拉伯	1%
阿根廷	5%	以色列	1%
澳大利亚/新西兰	1%	日本	5%
俄罗斯	5%	加拿大	5%
马来西亚	3%	美国	5%
韩国	食品中前 5 种含量最高的食品成分,且该成分中转基因含量超过 3%	印度	5%(讨论中)
泰国	食品中前 3 种含量超过 5%的成分,且该成分中转基因含量 5%	中国	零容忍

资料来源:金芜军、贾士荣、彭于发:《不同国家和地区转基因产品标识管理政策的比较》,载《农业生物技术学报》2004 年第 1 期;吉小燕、侯雅莉:《国外转基因标识、阈值设定与审批管理对中国转基因大豆进口的影响》,载《南京农业大学学报(社会科学版)》2015 年第 2 期。

由此可见,我国采用的零容忍阈值标准与许多国家的做法不同。这种严苛的标准不仅没有科学依据，也会影响我国农业转基因产业化的发展。

一、美国

美国是世界上最早种植转基因作物的国家。1983 年，世界上第一枝转基因植物（烟草）在美国种植成功。目前，美国仍然是全球转基因作物种植面积最大、种植品种最多的国家。2015 年，美国批准了一种快速生长转基因三文鱼的合法生产和销售，这标志着转基因食品的销售和食用将历史性地从植物拓展到动物。① 值得一提的是，除转基因食品外，美国政府已经批准一种使用 CRISPR-Cas9 基因编辑技术的蘑菇上市，还表示对另一种即将上市的使用相同技术的玉米不会用对待转基因作物的方法来进行监管。美国对于基因编辑技术商业化应用的宽松态度将会使其生物技术的研发再上一个高度。②

美国食品与药品管理局（FDA）、农业部（USDA）和环境保护署（EPA）这三个机构主要负责转基因作物各个环节的检测、评价和监督工作。具体而言，农业部负责监督转基因作物的推广种植，环保署负责管理转基因抗杀虫剂的性能，食品与药品管理局负责确保转基因食品对人的安全性。③ 由于监管的对象是生物技术产品，而不是生物技术本身，美国并没有对转基因作物单独立法，而是在 1986 年颁布的《生物技术管理协调大纲》的基础上增补有关转基因作物风险管理的规定，以确保每种转基因作物都能找到相应的法律规定。④ 在科学和实质等同的指导原则下，通过农业部、环境保护署、食品与药品管理局三个部门的监管，建立起覆盖转基因研究、开发、生产、销售、进出口全过程的监管模式。

负责转基因作物种植的美国农业部通过其下属的动植物卫生检疫局（APHIS）对种子的获取、运输到田间试验乃至最后的产业化实行全程监管，防止转基因作物危及其他生物。在田间试验过程中，农业部要求研究人员必须有防止转基因扩散和进入食品的保障措施。当转基因作物符合安全测试，即将投入生产之际，研究人员应当向农业部申请“解除管制”，并提供关于转基因及其植物生物学效应、对生态系统的影响等大量检测数据。当进入市场的转基因作

---

① 参见王大元：《美国转基因三文鱼商业化的启示》，载《科学通报》2016 年第 3 期。

② 参见孙卓婧等：《浅析世界农业转基因商业化应用现状》，载《世界农业》2017 年第 7 期。

③ 参见毛新志、周峰：《美国、欧盟有关转基因食品的管理、法律法规对我国的启示》，载《科技管理研究》2005 年第 2 期。

④ 《生物技术管理协调大纲》分两部分，分别于 1985 年 11 月 4 日和 1986 年 6 月 26 日公布在美国的《联邦记事》上，其中第二部分包括六项内容：序言和五个部门分别对管理政策的陈述。这五个部门是：食品与药品管理局、环境保护署、农业部、职业安全与卫生管理局、国立卫生研究院。文立民等：《浅谈美国对生物工程的管理》，载《生物技术通讯》1997 年第 1 期。

物出现问题时,农业部有权停止其销售。[①] 美国农业部的这些监管职能散见于《联邦植物有害生物法》等法规和指南中。

美国环保署依照《联邦杀虫剂、杀菌剂和杀鼠剂法案》负责管理转基因作物农药残留和对环境的影响,其监管对象包括抗虫棉花、抗病毒番茄等"植保型"转基因植物。环保署负责监管含抗虫、抗菌类物质的植物及微生物的扩散、销售、利用和试验,还监管食品中的抗虫、抗菌类物质。

食品与药品管理局依照《联邦食品、药品和化妆品法案》负责转基因食品、食品成分、食品添加剂以及饲料的安全。工作人员通过对研究人员进行咨询,了解有关数据、进行过敏性测试评价以及有毒性检测,以此监控转基因食品和饲料的安全。[②]

美国实行的是一种高度行政化许可批准和自愿标签管理模式。食品药品管理局负责转基因作物上市前的评估以及标识。转基因作物一旦被认为是安全可靠的,就不必接受上市前的风险评估。食品与药品管理局根据 2016 年颁布的《国家生物工程食品披露标准法案》(S. 764 法案),[③]只有在转基因食品与其相应的传统食品在成分构成、营养指标或安全性上不再是实质等同时,才要求转基因食品进行标识。因此,与其他国家不同,美国的阈值标准不是针对所有转基因食品的。

上述三个机构在转基因作物产业化过程中负责各个环节的监管,从转基因作物的实验室实验、大田试验到产业化申请审批以及种植过程中的环境监控和种植产品的安全监测都作了详细的法律规定。可见,美国的转基因技术在生产领域得到有力的推广和应用,这与其完善的法律体系密不可分。[④]

在对待转基因作物与非转基因作物混杂的问题上,美国在实践中采取的是"篱笆外规则"(fence-out),意思是种植者责任自负。[⑤] 事实上,这并不是美国主管部门确立的规则,而是美国农业部及法院依据现有法律和法规在实践中默

---

① 参见张启发:《转基因作物研发、产业化、安全性与管理》,载《中国大学教育》2003 年第 3 期。

② 参见毛新志、周峰:《美国、欧盟有关转基因食品的管理、法律法规对我国的启示》,载《科技管理研究》2005 年第 2 期。

③ 参见 2016 年 7 月 29 日,美国总统奥巴马签署了《国家生物工程食品披露标准法案》,即"S. 764 法案",授权农业部长就生物工程食品确立强制性披露标准及实施方法和规程。新法要求食品生产商自主选择在包装上标注转基因成分的形式,包括文字、符号或由智能手机读取的二维码,满足消费者对食品属性的知情权及选择权。

④ 参见刘旭霞、余桢:《中外转基因作物产业化法律规范比较》,载《科技与法律》2007 年第 3 期。

⑤ "篱笆外规则"是指由种植者负责将花粉或其他遗传物质挡在自己的作物之外。与它对应的是"篱笆内规则"(fence-in),即转基因作物种植者将转基因花粉或其他成分控制在自己的田间,不使其往外扩散。

认的规则。美国《有机食品生产法令》(OFPA)和国家“有机产品计划”(NOP)等规则规定,进行有机产品的种植者不能种植或使用任何基因工程作物、投入品或种苗,在种植过程中还需要遵循相应生产要求,包括划出种植隔离带以避免邻近转基因作物的花粉漂移进田造成混杂。事实上,美国人的食品消费中,转基因食品与非转基因食品的界限并不明确,但是有机食品与其他食品的界限还是有的。一些像“全食”(Whole Foods Market)这样的高端食品零售店就是专卖有机食品,其价格自然也要高于其他普通食品。

二、欧盟

欧盟作为世界上最大的区域经济一体化组织,在转基因作物产业化过程中竭力主张坚持预防为主原则和过程监管模式,转基因作物只有在经过政府主管部门严格审批和指定机构授权的情况下才可以进入欧盟市场。目前,除西班牙、葡萄牙、斯洛伐克、捷克有少量种植外,绝大多数成员国均未种植转基因作物。西班牙是欧盟最大的转基因作物种植国,约13万公顷的种植面积占整个欧盟地区转基因作物种植面积的90%。[①] 欧盟对转基因作物产业化持消极态度的原因涉及人口、经济、政治等多种因素,商业化进展缓慢。

规范欧盟成员国种植转基因作物的法规主要是2001/18/EC号指令。申请人首先将种植转基因作物的材料送交其所在国主管部门。受理部门在接到申请的90天内作出批准或不批准的决定。如果成员国受理部门倾向批准申请,则将决定报送欧盟委员会,欧盟委员会在收到后30天内转发给所有成员国。根据欧盟2001/18/EC号指令第23条,成员国享有一项安全防范条款,即成员国能够在它们的领土内临时限制或禁止使用或销售某类已经欧盟批准的转基因作物。适用该条款的前提是成员国必须有正当理由认为作物中所含的转基因生物对人类或者环境构成危险,包括发现转基因作物存在以前没有检测出的新特征,而且这些特征将影响该作物环境风险评估结果,有可能对人畜和环境造成危害。欧盟有义务调查这些案宗,或者注销之前的许可登记,或者要求该国收回临时禁令。[②]

2015年,欧盟出台法规允许成员国根据自身实际选择是否种植转基因作物。这看似为转基因作物的产业化清除了障碍,但实际效果可能只是消除了成员国对转基因作物存在分歧的影响。在这项法规颁布不久,德国政府于2016

---

① 参见克莱夫·詹姆斯(Clive James):《2015年全球生物技术/转基因作物商业化发展态势》,载《中国生物工程杂志》2016年第4期。

② See Johson Davison, *GM Plants: Science, Politics and EC Regulation*, Plant Science 2(2010).

年年底批准了禁止在德国种植转基因作物的法律草案。[①] 该法律草案规定,进口商要对进口至德国的食品(包括转基因食品)负最终责任。

欧盟分两个层次分别对转基因作物产业化进行管理。在欧盟统一管理层面,主要由欧洲食品安全局(EFSA)和欧盟委员会(EC)相互配合共同管理,其中食品安全局独立评估审核转基因作物有可能对人体和环境带来的任何风险,欧盟委员会负责相关立法,并为监督提供执行的准则和标准。在成员国层面,欧盟各成员的对口部门是该国农业部和卫生部,其主要职责是执行欧盟的相关法规,并根据本国特点对转基因作物进行具体管理。[②] 申请转基因食品上市的企业首先向所在成员国主管当局提出申请,由该主管机构对此进行评估。成员国如果同意这种转基因食品上市,需要通过欧盟委员会通知其他成员国。若其他成员国未提出反对意见,则经该成员国正式批准,这种转基因食品可在全欧盟境内上市。[③]

欧盟的转基因作物安全监测由欧盟转基因生物检测网络实验室负责,各成员国检测机构辅助。此外,一些大学和科研机构的检测部门也承担部分转基因作物的安全监测。转基因食品只有经过授权才能进入欧盟市场,而且这种授权每 10 年需要更新。作为世界上实行阈值管理较早的地区之一,欧盟可追溯性与标识条例[Regulation (EC) No. 1830/2003]规定,对于转基因生物来源的食品和饲料实行强制性标识,对于已经批准的转基因生物,阈值为 0.9%,对于已经经过欧洲食品安全局正面评价、只是还没有审批的转基因生物,阈值暂定为 0.5%(3 年过渡期)。在用于播种的种子中,转基因种子阈值(容许量)目前尚未定论,欧盟倾向 0.3%~0.7%,有的成员提出 0.1%。[④]

欧盟和大多数国家在转基因产品标识管理的有关法规中提出的转基因标识阈值都是针对每一种作物成分而言的,是指特定物种或者特定作物成分中的转基因成分的相对含量,而不是转基因成分在总产品中的相对含量。例如,如果食品中既有大豆粉(占食品 25%),又有玉米粉(占食品 75%),还有水稻粉(占食品 0.1%),大豆粉中的转基因大豆成分为 0.1%,玉米粉中转基因玉米成分为 1%,水稻粉中转基因水稻成分是 100%。该食品应标识为转基因大米(含

---

① 参见孙卓婧等:《浅析世界农业转基因商业化应用现状》,载《世界农业》2017 年第 7 期。

② 参见崔宁波、郑雪梅:《转基因作物产业化风险管理的国际比较及其借鉴》,载《江苏农业科学》2018 年第 23 期。

③ 参见如果其他成员国反对该转基因食品上市,欧盟委员会需要启动"附加评估程序",包括咨询欧盟食品科学委员会,据此作出的决定交由各成员国代表组成的食品常务委员会投票表决。如果该委员会作出否定决定,欧盟委员会会将决定草案提交欧洲理事会投票表决。

④ See Bernauer T. Genes, *Trade and Regulations: The Seeds of Conflict in Food Technology*, Princeton University Press, 2003.

量仅占食品0.1%)和转基因玉米(含量占食品的75%)。

需要指出的是,欧盟成员国内部对于阈值的理解也有分歧。一种观点认为,阈值指的是某一食品成分中转基因成分占该食品成分的重量百分比。例如,当某一含有大豆成分的食品中,其转基因大豆的含量占该食品中大豆成分总量的比例超过0.9%或1%时,需要对该食品进行标识。另一种观点认为,阈值指的是在食品DNA中,某一食品成分中转基因成分的外源基因拷贝数与该食品成分内源参照基因拷贝数的比值。例如,对于某一含有大豆成分的食品,若食品总DNA中转基因大豆外源基因的拷贝数与大豆内源参照基因的拷贝数的比值超过0.9%或1%,需要对该食品进行标识。①

为了避免转基因作物与传统作物的相互混杂,欧盟委员会2010年提出了《关于转基因作物与非转基因作物共存问题新的备忘录》(Commission Recommendation 2010/C200/01),其相应的操作指南规定,转基因作物与非转基因作物之间需要建立缓冲地带或隔离带。由于指南不具有强制约束力,各成员国可以制定自己的管理条例,这导致隔离带的距离从15米(瑞典)、50米(法国)到800米(卢森堡)不等。②

三、巴西

巴西种植转基因作物的历史并不是很长,却是发展较为迅速的国家之一。2016年,巴西种植转基因作物约4910万公顷,占全球的27%,比2015年的4420万公顷增加了11%。转基因大豆、玉米、棉花种植的总面积已经占该类作物种植面积的93.4%。③ 目前,巴西是仅次于美国的世界第二大转基因大豆生产国和出口国,也是发展中国家中最大的转基因大豆生产国和出口国。继"咖啡经济""蔗糖经济"之后,"大豆经济"已经成为巴西现代农业的象征,是最主要的出口农产品。

巴西国内对是否允许种植转基因大豆一直存在争议。南方产区主张放开,认为农业本来就是巴西经济的重要组成部分,使用转基因技术将使巴西的农业更具国际竞争力;北方产区则主张禁止种植转基因作物,认为这将不利于巴西的大豆出口至欧洲这些传统市场。由于原来的《生物安全法》禁止转基因大豆的种植,巴西通过颁布临时法令让种植转基因大豆合法化,以平息社会各

---

① 参见厉建萌:《浅谈转基因产品阈值管理》,载《农业科技管理》2009年第3期。

② 参见陈旸:《欧盟转基因产品政策探析》,载《国家安全研究》2013年第1期。

③ 参见林祥明、王东:《转基因产业在各国的发展和监管》,载《团结》2018年第4期。

方的争议。[①] 2005年生效的新《生物安全法》是对1995年的《生物安全法》的全面修订,它的颁布结束了巴西国内围绕转基因生物的立法争议。除在生物技术研究方面增加了新的一般性规定之外,新法还对宪法提出的原则进行了细化,为监管涉及转基因生物及其副产品的活动建立了安全标准和机制。该法对转基因产品的定义是"从转基因生物获取的不能自动复制或不具有转基因生物形态的产品"。按照新法规定,在巴西境内从事转基因生物及其产品的研发、试验、生产、加工、运输、储藏、经营、进出口活动都要遵守该法规定。

新法对转基因作物风险管理机构、职责、任务和运作机制作出明确规定。该法规定由11个与转基因生物有关的政府部长组成国家生物安全理事会(CNBS)作为最高决策机构,[②]直属于总统办公室管辖,负责制定和实施国家生物安全法规、指南以及评估转基因作物的经济效益和社会效益;对未经批准的转基因活动可处2000~1,500,000雷亚尔(约合人民币4200~3,120,000元)的罚款;重新组建国家生物安全技术委员会(CTNBio),[③]隶属于科技部,负责制定转基因生物及其衍生物活动的安全标准和建立相应的执法机制,为政府制定国家转基因生物安全政策提供技术支撑。[④] 卫生部所属相关机关负责注册、审批和监控用于人类食用、制药、家庭清洁及相关领域的转基因生物及其产品。农业部负责注册、审批和监控用于动物、农业生产及相关领域的转基因生物及其产品,对经国家生物安全技术委员会认定可以在自然界释放的转基因生物申请予以许可。水产渔业特别秘书处负责注册和批准用于水产养殖和渔业的转基因生物及其产品。科技部下属的国家生物安全技术委员会建立转基因生物

---

① 新《生物安全法》生效前颁布的最后一份临时法令经总统签署后于2005年1月13日生效。该法令放宽了转基因大豆的销售期限,允许该年度生产的大豆产品销售截止期由2006年往后再延长180天,从而确保与新《生物安全法》相衔接。临时法令要求大豆生产者与政府签订"行为规范和责任书",保证转基因大豆不危及人类、动植物及环境安全。与前几年的临时法令一样,该法令规定,本年度产的大豆只能被保留用于当地产区下一年度种植的种子,不能销售到其他州。该法令还规定,提供转基因大豆种子的孟山都公司可以向巴西农民收取专利使用费。

② 这11人除总统外,分别是科技部、土地开发部、农业部、司法部、卫生部、环保局、工业发展与对外贸易部、外交部、国防部9个部门的部长和总统办公室水产养殖和渔业特别大臣。

③ 巴西国家生物安全技术委员会的27名委员来源广泛,其中专家12人(人类卫生领域3人、动物健康领域3人、植物健康领域3人、环境领域3人),科技部、农业部、卫生部、环保局、土地开发部、工业发展与对外贸易部、外交部、国防部以及总统办公室水产养殖和渔业特别秘书处各1人,消费者权益专家1人(司法部委派)、健康专家1人(卫生部委派)、环境专家1人(环境部委派)、生物技术专家1人(农业部委派)、农场分配专家1人(土地开发部委派)、职业健康专家1人(劳动就业部委派)。李宁等:《巴西转基因生物及其产品安全管理考察报告》,载《农业科技管理》2005年第6期。

④ 参见祁潇哲、贺晓云、黄昆仑:《中国和巴西转基因生物安全管理比较》,载《农业生物技术学报》2013年第12期。

安全管控体系,负责评估转基因生物对人类、动植物和环境的潜在影响,审批用于研究的进口转基因生物。①

新《生物安全法》涵盖了科研活动和商业应用,涉及农业、人类健康、环境和水产等领域。该法规定,任何单位从事新《生物安全法》所述的活动,事先需要获得由巴西生物安全技术委员会颁发的"生物安全许可证",个人若计划从事本法涵盖的活动,也需要获得巴西国家生物技术安全委员会的许可。新法规定,任何使用基因工程技术的机构以及开展转基因生物及产品研究的单位都应建立生物安全委员会(CIBio),并指派专人负责每一个项目的安全管理工作,包括(1)向本单位员工讲解生物安全方面的知识;(2)实施预防和监控措施,确保本单位设备操作符合国家生物安全技术委员会制定的标准;(3)为国家生物安全技术委员会提供所有涉及本单位转基因生物及其产品安全评价、注册、审批的申请材料,以便相关机构分析、注册、批准;(4)持续记录本单位从事的每一项转基因生物及其产品的活动内容;(5)向国家生物安全技术委员会、审批机构、监测机构以及工会报告对接触人群的风险评估结果以及任何可能导致生物技术样品扩散的意外事件和事故;(6)调查与转基因生物及其产品相关的事故和疾病,将结论和检测方法提供给国家生物安全技术委员会。②

巴西根据2003年制定的《新转基因标识法规》对转基因生物采取定量强制标识,规定产品含转基因成分超过1%的必须注明,并在标签上附上转基因标记——黄色三角形中含有字母T(见第五章第二节),所有包装、散装及冷冻产品均适用此法。巴西对未经审批的转基因作物及食品采取零容忍态度。新《生物安全法》对转基因作物和食品的审批程序作了调整,要求审批在120天内完成,特殊情况不超过180天审批期限。巴西还建立了生物安全信息系统,发布与转基因生物技术及其产品有关的信息,成立了计量、标准化和质量等方面的专门委员会,负责有关转基因的认证、技术标准的执行和建立检测检验网络。③

巴西生物安全管理体制的独特之处在于:第一,从体制上将生物安全政策制定与技术评价分离,国家生物安全理事会(CNBS)具有最高仲裁权,它只负责依法处理有关国家利益、经济和社会问题的行政诉讼,不负责评价国家生物安全技术委员会(CTNBio)作出的技术性决定,提高了转基因生物安全管理决策的独立性与透明度。第二,经国家生物技术安全委员会审批后的产品,根据

① 参见李宁等:《巴西转基因生物及其产品安全管理考察报告》,载《农业科技管理》2005年第6期。

② 参见李宁等:《巴西转基因生物及其产品安全管理考察报告》,载《农业科技管理》2005年第6期。

③ 参见崔宁波、郑雪梅:《转基因作物产业化风险管理的国际比较及其借鉴》,载《江苏农业科学》2018年第23期。

用途分属各个部门负责，职责清晰，管理更加高效。法律明确规定研发单位在人员培训、事故预防、科研监管等方面的职责。第三，12 种行政处罚和若干种刑事处罚规定为转基因生物安全管理构筑了一道完整的法律屏障。

四、印度

印度作为世界第二人口大国，十分重视生物技术的研发。印度政府把农业生物技术确定为优先发展的项目，将转基因技术作为提升本国农业发展水平的关键技术之一。目前，利用基因技术改良作物的主要是一些印度的种子公司和公共研究机构，开发的农作物具有抗杀虫剂、抗除草剂、耐旱、增加营养成分和提高产量等功效，品种包括香蕉、卷心菜、木薯、花菜、鹰嘴豆、棉花、茄子、油菜籽、芥末、木瓜、木豆、土豆、水稻、西红柿、西瓜、小麦。① 一些私营的种子公司重点开发卷心菜、花菜、玉米、油菜籽、芥末、黄秋葵、木豆、水稻、西红柿、棉花。由于基因工程评估委员会停止工作达两年之久，研发单位从印度地方政府获得“没有反对意见证明”也比较困难。上述品种中，只有玉米和棉花这两个品种在 2013 年进行了田间测试。②

茄子是印度人的主要食物之一，但易受病虫害侵袭，尤其是果梢蛀虫(fruit and shoot borer)，需要喷洒大量农药。转基因茄子可以为防控果梢蛀虫提供有效的防御并减少农药的使用。③ 2009 年 10 月 14 日，基因工程评估委员会向印度环境与森林部建议批准商业化种植转基因茄子。经过广泛征求社会各界意见之后，2010 年 2 月 9 日，环境与森林部宣布搁置审批程序，直到研究表明印度政府制定的转基因管理制度能够确保人类和环境安全。此后，基因工程评估委员会没有提出过任何类似建议。

转基因棉花是自 2002 年以来印度政府批准的唯一可以在印度商业化种植的转基因作物。在过去的十多年里，转基因棉花的种植面积迅速增加，产量也大幅度提升，主要是保铃棉一号(Bollgard Ⅰ)和二号(Bollgard Ⅱ)这两个品种。转基因棉花已经给印度政府及棉农带来巨大经济效益。目前，转基因棉花已占印度棉花产量的 95%。2013 年，印度的棉花产量为 3050 万包(480 磅/包)，种植面积是 1170 万公顷。2002 年，这两个数字分别是 1060 万包和 760 万

---

① 参见印度政府官网，*Indian GMO Research Information System*，http://igmoris.nic.in/status_gmo_products.asp，2017 年 3 月 28 日访问。

② 参见印度政府官网，*Indian GMO Research Information System*：*Field Trials of GM Crops* (*Containing New Genes/Events*) *in Year* 2013，http://igmoris.nic.in/field_trials.asp，2017 年 3 月 28 日访问。

③ 参见[印度]马哈拉施特拉(Usha Barwale Zehr)：《印度转基因作物》，吴昊译，载《华中农业大学学报》2014 年第 6 期。

公顷。印度也由过去的棉花进口国一跃成为世界第二大产棉国和棉花出口国。迄今为止,印度政府已经批准了6个棉花品种、共计1100个批次的转基因棉花种植,其中孟山都公司开发的两个棉花品种(Mon531和Mon15985)占了绝大多数。种植区域分布在印度各地,这些地区的气候条件差别也很大。

在转基因棉花成功种植的推动下,农业生物技术继医药卫生、食品营养之后成为印度国内生物技术产业的第三大组成部分。2013年的产值是433亿卢比(约合7.34亿美元),占印度整个生物技术产业全年产值的18%。由于转基因棉花是印度唯一批准商业化种植的转基因作物,印度的棉花种植面积已接近饱和,农业生物产业占印度生物技术产业的比重在近年来已开始下降。2014年9月,印度政府发布了"印度制造"计划,呼吁社会资金投资转基因种子研发。环境部在2014年10月表示,早在当年8月就已经批准德里大学与必久(Bejo)公司进行转基因茄子的大田作业试验,并提出政府坚持"科学仍需继续"的态度。

印度是世界棉花出口大国,同时会出口一些转基因棉花种子。2011年,印度出口棉花1110万包,2013年出口900万包。转基因棉花不同于转基因食品,棉花不含蛋白质物质,因此,出口商在出口时不需要进行转基因作物申报。印度唯一允许进口的转基因作物是大豆,用于提炼大豆油,来源国包括巴西、阿根廷、美国等。2013年,印度大豆油的进口量是160万吨。

印度的农业转基因政策兼具美国和欧盟的特点。在转基因技术研发和投资方面,印度有明确的优先发展规划,并投入大量科研经费予以支持;在生物安全和食品安全管理方面,印度的监管态度介于宽松与谨慎之间;但对于国际贸易和知识产权政策方面,印度严格限制转基因产品的进口,并实行严格的检测制度,保留农民自留种子的特权。

在印度,转基因作物管理包含中央政府、地方政府和相关机构三个层次。国家立法主要是1986年颁布的《环境保护法案》[The Environment (Protection) Act]和1989年颁布的《制造、使用/进口/出口和储存有害微生物/转基因生物或细胞管理规则》(Rules for the Manufacture, Use/Import/Export and Storage of Hazardous Microorganisms/Genetically Engineered Organisms or Cells)(以下简称"1989年准则")。上述规则规范转基因生物及其产品的研发、大规模使用、进口等事项。表6-2列举的这些规则是印度政府对6个相关部门规定的具体职责。①

① 2006年8月24日,印度颁布了《食品安全与标准法案》。该法案对规范包括加工食品在内的转基因食品作出了具体规定。依据该法案规定,印度食品安全与标准署被授权作为唯一一个负责制定和执行包括转基因食品在内的食品科学标准的官方机构。

表 6-2　印度政府部门和地方政府的职责分工

机构名称	职责
印度环境与森林部	内设“基因工程评估委员会”，作为具体负责《环境保护法案》和“1989 年准则”的执行机构
印度科学技术部下属的生物技术司	向基因工程评估委员会提供指南和技术支持。评估和批准在印度从事转基因产品研究与开发
印度农业部	评估和批准经过田间测试后的转基因作物商业化生产
印度卫生与家庭福利部下属的食品安全与标准署	评估供人类消费的转基因作物和产品的安全性，批准是否可以上市
各地方政府	监管当地转基因生物研究设施的安全措施是否到位。如果有转基因产品向自然环境释放，评估其危害性。经过基因工程评估委员会批准的转基因作物田间测试和商业化种植还需得到所在地政府的批准
科学技术部生物技术司、农业部以及各地方政府	通过各研究机构和地方农业大学支持农业生物技术的研发

在印度的转基因生物安全立法体系中，技术指南占有重要地位。印度科技部生物技术司 1990 年制定的《重组 DNA 安全指南》（以下简称“1990 年指南”）适用范围包括转基因生物研究实验、环境释放、大规模使用三个方面。1994 年，该指南被修订为《生物技术安全指南（修订）》，就转基因生物环境释放与大规模使用作了补充规定。1998 年，该指南被再次修订为《转基因植物研究指南（修订）》和《转基因种子、植物及其部分的毒性和过敏性评价指南》，在“1990 年指南”的基础上对转基因作物研究试验活动作出更加详细的规定，适用于为研究目的进口和运输的转基因植物。2008 年，基因工程评估委员会通过了《封闭环境下田间测试操作规范与指南》（Guidelines and Standard Operating Procedures for the Conduct of Confined Field Trials）。该委员会还通过了新修订的《由转基因植物加工而成食品的安全评估指南》（Guidelines for Safety Assessment of Foods Derived from Genetically Engineered Plants）。①

印度于 2005 年颁布了《食品安全和标准法》。在转基因食品方面，该法明

① 参见印度政府官网，*Indian Biosafety Rules & Regulations*，http://dbtbiosafety.nic.in/，2017 年 3 月 29 日访问。

确界定了“转基因食品”的概念，并对其生产、加工、销售、出口和进口等事项作出规定。2008年，印度卫生部发布了《转基因植物食品安全评价指南》，环境与森林部和科学技术部下设的生物技术司也公布了《转基因作物食品、饲料安全性评估协议》。这些配套措施使得印度转基因食品安全监管方面的法制建设进一步完善。①

目前，印度形成了在中央以环境与森林部和科学技术部为主体、其他部门密切配合，中央与地方相互协调的管理模式。环境与森林部是转基因作物商业化种植的最后审批者，这对科学技术部的权力行使有一定的制约作用。按照刘旭霞教授的观点，环境与森林部与转基因作物产业化之间的纠葛较少，它可以作为一个相对中立者对转基因作物进行安全评估和决策。② 除环境与森林部和科学技术部外，印度的生物安全管理框架主要由“重组 DNA 咨询委员会”（RDAC）、“遗传操作审查委员会”（RCGM）、“基因工程审批委员会”（GEAC）、“国家生物技术协调委员会”（SBCC）、“区级生物技术协调委员会”（DLC）和“机构生物安全委员会”（IBSC）共同组成。这六大主管部门分别行使政策咨询（RDAC③）、规范与审批（RCGM、④GEAC、⑤IBSC⑥）和事后监管（SBCC、DLC⑦）的职能，各部门各司其职，分工明确，共同构成了印度转基因作物完整的产业化管理体系。

同样是发展中国家，印度的转基因技术研发和应用起步晚于中国，但是发展迅速。印度在转基因技术应用与产业化方面的许多做法值得我们借鉴。

（一）审批系统完善

首先，任何转基因技术研发单位的内设机构——生物安全委员会对本单位的研究水平和可操作程度作出评价。需要进行田间试验的项目需经遗传操作审查委员会批准。其次，机构生物安全委员会向生物技术司提供认定申请，协

① 刘旭霞、英盼盼：《印度转基因生物安全监管的法律思考》，载《安徽农业大学学报（社会科学版）》2015年第4期。

② 刘旭霞、英盼盼：《印度转基因生物安全监管的法律思考》，载《安徽农业大学学报（社会科学版）》2015年第4期。

③ “重组 DNA 咨询委员会”是由印度科技部下属的生物技术司（DBT）专门成立，为印度提出转基因技术研发的相关政策和指导方针；制定转基因技术方面的安全法规。

④ “遗传操作审查委员会”是对转基因作物大规模田间试验进行管理的机构，主要负责监控转基因生物对环境的影响，制定相关操作规范。

⑤ “基因工程审批委员会”是环境与森林部的下设机构，负责审查和许可大规模使用转基因生物及其产品的活动，包括研发、生产、环境释放等。

⑥ “机构生物安全委员会”是转基因技术研究与开发机构均需成立的部门，主要负责对本单位的转基因生物研究进行监督和批准。

⑦ “国家生物技术协调委员会”和“区级生物技术协调委员会”分别管理各自级别的生物安全事务。

助遗传操作审查委员会对田间试验进行监管。最后，环境与森林部下设的基因工程审批委员会作为最终审批机构对大量使用转基因生物的申请进行审批。此外，国家生物技术协调委员会和区级生物技术协调委员会还会配合对上述活动的监督。

(二)咨询专业化

印度专门成立重组 DNA 咨询委员会，其主要职责是为印度起草转基因生物技术发展规划和政策方针，制定相关的安全法规和指南，关注转基因生物发展的前沿问题和国内的安全问题。该委员会虽然设在环境与森林部，但是委员会成员并非全部来自该部门，而是经过遴选、代表各领域的权威专家。

(三)监督高效化

印度法律规定，任何从事转基因生物技术研发或产业化的单位都需要设立机构生物安全委员会。该委员会成员包括本单位的科学家和科学技术部生物技术司指定的成员。这种成员构成的“双重属性”既克服了单位自我监督流于形式的弊端，又避免了国家机关过多干预科研机关活动的不利影响。机构生物安全委员会的主要职能是指导本机构执行相关法规和政策，批准和监督本单位从事的转基因研究与开发活动。

(四)种质资源保护根源化

印度在种植转基因棉花初期，由于过度依赖外国公司，在知识产权的使用上就显得比较被动。为此，印度通过制定《植物新品种保护与农民权利法》允许农民留下转基因作物种子，从而降低农民的生产成本，并于 2016 年年初颁布命令，要求种子生产商孟山都公司减少专利费用 70%。这引起孟山都公司的强烈不满，并以退出印度市场和停止提供新技术作为威胁，但是印度并不为所动。与此同时，印度也奖励本国农民在传统品种和本地亲缘品种的遗传材料保存和选择过程中作出的贡献，从而达到从源头保留种质资源的目的。①

第三节　我国农业转基因产业化发展的现实需要与社会基础

在过去的几年里，中央发布的“一号文件”多次提到转基因，如 2007 年提到“加强对转基因食品的标识管理”，2015 年则强调要“加强农业转基因生物技术研究、安全管理、科学普及”，2016 年更是明确指出“加强农业转基因技术研

① 刘旭霞、英盼盼：《印度转基因生物安全监管的法律思考》，载《安徽农业大学学报（社会科学版）》2015 年第 4 期。

发和监督，在确保安全的基础上慎重推广"，既指明了农业转基因研发和产业化是我国粮食产业发展的必然趋势，又强调了安全管理和监督的必要性。2016年8月，国务院正式印发《"十三五"国家科技创新规划》，明确实施国家一系列科技重大专项，其中包括转基因生物新品种培育专项。可见，无论是从政治高度讲，还是从现实需求看，我国农业转基因商业化推广是大势所趋，且有着广阔的发展前景。

发展农业转基因产业不仅要从科学层面全面考察其食品安全性，消费者的接受程度和对科学家、政府的信任度更是必须考量的因素。虽然转基因食品安全不安全是由科学家说了算，能不能上市也是政府说了算，但是买还是不买最终还是消费者说了算。在这方面，农业转基因产业化相对成熟的国家的经验值得我们借鉴：从农户的实际需求来确立农业转基因技术研发、产业化的重点和优先次序。由于我国民众对于转基因食品的接受度还不是很高，当前阶段除在我国已有多年种植的转基因棉花外，可以先发展转基因大豆、玉米、油菜等经济作物，主要用于生产食用油等副食品、食品添加剂和饲料等，待转基因技术逐渐成熟和消费者对转基因产品的接受度进一步提高之后，再推广种植转基因主粮。

虽然我国科学家已经培育出转基因水稻，并获得农业农村部颁发的安全证书，但是鉴于我国消费者目前对于转基因食品的接受程度以及我国现有的研发实力和水稻产量，现阶段在我国推广种植转基因水稻既没有成熟的社会基础，也没有现实的迫切需求。因为，我国的水稻产量基本上能够满足国内市场的需求，在国际市场上也有一定的竞争力。前几年进口的日本大米虽然品质高，但价格太贵，产品性价比不高，目前已经基本退出中国市场。泰国等东南亚国家的大米虽然价廉，但是物不美，在中国市场也没有竞争力。

近年来，我国的杂交水稻研发为粮食增产作出了巨大贡献。袁隆平院士领衔的团队先后发明了"三系法"籼型杂交水稻、"二系法"杂交水稻，创建了超级杂交稻技术体系，使我国杂交水稻研究始终位居世界领先水平。截至2017年，杂交水稻在我国已累计推广超90亿亩，共增产稻谷6000多亿公斤。目前，该团队已经成功在盐碱地上种植水稻，这将使我国大片被荒废的盐碱地得以利用，我国的水稻产量将再上一个台阶。中国老百姓现在消费的大米基本上都是我们自己生产的。可以说，我国大米自给自足是有保障的。

从历史的角度看，美国、加拿大等国家首先都是选择棉花、玉米、马铃薯、油菜和大豆等非主粮类作物发展转基因技术的。这些转基因作物主要用作榨油或生产加工饲料的原料，消费者对它们的转基因品种安全性不是很在意。经过基因改良后的作物在抗病虫、耐旱能力方面有了很大提高，农民在种植这些转基因作物过程中已经实实在在地得到了好处。然而反观美国、加拿大等国家的主粮——小麦,消费者对它的转基因品种安全性就非常敏感,接受度也非常低。在这种情况下,国内和国际市场对转基因小麦的需求量都不大,农户种植转基因小麦的积极性自然不高,研发机构开发转基因小麦品种也就缺乏动力。[①] 印度的转基因棉花种植速度非常快,种植规模现已超过中国。印度种植的转基因作物主要是棉花。虽然印度科学家已经开发出转基因茄子,茄子也是印度人喜欢的食物之一,但是印度政府对此非常谨慎,至今尚未批准其投入商业化种植。

我国转基因产业化走过的历程也基本反映了以上特点。中国曾是世界上最早种植转基因作物的国家。自 20 世纪 90 年代开始启动转基因作物研发之后,我国的转基因棉花和转基因水稻研发都处于世界领先水平。然而两者目前的处境却迥然不同。我国自行研发的 Bt 抗虫棉已经有效遏制了棉铃虫的泛滥,并获得很大的经济效益。目前,我国种植的棉花 75%以上都是经过基因改良的,河北、山东、河南、安徽等棉花主产省的抗虫棉种植率几乎达到 100%,国产棉花不仅满足了国内市场的需求,还为我国棉花种业公司和生产企业的发展奠定了基础,开始走出国门,参与国际竞争。[②]

然而,我国的转基因水稻研发和产业化并不理想。2009 年 11 月,当时的农业部对“华恢 1 号”和“Bt 汕优 63”两个转基因水稻品种颁发转基因生物安全证书。考虑到大米是中国人的主粮之一,我国消费者对转基因水稻的安全性格外关注。农业农村部至今没有颁发转基因水稻的商业化种植许可证书,而且在未来一段时间内也很难判定其是否会被批准商业化推广,这就使得当前我国转基因水稻的研发状态显得比较尴尬,甚至还在前几年出现“黄金大米”这样的公共事件。[③]

有学者建议,我国在农业转基因研发、产业化以及在实施转基因生物新品

---

① 参见韩艳旗:《全球农业转基因技术产业化特点、成因及启示》,载《华中农业大学学报(社会科学版)》2012 年第 6 期。

② 参见张晓强:《中国高技术产业发展》,北京理工大学出版社 2006 年版,第 155-160 页。

③ 黄金大米,又名“金色大米”,是一种转基因大米,由美国先正达公司研发。2012 年 12 月 6 日,中国疾病预防控制中心在其网站对“黄金大米”一事进行情况通报。通报称,湖南省衡南县江口镇中心小学 25 名儿童于 2008 年 6 月 2 日午餐时每人食用了 60 克“黄金大米”米饭。“黄金大米”米饭是美国塔夫茨大学汤光文在美国进行烹调后,未按规定向国内相关机构申报,于 2008 年 5 月 29 日携带入境,违反了国务院农业转基因生物安全管理有关规定,存在学术不端行为。中国疾病预防控制中心、浙江省医学科学院和湖南省疾病预防控制中心对此次事件造成的不良影响深表歉意,称将以此为戒,进一步加强科研项目过程监管,完善内部规章制度,加强法律法规、科研诚信、职业道德和医学伦理教育。三名涉事当事人因此被处分。

种培育、国家重大科技专项的过程中一定要坚持以市场为导向和循序渐进的原则,将棉花、玉米、大豆、油菜、马铃薯等非主粮类农作物作为转基因新品种研发的重点,并安全有序地逐步予以商业化推广。等我国消费者对转基因农产品的认知度和接受程度大幅度提高之后,再将研发重点转移到水稻、小麦等主要粮食作物上来,并在适当的时候予以商业化推广。[①] 这是比较切合实际的安排。

基于上述原因,我国目前应该重点推进大豆、玉米等非主粮类转基因作物的研发与生产。一方面,转基因大豆和玉米是最早开发的一批转基因作物,经过几十年的种植,其安全性已相对可靠,技术也日臻完善。另一方面,我国每年需要进口大量大豆和玉米,国内市场需求旺盛,而进口的大豆和玉米90%以上都是转基因产品。[②] 据学者研究统计,我国大豆每年的播种面积在1.2亿亩左右,而国内的大豆品种和种植技术相比一些转基因产业发达的国家还有差距,成本不断上涨。随着老百姓生活水平的提高,对食用油和肉制品的需求量也在增加,依靠传统播种方式,国内现有的大豆播种面积已经满足不了需求。此外,国内大豆生产与加工之所以陷入受制于人的被动境地,根本原因在于我国大豆转基因技术的自主研发能力不强。

玉米的进口也呈现爆发式增长,2008年至2013年,进口量增长了70多倍,其原因除饲料需求增长外,主要是国内玉米生产成本持续走高,而国外玉米尤其是转基因玉米的价格相对便宜,企业为了降低生产成本转而进口国外物美价廉的转基因玉米。目前,国外公司获准向我国出口的45项转基因作物中,包括玉米16项,大豆12项,其余的主要是棉花(9项)、油菜(7项)和甜菜(1项)。这一趋势向我们敲响了警钟:必须加快具有自主知识产权的转基因大豆和玉米等非主粮转基因作物的产业化进程,从而保障我国的农业安全。[③]

农业转基因是一项新技术,也是一个新产业,具有广阔的发展前景。但是与任何一项新事物出现一样,它有一个被认识和接受的过程。我国在推广转基因作物产业化的过程中要做好宣传工作,向老百姓说清楚"转基因育种与传统育种本质上都是基因的交换与重组";国际上对转基因食品的安全有一系列评价标准,通过安全评价的转基因食品与传统食品是一样安全的,可以放心食用,以此消除公众的非理性顾虑。

我国的转基因作物产业化可以按照"先是非食用、然后是间接食用、最后

---

① 参见韩艳旗:《全球农业转基因技术产业化特点、成因及启示》,载《华中农业大学学报(社会科学版)》2012年第6期。

② 参见克莱夫·詹姆斯(James Clive):《2014年全球生物技术/转基因作物商业化发展态势》,载《中国生物工程杂志》2015年第1期。

③ 参见罗云波、贺晓云:《中国转基因作物产业发展概述》,载《中国食品学报》2014年第8期。

是食用”的发展思路，在确保安全的前提下，加快转基因作物产业化进程，做到“投入、产出”的良性循环。与此同时，我们要扶持培养一批本土的农业转基因领军企业。发展转基因作物产业化，种子培育是关键。《国家中长期科学和技术发展规划（2006-2020）》已将“转基因生物新品种培育”列为关系到中国未来科学发展的16个重大专项之一。目前，农业转基因产业的国际竞争日趋激烈，已经形成了孟山都、杜邦、拜耳、先正达等几大跨国公司垄断的局面，并且还有陶氏益农、巴斯夫等公司助阵。我国的种业市场集中度低，缺乏领军企业。[①]如果要在转基因产品国际市场上有我们的一席之地，就必须要有过硬的本土企业做支撑，这也是推动我国转基因作物产业化的必由之路。

第四节　完善我国转基因产业化的管理机制和规制标准

经过20多年的制度建设，我国在转基因作物产业化的各个环节都颁布实施了相应的管理办法、技术指南、标准和规范，设置了相匹配的管理机构，并在这些年的转基因生物安全监管工作中积累了丰富的管理经验。中国生物安全管理的政策体系与制度构建已给后续转基因作物大规模产业化提供了基础支撑条件。因此，对于转基因作物的探讨不要再纠结于应不应该产业化和要不要产业化之类的问题，而是哪些转基因作物可以产业化、如何管理转基因作物产业化的问题。

美国、巴西等转基因产业化发达国家的经验表明，除完备的法制体系外，高效、协调的行政管理体制也必不可少。根据我国《农业转基因生物安全管理条例》第9条的规定，农业农村部设立“农业转基因生物安全委员会”，由从事农业转基因生物研究、生产、加工、检验检疫以及卫生、环境保护等方面的专家组成。农业农村部根据该委员会审查结论对转基因作物颁发安全证书。但是，安全证书不是“上市证书”，转基因作物即使被审核认定是安全的，能否实现产业化，最终的决定权还是在农业农村部。我国这种以行政机构为主导的管理体制有其必要性的一面。例如，农业农村部已经颁发了转基因水稻的安全证书，说明转基因水稻产业化的安全性应该是有把握的。但是正如本书前面所分析的，无论是从我国主粮需求的迫切性讲，还是从老百姓对转基因作物的接受程度讲，我国发展转基因水稻产业化的时机还不成熟。这大概也是农业主管部门迟迟不批准转基因水稻商业化种植的原因之一。然而这样一来，一系列的负面

① 参见谭涛、陈超：《我国转基因作物产业化发展路径与策略》，载《农业技术经济》2014年第1期。

影响也就显现出来了。

农业转基因产业化在我国举步维艰的另一个原因是我国对转基因产品实行严格的定性标准。我国对转基因生物设定零阈值标准。《食品安全法》规定,转基因产品必须有明显标识,未加标识的,不得销售。但是这种定性标准和强制标识的做法在可行性和可操作性方面存在一定障碍。国际上,大多数转基因作物出口大国和主要进口国都已经加入《低水平出现国际申明》(International Statement on Low Level Presence),①这也是基于生产和运输过程中难免会出现一些少量混杂转基因物质这样一个现实。所谓转基因成分"零"含量,只能表示用现有检测技术无法检出,并不意味其确定不含转基因成分,标识内容与实际情况并不相符。对食品中转基因成分的极限检测会大大增加相关企业的生产成本。我国数亿农户以及无数中小规模的农产品加工、销售企业的存在决定了强制标识需要花费巨额成本且很难贯彻执行。尤其是在我国主要农产品存在强烈刚性进口需求的现状下,强制标识规定也无法对进口转基因农产品实现完全标识。

根据我国《食品安全法》《食品标识管理规定》《农业转基因生物安全管理条例》《农业转基因生物标识管理办法》《新食品原料安全性审查管理办法》等相关法律法规,我国对于转基因食品实行的是强制标识制度。对于阳性标识,以定性为标准,只要食品中含有目录中的转基因成分,②就必须进行标识,并未考虑可能意外混杂的现实情况而设定阈值;对于阴性标识,则未纳入管理范围,阈值问题更是无从谈起。③ 通过比较,我们可以发现世界上绝大多数实行转基因食品强制标识制度的国家和地区,甚至原则上实行转基因食品自愿标识制度的国家,均对转基因食品标识采取阈值管理方式。④ 因此,我国对转

---

① 《低水平出现国际申明》是2012年3月22日在加拿大温哥华签署的一份政府间协议,旨在协调各国政府对进口产品中含有低水平转基因物质混杂的基本立场。目前,澳大利亚、阿根廷、巴西、加拿大、智利、哥斯达黎加、墨西哥、巴拉圭、菲律宾、俄罗斯、美国、乌拉圭、越南13个国家已经签署加入该申明,中国作为观察员参加其中的部分活动。

② 《农业转基因生物安全管理条例》第8条规定的"农业转基因生物目录"中的农产品,第一批包括玉米、大豆、油菜、棉花和番茄5大类、17个种类的产品。我国采用的定性标准存在不足之处:第一,定性标准要求较高的转基因检测水平,一旦转基因成分含量达不到技术的最低检测限,就会造成标识上的困难。第二,农产品的运输、加工无法在一个完全封闭的环境下完成,技术上很难确保没有意外混杂的情况,在这种情况下,定性标准很难执行。第三,有些以转基因作物为原料的加工产品已经检测不出转基因成分,如转基因大豆加工的食用油,如果按照定性标准,就必须标出。事实上,我国目前对市场上销售的大豆油并没有这方面的强制要求,这等于是对这种定性标准的否定。

③ 参见张忠民:《转基因食品标识阈值问题研究》,载《食品科学》2015年第9期。

④ 参见刘旭霞、赵宗豪:《美国生物工程食品信息披露制度的新变化及启示》,载《中国生物工程杂志》2020年第Z1期。

基因食品标识实行阈值管理已是势在必行。

要让转基因产品被公众接受,比较好的办法之一是从根本上杜绝基因漂移,保障环境和食品安全。目前,防止和减少转基因漂移的技术主要是采取时空隔离(距离隔离、花期隔离)、摘除花器或限制开花、雄性不育等,[①]这些可称为减少基因漂移的现有技术。科学家对时空隔离已进行了许多研究,如明确不同作物的最大基因漂流距离,提出相应的种植距离和花期隔离措施。雄性不育虽然可使转基因作物不产生花粉,可有效用于不需要采收种子的植物如林木、花卉等,但对生产上应用杂交种的作物而言,这种办法仍然无法避免基因漂移,因为即便用于配制杂交种的母本不产生花粉,但其他杂种在大面积生产中仍将有花粉飘出。因此,以现有技术只能减少基因漂移,不能从根本上杜绝基因漂移。目前,探索研究用生物学限控措施防止基因漂移技术已成为国际前沿课题,它将对促进和推动转基因作物产业化发展具有重要意义。

随着转基因作物与非转基因作物共存机会越来越多,我国现行的定性标准做法使得农产品产业链中的种子企业、农民、加工企业以及销售商只能将有可能混杂转基因成分的农产品统一标识成"转基因产品"。若不这样做,不仅会面临行政处罚,而且一旦被消费者发现,企业将遭受毁灭性打击。然而,自从采用家庭联产承包责任制以后,我国的农业生产大都由小规模分散的农户完成,在运输与储存等生产环节很容易将非转基因作物与转基因作物相混杂,对其进行有效监管极其困难。此外,我国的农作物大都是混作混收,在同一块土地上轮作的作物也很难对其进行监管。因此,零阈值的转基因强制标签制度也在可行性上存在许多困难。[②] 设定一个合理的阈值标准可以降低生产企业的标识成本,增强转基因作物的市场竞争力,让生产者和消费者都能从中受益,最终实现农业转基因产业健康有序地发展。

从消费者角度观之,确定转基因产品的阈值标准并不是放任转基因产品的市场流通,更不是损害消费者的利益。相反,这会让消费者的知情权真正得到落实。首先,如前所述,转基因产品的阈值标准不是安全标准。被批准上市的转基因产品都是安全的,阈值标准的设定是介于企业与消费者之间的一种利益平衡。我国定性标准的实践表明,现有做法既不能为企业节省多少成本,也无法切实有效保护消费者的利益。其次,阈值标准的设定需要有行政机关严格执法相配套。零阈值标准有时会遭遇检测手段跟不上等执法尴尬局面。有了明确的阈值标准,有利于明确各方责任。最后,明确的阈值标准可以有效杜绝社

---

① 参见王旭静、贾士荣:《国内外转基因作物产业化的比较》,载《生物工程学报》2008年第4期。

② 参见谭涛、陈超:《我国转基因农产品生产、加工与经营环节安全监管:政策影响与战略取向》,载《南京农业大学学报(社会科学版)》2011年第3期。

会上一些不法商贩假借"不含转基因"等阴性标识蒙骗消费者的现象。因为,对有这种标识的产品,生产者必须证明该产品确实不含任何转基因成分,这将给企业带来极大的生产成本。若国内没有批准此类转基因成分,则禁止进行阴性标识。因此,阈值标准可以让企业安心生产,让消费者放心消费。

完善农业转基因产业化的规制体系,技术问题需要依靠制定技术标准来解决,制度问题则需要靠完善制度来解决。与世界转基因作物产业发展现状相比,我国在创新能力、投资强度、产业规模、市场竞争能力和市场份额上与发达国家还有明显差距。具体表现在科研成果原创性少;研发资金投入不足、融资渠道狭窄;缺乏拳头产品和实力强大的龙头企业;产业发展的外部环境不利,如政策、法规、市场机制不完善以及不利的舆论环境,上游研究与下游成果转化、产业化脱节。

在产业化方面,育种公司研发、产业化的一体化模式的做法值得借鉴。我国目前沿用传统模式,即基础性研发由政府资助的高校和科研院所来承担,而新品种培育和产业化推广则由企业负责。在这种模式下,研发与产业化是由不同部门分别完成的。除非研发单位以技术入股企业,或者企业出资买断新品种的经营权,从而获得该新品种在市场上的排他使用权,使得利益主体真正融为一体。然而,我国高校和科研机构与育种公司等企业的有效联合机制尚未建立,二者时常因利益分配问题产生分歧,这对我国转基因技术产业化的健康发展非常不利。① 因此,我国政府多年来提倡的科学研究与市场相结合的政策导向,对转基因技术产业化显得尤为重要。

由于使用转基因技术制造食品需要掌握先进的生物技术和仪器设备,这需要投入大量的资金完成基础设施建设,只有少数几家资金雄厚、科研力量超强的大公司才有能力涉足。这一点在其他国家也是如此,生产转基因食品的主要是那几家世界级的企业,他们的实力和信誉也在一定程度上增加政府和公众的信心。相比之下,我国的食品生产企业大多是一些中小企业,还有不计其数的家庭作坊式企业。这些企业规模小、经营成本低,根本没有实力添置转基因食品的检测设备。因此,政府在推广转基因作物产业化时,应该重点扶持一些大型龙头企业。

影响我国转基因作物产业化的因素很多,其中上面谈到的技术和监管问题尤其需要引起我们的重视。转基因作物产业化的过程,其实质就是"国家利用权利(力)机制对现代生物技术进行规制的过程,也是利益产生和利益分配的

---

① 参见韩艳旗:《全球农业转基因技术产业化特点、成因及启示》,载《华中农业大学学报(社会科学版)》2012年第6期。

过程。是利益平衡—利益冲突—利益博弈—利益平衡的动态平衡过程”。[①] 在经济全球化背景之下，转基因作物的产业化政策不仅具有科技政策的属性，它与一国的农业政策、经济政策和公共政策关系密切，具有多元属性。科技政策是国家为实现一定历史时期的科技任务而规定的基本行动准则，是确定科技事业发展方向、指导整个科技事业的战略和策略原则。政策的出台是众多利益相关者博弈的过程。迪克西特认为：“政策过程的本质是许多参与者同时企图影响直接政策制定者的行为，它以一种策略的多方博弈行为表现出来；另一方面，力量的对比本质上也体现供与求的矛盾统一，利益集团的多种需求与政府的政策供给达成和谐，方可实现政策的均衡。”[②]

我国制定农业转基因产业化政策时，要确保本国转基因技术不受国外转基因技术的侵害，运用科技政策的诸多措施来保障转基因技术与商业化生产稳步推进，在一切发展中把国家利益放在重中之重的位置。

---

① 刘旭霞、田庚：《我国转基因农作物产业化的制度理性——基于利益平衡机制的视角》，载《延边大学学报（社会科学版）》2009 年第 2 期。

② ［美］阿维纳什 · K. 迪克西特：《经济政策的制定：交易成本政治学的视角》，刘元春译，中国人民大学出版社 2004 年版，第 114 页。

第七章　我国转基因食品销售流通法律规制研究

转基因食品上市后，既可在国内市场流通，也可在国际市场流通。相应地，我们应当从国内、国际两个不同层面来审视流通消费过程中有可能出现的问题。从一个国家角度看，转基因食品在国内流通消费过程中，最可能出现的是侵害消费者权益的问题；在国际层面，转基因食品流通消费过程中，最可能产生的是转基因技术强国利用转基因食品国际贸易侵害进口国消费者利益、打击进口国转基因食品产业发展以及冲击进口国饮食文化传统等国家利益的问题。为此，转基因食品销售流通法律规制要实现以下两个目标：

首先，维护消费者权益。现代社会贯彻的是以人为本的发展理念，是一个强调消费者保护、凸显消费者权益的社会。健康权是一项基本人权，消费者的健康权是其表现形式之一，是消费者最为重要的权利；知情权是公民在社会生活中的一项基本权利，是消费者了解和知悉国家重要事务、政府重要决策以及当前发生的与普通百姓权益密切相关的重大事件的权利。消费者知情权是知情权的表现形式之一，而消费者在商品流通中的选择权是人的自主权利的组成部分。既然转基因食品有可能对消费者上述权利造成侵害，我们必须采取必要的法律措施来加以保护。另外，人的饮食起居与一个人的宗教信仰和文化传统密不可分。转基因食品法律规制应考虑部分消费者宗教信仰的需要，提供完善的法律应对，保护他们宗教信仰自由的权利。尽管在消费者权益保护方面，我国已经制定了《消费者权益保护法》等基础性法律及相关法规，但由于转基因食品的特殊性，这些法律法规往往达不到预期的保护效果。因此，我们有必要针对转基因食品流通中产生的新问题进行更有针对性的制度设计，以便更有效地保护消费者权益。

其次，维护国家利益与安全。在现代国际贸易中，转基因食品生产大国会利用其科技优势和贸易自由化的便利推销其产品，占领别国市场。别的国家为了维护自身利益，需要综合考虑本国老百姓对转基因技术安全的认识、转基因食品与本国经济利益的相关程度、本国的转基因技术发展水平和对转基因食品的风险控制能力、本国的饮食文化传统、宗教信仰、伦理标准以及本国消费者的意愿等多种因素，从自身利益出发制定国内农业转基因产业政策和贸易规则，以回应来势凶猛的转基因食品国际贸易和国内围绕转基因食品引发的各种争议。然而问题在于各国都是出于同样的考虑，基于自身利益制定出千差万别的转基因食品法律法规制度。这些制度差异导致国际贸易摩擦频频发生。20世纪90年代发生在欧盟与美国之间的转基因产品贸易纠纷便是这方面的典型案例。[①] 因此，我们在制定转基因食品销售流通的法律制度时，不仅需要强调维护本国利益，也需要参考借鉴别国的不同做法，将本国制度与国际规范相协调。只有这样，我们才能制定出符合国际潮流的转基因食品法律制度，也才能真正实现维护国家利益的根本目标。

第一节　我国转基因食品销售流通法律规制现状

我国在食品领域消费者权益保护方面已经建立了比较完备的法律制度，其中包括《消费者权益保护法》《食品安全法》《产品质量法》《农产品质量安全法》以及《进出口商品检验检疫法》。但是，我国在基本立法和宏观政策中并没有将转基因食品与其他普通食品界定为“实质等同”，上述法律对于转基因食品的规制几乎还是空白。

《食品安全法》第151条规定：“转基因食品和食盐的食品安全管理，本法未作规定的，适用其他法律、行政法规的规定。”如果我国的立法或司法实践将转基因食品等同于普通食品，那么《食品安全法》对转基因食品的规制是全面的。但是这样的话，第151条在逻辑上是说不通的。按照一般人的理解，第151条是将转基因食品的规制排除在《食品安全法》之外，这使得我国食品领域的这部基本法在食品安全风险监测和评估、食品安全标准、食品生产经营、食品检验、食品进出口、食品安全事故处置、监督管理、法律责任等领域的规定均不适用于转基因食品。

---

① 参见胡加祥：《转基因产品贸易与国际法规制研究》，载《山西大学学报（哲学社会科学版）》2015年第4期。

我国目前与规制转基因食品有关、层次最高的法规是国务院制定的《农业转基因生物安全管理条例》。该条例的定位是“加强农业转基因生物安全管理”。“转基因生物”与“转基因食品”不是同一概念。该条例第4条第3款规定:“县级以上各级人民政府有关部门依照《中华人民共和国食品安全法》的有关规定,负责转基因食品安全的监督管理工作。”然而,《新食品原料安全性审查管理办法》第24条规定:“本办法所称的新食品原料不包括转基因食品、保健食品、食品添加剂新品种。转基因食品、保健食品、食品添加剂新品种的管理依照国家有关法律法规执行。”不仅如此。该管理办法第25条还规定:“本办法自2013年10月1日起施行。原卫生部2007年7月2日公布的《新资源食品管理办法》同时废止。”

《新食品原料安全性审查管理办法》不仅在第24条明确将该管理办法排除适用于转基因食品,第25条还将原先适用于转基因食品的相关部门规章也停止适用了。我国原先负责食品“新资源”安全管理的主要是卫生行政管理部门。根据1982年颁布的《中华人民共和国食品卫生法(试行)》(已失效)第22条规定,原卫生部在1987年8月18日颁布了《食品新资源卫生管理办法》(已失效)。这是第一部涉及非传统食品原料管理的部门规章。虽然当时转基因食品在我国尚未出现,但是根据该管理办法第2条定义的“食品新资源”,该办法是可以适用于转基因食品的。1990年7月28日,原卫生部颁布了《新资源食品卫生管理办法》(已失效),目的是加强对新资源食品的卫生管理。该管理办法第2条将“食品新资源”定义为“系指在我国新研制、新发现、新引进的无食用习惯或仅在个别地区有食用习惯的、符合食品基本要求的物品。以食品新资源生产的食品称新资源食品(包括新资源食品原料及成品)”。第3条规定:“新资源食品的试生产、正式生产由中华人民共和国卫生部(以下简称卫生部)审批。卫生部聘请食品卫生、营养、毒理等有关方面的专家组成新资源食品审评委员会,负责新资源食品的审评。新资源食品审评委员会的审评结果,作为卫生部对新资源食品试生产、生产审批的依据。”此外,该管理办法第7条还规定,试生产的新资源食品在广告宣传和包装上必须在显著的位置上标明“新资源食品”字样以及新资源食品试生产批准文号。

转基因作物最早在我国出现是在20世纪90年代中期。《食品新资源卫生管理办法》和《新资源食品卫生管理办法》的颁布显然不是针对转基因作物和食品的,尽管从内容上看也是可以适用的。2002年4月8日发布、2002年7月1日起施行的《转基因食品卫生管理办法》是一部加强转基因食品监督管理、保障消费者健康权和知情权的专门立法。该管理办法出台的立法背景是第八届全国人民代表大会常务委员会第十六次会议修订通过、1995年10月30日起施行的《食品卫生法》和国务院2001年5月23日颁布施行的《农业转基因生物安全管理条例》，社会基础是转基因技术在当时已经运用于我国农产品研发，转基因棉花等农产品已经在我国开始种植，而国际社会农业转基因产业化则发展得更快。

《转基因食品卫生管理办法》将转基因食品界定为“利用基因工程技术改变基因组构成的动物、植物和微生物生产的食品和食品添加剂”，具体包括：(1)转基因动植物、微生物产品；(2)转基因动植物、微生物直接加工品；(3)以转基因动植物、微生物或者其直接加工品为原料生产的食品和食品添加剂。这一定义是参照了《农业转基因生物安全管理条例》第3条规定。《转基因食品卫生管理办法》(已失效)第3条明确将转基因食品的生产与进口审批划归卫生行政部门的管辖范围。第5条规定：“转基因食品的食用安全性和营养质量不得低于对应的原有食品”，体现的是“实质等同原则。”

《转基因食品卫生管理办法》内容全面，堪称我国立法史上第一部转基因食品的专门立法，但它只是一部行政部门制定的规章，法律位阶不高。然而，该管理办法自从它一问世就注定其结束的命运，因为在它之前(2001年)由国务院颁布的《农业转基因生物安全管理条例》第4条第1款和第2款明确规定：“国务院农业行政主管部门负责全国农业转基因生物安全的监督管理工作。县级以上地方各级人民政府农业行政主管部门负责本行政区域内的农业转基因生物安全的监督管理工作。”由此确立了我国农业转基因领域农业行政部门管理的主导地位。

《农业转基因生物安全管理条例》这样规定有其一定的合理性，因为农业转基因生物研发的初始阶段包括实验室试验和田间试生产，而转基因食品的风险大多也是发生在这些环节，因此由农业部门来管理更加合适。虽然该条例第4条第3款规定，“县级以上各级人民政府有关部门依照《中华人民共和国食品卫生法》的有关规定，负责转基因食品安全的监督管理工作”，但是该条例的绝大部分内容都是赋予农业行政部门的管理权力，几乎没有赋予卫生行政部门的管理权力。这也许是原卫生部2007年12月1日颁布施行的《新资源食品管理办法》在废止1990年7月28日颁布的《新资源食品卫生管理办法》的同时，废止了2002年4月8日颁布的《转基因食品卫生管理办法》的原因之一，而2013年10月1日起施行的《新食品原料安全性审查管理办法》又很快废止了《新资源食品管理办法》，并明确规定该办法所称的新食品原料不包括转基因食品、保健食品、食品添加剂新品种。转基因食品、保健食品、食品添加剂新品种的管理依照国家有关法律法规执行。在短时间内如此反复变换部门规则，这也从一个侧面反映了我国有关部门在转基因食品管理方面的尴尬处境。新修订的《食品安全法》明确将转基因食品的部分规制排除在该法的管辖范围之外，这使得《农业转基因生物安全管理条例》第4条第3款规定事实上形同虚设。

《农业转基因生物安全管理条例》确立了农业行政部门是我国农业转基因的主管部门。至此，我国的转基因食品法律规制也形成了以管理条例为核心、以原农业部制定的《农业转基因生物安全评价管理办法》《农业转基因生物标识管理办法》《农业转基因生物加工审批办法》《农业转基因生物进口安全管理办法》和原国家质检总局制定的《进出境转基因产品检验检疫管理办法》为基础的基本框架。

《农业转基因生物安全评价管理办法》适用于在中华人民共和国境内从事农业转基因生物的研究、试验、生产、加工、经营和进出口活动。农业转基因生物系指“利用基因工程技术改变基因组构成，用于农业生产或者农产品加工的动植物、微生物及其产品”。因此，该管理办法不是专门针对转基因食品制定的，涉及转基因食品的主要是与转基因种子相关的各类活动，即农作物和林木的种植材料或者繁殖材料的培育，包括籽粒、果实和根、茎、苗、芽、叶等。

《农业转基因生物标识管理办法》制定的目的是加强对农业转基因生物的标识管理，规范农业转基因生物的销售行为，引导农业转基因生物的生产和消费，保护消费者的知情权。因此，该管理办法与转基因食品流通与消费关系密切。该办法第2条规定：“国家对农业转基因生物实行标识制度。实施标识管理的农业转基因生物目录，由国务院农业行政主管部门商国务院有关部门制定、调整和公布。”由于我国只公布过一批实施标识管理的农业转基因生物目录（共五大类、17个品种），数量偏少，导致目前市场上流通的一些转基因产品并没有列在目录之中。《农业转基因生物标识管理办法》是我国现行转基因食品标识制度的基础。①

《农业转基因生物加工审批办法》的规制对象是农业转基因生物加工，即“以具有活性的农业转基因生物为原料，生产农业转基因生物产品的活动”。

---

① 《农业转基因生物标识管理办法》第6条规定：“标识的标注方法：（一）转基因动植物（含种子、种畜禽、水产苗种）和微生物，转基因动植物、微生物产品，含有转基因动植物、微生物或者其产品成份的种子、种畜禽、水产苗种、农药、兽药、肥料和添加剂等产品，直接标注‘转基因××’。（二）转基因农产品的直接加工品，标注为‘转基因××加工品（制成品）’或者‘加工原料为转基因××’。（三）用农业转基因生物或用含有农业转基因生物成份的产品加工制成的产品，但最终销售产品中已不再含有或检测不出转基因成份的产品，标注为‘本产品为转基因××加工制成，但本产品中已不再含有转基因成份’或者标注为‘本产品加工原料中有转基因××，但本产品中已不再含有转基因成份’。”

生产加工农业转基因生物的单位和个人必须具备:(1)与加工农业转基因生物相适应的专用生产线和封闭式仓储设施;(2)加工废弃物及灭活处理的设备和设施;(3)农业转基因生物与非转基因生物原料加工转换污染处理控制措施;(4)完善的农业转基因生物加工安全管理制度(第4条)。[①] 根据该办法的相关规定,农业转基因生物生产加工的审批和监管由省级人民政府农业行政主管部门负责。

《农业转基因生物进口安全管理办法》适用于在中华人民共和国境内从事农业转基因生物进口活动的安全管理。对于进口的农业转基因生物,按照用于研究和试验的、用于生产的以及用作加工原料的三种用途实行管理。国家农业转基因生物安全委员会负责农业转基因生物进口的安全评价工作。设在农业农村部内的农业转基因生物安全管理办公室负责农业转基因生物进口的安全管理工作。经审查合格后,由农业农村部颁发农业转基因生物进口批准文件。引进单位应当凭此批准文件依法向有关部门办理相关手续。从中华人民共和国境外引进农业转基因生物用于试验的,引进单位应当从中间试验阶段开始逐阶段向农业农村部申请。

《进出境转基因产品检验检疫管理办法》所称的“转基因产品”是指《农业转基因生物安全管理条例》规定的农业转基因生物及其他法律法规规定的转基因生物与产品(第3条)。该条例第3条只是提到“转基因农产品的直接加工品”,而非“转基因食品”,管理办法则明确了海关总署对进境转基因动植物及其产品、微生物及其产品和食品实行申报制度。尽管其没有具体界定什么是“转基因食品”,但这是我国现行的唯一一个明确将适用范围针对转基因食品的行政规章。该管理办法规定的检验检疫措施适用于通过各种方式(包括贸易、来料加工、邮寄、携带、生产、代繁、科研、交换、展览、援助、赠送以及其他方式)进出境的转基因产品(第2条)。海关总署负责全国进出境转基因产品的检验检疫管理工作,主管海关负责所辖地区进出境转基因产品的检验检疫以及监督管理工作(第4条)。

上述分析表明,我国目前还没有专门规范转基因食品销售流通的法律制度,现有规范转基因生物的条例和部门规章不仅缺乏针对性,而且不少内容的操作性也不强。法律的空白造成主管部门监管职责的缺失,而检测标准的不科学也导致实际监管工作无法有效开展。因此,我国转基因食品销售流通法律规制,应该确立阈值标准,建立科学、规范的转基因食品标识制度,以明确相关行

---

① 安全管理制度包括:(1)原料采购、运输、贮藏、加工、销售管理档案;(2)岗位责任制度;(3)农业转基因生物扩散等突发事件应急预案;(4)农业转基因生物安全管理小组,具备农业转基因生物安全知识的管理人员、技术人员。

政部门的监管职责,确保消费者权益得到切实保护,促进我国转基因食品产业的健康发展。

第二节　我国转基因食品消费者保护的理论依据与现实需求

《消费者权益保护法》第 8 条规定:"消费者享有知悉其购买、使用的商品或者接受的服务的真实情况的权利。消费者有权根据商品或者服务的不同情况,要求经营者提供商品的价格、产地、生产者、用途、性能、规格、等级、主要成份、生产日期、有效期限、检验合格证明、使用方法说明书、售后服务,或者服务的内容、规格、费用等有关情况。"《食品安全法》第 69 条规定:"生产经营转基因食品应当按照规定显著标示。"《农产品质量安全法》第 43 条规定:"属于农业转基因生物的农产品,应当按照农业转基因生物安全管理的有关规定进行标识。"《食品标识管理规定》第 16 条也规定,食品中有属于转基因食品或者含法定转基因原料的,应当在其标识上标注中文说明。这些法律法规构成了转基因食品标识制度的上位法律渊源,也是消费者基于知情权寻求救济的重要法律依据。

我国目前对转基因食品采用的是定性管理标准,凡是含有国家指定目录中转基因产品成分的食品都属于转基因食品。然而,农业农村部颁布的第一批农业转基因生物目录只包含五大类、17 个品种,范围过窄,产品数量偏少,这就很容易将生产经营中无意掺入少量转基因成分但相关责任人并不知情的产品界定为"转基因食品"。我国海关在检查时也容易对进口食品得出"转基因产品"甚至是"非法进入的转基因产品"的结论,因为向我国出口的国家都有转基因产品的阈值标准,在阈值范围内可以不做"转基因产品"标识,而且他们可上市的转基因产品品种也比我们多。① 根据《进出境转基因产品检验检疫管理办法》第 8 条规定,如果申报为"转基因产品",但经检测其转基因成分与《农业转基因生物安全证书》不符的;或者申报为"非转基因产品",但经检测其含有转基因成分的,海关将通知货主或者其代理人作退货或者销毁处理。因此,如果严格按照相关规定执法,这势必会给许多货主或其代理人带来损失;若不按照

① 《进出境转基因产品检验检疫管理办法》第 7 条规定:"对列入实施标识管理的农业转基因生物目录(国务院农业行政主管部门制定并公布)的进境转基因产品,如申报是转基因的,海关应当实施转基因项目的符合性检测,如申报是非转基因的,海关应进行转基因项目抽查检测;对实施标识管理的农业转基因生物目录以外的进境动植物及其产品、微生物及其产品和食品,海关可根据情况实施转基因项目抽查检测。海关按照国家认可的检测方法和标准进行转基因项目检测。"

规定执行,那么我国转基因食品的进口事实上就处于放任自流的状态。[①]

《进出境转基因产品检验检疫管理办法》第 10 条规定:“过境转基因产品进境时,货主或者其代理人须持规定的单证向进境口岸海关申报,经海关审查合格的,准予过境,并由出境口岸海关监督其出境。对改换原包装及变更过境线路的过境转基因产品,应当按照规定重新办理过境手续。”如何理解过境的“转基因产品”? 这在实践中会出现下列三种情形:第一,过境的转基因产品阈值超出出口国标准,被标注为“转基因产品”,这在我国过境不会有太大的问题,只要其符合相关标识要求;第二,过境的转基因产品阈值没有超出出口国标准,没有标注为“转基因产品”;第三,过境的转基因产品不管是否超出出口国阈值标准,其所含的转基因生物品种没有列入我国的收录范围。由于我国执行的是“零阈值”标准,任何含有转基因成分的产品在我国都被视为“转基因产品”。若过境产品由于没有超出出口国阈值标准而没有被注明,或者所含的转基因成分在出口国获得了批准,在我国却没有被列入国家指定目录,其在中国境内事实上享受的是超国民待遇。如果按照中国的标准必须标注,这在实践中会增加大量检验检测工作,甚至无法过境。

如前所述,转基因产品的阈值标准不是安全标准,因为被批准上市的转基因产品应该被认为是安全的。倘若依据现有检测水平能够判断转基因食品确实存在人体健康安全隐患,通过转基因食品强制标识,让消费者自行选择是否消费,这意味着要消费者自行承担相关责任。因此,转基因食品标识与安全无涉。[②] 尽管如此,根据徐海滨等学者的观点,转基因产品因其特殊的成分构成,在生产流通过程中有可能存在一些安全隐患,造成这些隐患的原因主要有以下几种:

(1)外源基因本身的原因。人们通常认为 DNA 和蛋白质在哺乳动物的消化过程中被完全降解,这是以一个没有被系统检验的假设为基础得出的结论。一些研究表明,外部 DNA 及蛋白质有可能在消化中逃脱降解,在胃肠道中存在,甚至在一些有重大生物意义的样本中被肠道吸收,然后被血液送到内脏。例如,朊病毒蛋白质引起的疯牛病等流行传染病说明了蛋白质维持、吸收的现象和生物效应。当然,这一研究结论与转基因食品是否有害没有必然联系,上

① 2019 年 1 月 23 日,农业农村部发布的《2019 年农业转基因生物监管工作方案的通知》指出,严格按照《种子法》《农业转基因生物安全管理条例》等法规规章要求,始终保持高压态势、织密监管网络,严厉打击农业转基因生物非法试验、制种、经营、种植、加工、进口和标识等行为,切实保障我国农业转基因生物技术研究与应用健康发展。

② 参见张云河、戴庆华:《食品安全管理的三维进路研究——基于公共产品视阈的阐释》,载《现代管理科学》2015 年第 12 期。

述现象也因人体差异而有所不同。

(2)外源基因表达产生物的原因。转基因食品中外源性基因的产物常常不是受体物种的原有成分,所以不存在天然的降解酶和代谢循环。因此,有可能造成外源性基因的产物在人体中进行积累或者不正常降解,甚至产生不可预知的分解物。无论是外源性基因的产物还是其代谢过程中形成的新产物,都有可能导致人体的不良反应。在转基因过程中,还有可能造成内源毒性的释放、插入基因的不稳定性、基因沉默、代谢途径改变、沉默基因的激活、现有基因产物水平的改变以及后续的次生新陈代谢效应的间接影响等一系列效果,尽管上述现象迄今为止尚未出现过。

(3)标志基因和启动子的原因。转基因食品研发过程中,经常使用抗卡那霉素等常用抗生素抗性基因作为标记基因,其作用是用来识别拟转入的目的基因是否转入成功。尽管标记基因在实验室中被简短地用过一次,但是之后转基因作物在每个细胞中均出现未使用过的标记基因,这说明转入抗生素抗性标记基因发生了某种变异。抗生素之间存在交叉抗性已经被广泛认同,因此,某种抗生素抗性的突变可能导致部分或者全部抗生素家族成员的抗性。

(4)转基因食品中活性转基因微生物方面的原因。人们经常利用细菌、酵母个霉菌等微生物生产发酵食品。为了进一步改良食品工艺和口味,科学家开始利用转基因技术改造这些微生物。有些转基因微生物在生产过程中会失去活性,而有些转基因微生物在产品中仍然大量存活。转基因食品的活性转基因微生物进入人类肠道后,可能会对有些人的肠道菌群产生影响。

虽然上述只是一些理论上的假设和部分学者的观点,且到目前为止,世界上还没有出现过一起转基因食品致害的案例,①然而科学发展的规律是一个认识与再认识的过程。一方面,确定一个阈值标准是基于现代生物技术已经渗透到农业生产的方方面面的现实。在一个农业转基因产业发达的国家,转基因产品不仅品种多,而且普及率也非常高,因而转基因产品出现的概率也非常高。另一方面,并不是所有消费者都愿意接受转基因产品,他们有自己的选择权。国家需要在维护生产者利益和消费者权益之间选择一个平衡点,即转基因产品的阈值标准。

阈值标准也是转基因产品标识的基础。当时的农业已经在 2007 年 6 月 11 日发布了《农业转基因生物标签的标识》(农业部 869 号公告-1-2007),这是我国转基因产品标识的国家标准。农业农村部发布的《2019 年

---

① 参见[美]纽威尔-麦格劳林(Martina Newell-McGloughlin):《转基因作物在美国的发展、应用和趋势》,刘海军译,载《华中农业大学学报》2014 年第 6 期。

农业转基因生物监管工作方案的通知》也再次强调,要“会同市场监管部门做好转基因标识监管,按照农业转基因生物标识目录和《农业转基因生物标签的标识》要求,严格标识范围,严查标识方式,充分满足公众知情权和选择权”。然而,没有科学的阈值标准相配套,转基因产品的标识规制可能无法发挥实效。

除保护本国消费者权益之外,转基因产品的标识管理也是促进转基因食品国际贸易发展的现实需要。随着转基因生物技术广泛运用于农业生产和食品加工,转基因食品国际贸易有可能侵害进口国的消费者利益、遏制进口国转基因食品产业发展、冲击其本国的餐饮文化传统。因此,为了维护国家利益,一国需要综合其对转基因食品安全的认识、转基因食品与本国经济利益的相关程度、本国的转基因技术发展水平和对转基因食品的风险控制能力、本国的饮食文化传统、宗教信仰、伦理规范以及本国消费者意愿等多种因素,从自身利益出发制定国内贸易规则,以应对来势凶猛的转基因食品国际贸易。

转基因食品标识在国际层面的规定非常散乱无章,并不存在针对这一问题的专门性国际条约,仅仅在某些双边或多边协议的原则中有所涉及。自1993年起,食品法典委员会下设的食品标识分委员会(The Codex Committee on Food Labelling,CCFL)便着手转基因食品标识问题的协调与标准的制定,经过多年讨论,仍无定论。另一个与食品贸易关系密切的国际组织是世界贸易组织(WTO),然而世界贸易组织体系下不存在一套专门调整转基因食品的规则。在世界贸易组织语境下看待转基因食品贸易问题,主要是关注转基因食品标识制度是否符合世界贸易组织协议规定的义务,包括《关税及贸易总协定》确立的基本原则和《卫生与植物检疫措施协议》(SPS 协议)和《贸易技术壁垒协议》(TBT 协议)的相关规定。

由于各国农业政策和消费习惯的差异,转基因产品自问世以来,已在国际贸易中遭遇不少限制。一些国家限制转基因产品贸易的主要理由是《关税及贸易总协定》第20条(b)项规定,即“保护人类、动植物的生命与健康”。在最惠国待遇和国民待遇基础上,《关税及贸易总协定》第20条要求世贸组织成员在实施限制措施时,不能有“武断”“不公正”或变相贸易保护的情形,这也是SPS 协议和 TBT 协议共同遵守的基本原则。世界贸易组织上诉机构对此这样解释:要求出口方不违背《关税及贸易总协定》第20条规定,这并不排除要求进口方的限制措施必须具有公正性,否则就背离了这些例外条款制定的初衷,因为无论出于何种目的,这些措施都有限制贸易的效果。[①] 可见,《关税及贸易总协定》第 20 条试图在世贸组织成员的权利与义务之间维持一种平衡,这种平衡不是静止不变的,而是根据相关措施以及每一个具体案件的性质不断变化的。[②]

《关税及贸易总协定》第 20 条(b)项给世贸组织成员管制转基因产品贸易提供了可能,但是任何管制措施仍然需要符合第 20 条序言的规定。判断相关措施是否“正当”,这需要争端解决机构确定这些措施是否符合第 20 条(b)项的适用范围和相关措施的性质。审理“石棉案”的上诉机构认为,评审团对援引《关税及贸易总协定》第 20 条(b)项措施进行风险评估时,在决定相关证据的价值与重要性方面享有一定的自由裁量权,这种权力允许评审团对某些证据给予更多的关注。[③] 然而,这种自由裁量权的行使更多的是体现在审核证据的程序上,而不是针对证据的实质内容。在转基因产品管制问题上,评审团在适用《关税及贸易总协定》第 20 条(b)项时究竟有多大自由裁量权,这是令人怀疑的,因为转基因产品是否安全,这本身就是一个有争议的问题。

世界贸易组织规则针对的是商品的市场准入,转基因产品国际贸易纠纷的实质不是该产品能不能“入境”,而是能不能“上市”,这主要依据各成员的国内法规定。从商品属性讲,能够在一国国内市场上消费的产品,也就能够在国际市场上销售。因此,在经济全球化的背景下,转基因食品国际贸易是一个不可阻挡的趋势,关键是我们要做好自己的规则制定。在规制转基因食品国内流通消费过程中,也要兼顾中国作为一个世界贸易组织成员在国际贸易中遵守自己所作的承诺,包括遵守最惠国待遇原则和国民待遇原则。

第三节 域外转基因食品流通销售规制经验考鉴

世界上转基因食品标识制度的主流模式有三种:以美国为代表的“自愿标识制度”、以欧盟为代表的“以过程为核心的强制标识制度”和以日本为代表的“以产品为核心强制标识制度”。

---

① See United States, *Import Prohibitions of Certain Shrimp and Shrimp Products*, WT/DS58/AB/R, Appellate Body Report, para. 121.

② See United States, *Import Prohibitions of Certain Shrimp and Shrimp Products*, WT/DS58/AB/R, Appellate Body Report, paras. 156-159.

③ See European Communities, *Measures Affecting Asbestos and Products Containing Asbestos*, WT/DS135/AB/R, Appellate Body Report, para. 161.

一、自愿标识的法制基础——美国的侵权法保障与联邦法制

美国是世界上最早种植转基因作物和开展转基因生物安全研究和立法的国家,目前也是最大的转基因作物生产国和出口国。总体而言,转基因食品在美国有较高的接受程度。转基因食品的标识管理主要由美国食品与药品管理局(FDA)负责。1992 年,FDA 制定了《源自新植物品种的食品的政策申明》强调:除非新品种食品与传统食品在安全性上存在差异,或者新品种食品容易引起消费者的误解,否则新品种食品与传统食品不得区别对待。美国对待转基因食品所持的“实质等同”原则和推行的“自愿”标识制度是建立在食品安全法与侵权法双重有力保障基础之上的。

(一)侵权法的保障

美国《第三次侵权法重述:产品责任》第一章第一主题第 10 款规定:“商业产品销售者或分销者因售后未能警示导致损害的责任包括:(a)因销售者未能在产品销售或者以其他方式分发后提出警示而导致人身或财产损害,如果一个处于销售环节的理性人应该会提出这样的警示,从事产品销售或者以其他方式分发的经营者应该承担责任。(b)一个处于销售环节的理性人,应该会在销售之后提出警示,如果销售者知道或者理应知道产品引起了实质性人身或财产损害风险;而且那些应该被提供警示的人能够被确定,并且可以合理地被假设并不知道该损害风险;而且警示能够被有效地传达给那些应该被提供警示并根据警示采取行动的人;并且损害风险巨大,使得承担提供警示的负担有充足的理由。”[①]

对于转基因生物的使用,美国 2002 年出台的《转基因生物责任法案》(HR4816 号法案)规定,损害赔偿责任包含任何人根据联邦法律或其他法律、因使用转基因生物而负有的责任。如果损害是由生物技术公司的基因工程引起的,则生物技术公司有义务对因基因生物向环境释放而受到损害的任何一方提供赔偿,并承担因此而产生的合理的律师费及其他诉讼费用;损害赔偿责任不能以合同或其他形式豁免。[②] 可见,因转基因生物引起的环境损害赔偿责任是连带责任,即行为人及其所在单位共同承担责任。

对于转基因食品,美国法律规定了食品生产商的侵权责任,一旦其生产的产品对消费者造成伤害,就会导致大量的损害赔偿。美国的司法程序将这些责任规则与程序有机结合,以便于消费者提起诉讼。食品安全事故往往涉及众多消费者,“集体诉讼”由生产企业律师和消费者基于企业的“应急费”进行索

---

① Restatement of the Law, Third, *Torts*: *Products Liability* (*Black Letters*), Chapter 1. § 1. (10), The American Law Institute, 1998.

② 许鹏元:《美国对转基因食品安全的管制及立法》,载《东方企业文化》2007 年第 9 期。

赔,便于当事人双方的诉讼成本负担。这些责任规则和诉讼程序鞭笞着美国的转基因食品生产商积极采取风险预防措施。当FDA不得不决定是否批准转基因食品,并在此过程中明确地或隐含证明其安全性的时候,美国转基因食品的研发人员可能已经在开始准备面对侵权责任索赔时的抗辩理由,除非法律或法规另有规定可以豁免。因此,激励食品生产商采取安全防范措施保证产品的安全性,这一点可以减少FDA承担认证的责任。①

(二)食品安全体系与《食品安全现代化法》的保障

2011年1月4日,时任美国总统奥巴马签署了《食品安全现代化法案》(Food Safety Modernization Act,FSMA)。该法案对1938年通过的《联邦食品、药品及化妆品法案》进行了大规模修订。这一举措成为70多年来美国食品安全监管体系力度最大的一次调整和改革。FSMA授予了FDA更大的监管权力,目的是进一步保证和提高美国本土食品及进口食品的安全性,同时意味着美国的食品安全监管体系完成了从依靠检验为主到以预防为主的巨大转变。

《食品安全现代化法案》从五个方面(预防控制、检测和遵守、进口食品安全、应对、增强伙伴关系)提升了美国的食品安全治理体系,其中最大的改变在于引入了风险预防控制管理体系与风险检查制度。第418节(a)款指出:每个工厂的所有者、经营者或代理人应当按照本条规定,评估可能会影响该工厂生产、加工、包装或存储食品的危害因素,确定并实施预防性控制措施,以使危害最小化,或是杜绝危害的出现,并且保证这些食品中不存在第402节所描述的掺假或者第403节(w)款所描述的贴错标签等情形,同时应监督这些监控措施的实施情况,并将监控记录的保存作为一种例行规范。②

这是美国首次以立法的形式授予FDA在整个食品供应链建立全面的、预防性控制体系的权力。因此,FDA规定针对食品设施需要制订书面的预防控制计划,并对食品生产过程中的危害因素进行评估和危险分析,以便在危险发生时能够有效地实施相应的预防措施,制定发生问题后的补救措施计划,同时对于实施预防控制计划的记录予以妥善保存等。《食品安全现代化法案》要求FDA在不晚于本法案生效后的18个月内,制定危险分析和预防性控制的最低标准,但是这一标准的制定需要以科学为基础。第418节 (c)款规定:"除了小微企业,所有食品设施应采纳危害分析与关键点控制体系(HACCP),工厂的负责人应当制定并且严格执行预防性控制措施。"③

美国联邦政府的上述做法近年来正受到一些州的挑战。2013年6月,康

① 刘婷:《国际贸易中的转基因食品标识问题研究》,黑龙江人民出版社2018年版,第100页。

② 参见《食品安全现代化法》第418节(a)款。

③ 参见《食品安全现代化法》第418(c)款。

涅狄格州成为对转基因食品进行标识立法的第一个州。该法要求转基因食品生产商和销售商将自己的产品进行标识,但是由于“触发条款”的制约,该法没有产生立竿见影的效果。[①]《康涅狄格州总章程》第 21a-92 款定义包括了“食品”“标签”“标识”“有机种植”等术语;第 21a-92b 款进一步定义了“基因工程”,即“食物或者食物配料由一个从生物体或生物体生产中得到,其中的遗传物质通过以下方法改变:(1)体外核酸技术,包括重组 DNA 技术和直接注射核酸导入细胞或细胞器的;或(2)融合细胞,包括原生质体融合,或克服天然生理、生殖或重新组合障碍的杂交技术,其中供体细胞或原生质体中不属于同一分类群组,在不通过自然发生的方式完成或自然重组。[②]

然而最重要的是,该章程要求对转基因或含有转基因成分的产品进行强制标识。《康涅狄格州总章程》第 21a-92c 款指出,用于人们消费的食物和种子或者用于人类消费制造食物而储存的种子只要在本州进入流通环节,无论是部分还是全部含有转基因成分,都必须加贴标识。[③] 该章程进一步规定,食品应根据其产品类型进行标识。例如,批发销售的非零售供人食用的食品只需要在运输中的发票中包含“由基因工程生产”的字样。[④] 用于零售的食品包装上则要明确显著地标识出“由基因工程生产”的字样。[⑤] 豁免的范围包括:含酒精的饮料、准备用于即期消费的加工食品、在餐厅或类似的食品工厂出售的食物、在农场销售的农产品和从供给或注射任何遗传工程食物或药物的动物衍生的食物配料。[⑥]

在康涅狄格州和缅因州的附条件立法颁布后,佛蒙特州成为发起转基因食品强制标识的第一个州,该州的法律“不附带任何条件”。[⑦] 根据《佛蒙特州众议院法案》(2014 年)规定,2016 年 7 月 1 日以后在佛蒙特州出售的所有食品,如果食物“全部或部分来自基因工程”的,必须加贴适当标签。[⑧] 与康涅狄格州和缅因州的立法规定不需要标记的豁免产品规定类似,佛蒙特州规定不需

---

① See Jaqueline Wattles, *Connecticut Still Alone on Passing GMO Labeling Bill*, *CT News Junkie*(July 23,2013), http://www.ctnewsjunkie.com/ctnj.php/archives/entry/connecticut_still_alone_on_passing_gmo_labeling_bill/.

② 参见《康涅狄格州总章程》第 21a-92b 部分。

③ 参见《康涅狄格州总章程》第 21a-92c 部分。

④ 参见《康涅狄格州总章程》第 21a-92c(a)(i)。

⑤ 参见《康涅狄格州总章程》第 21a-92c(a)(ii)。

⑥ 参见《康涅狄格州总章程》第 21a-92c(b)。

⑦ See Dana Ford & Lorenzo Ferrigno, *Vermont Governor Signs GMO Food Labeling into Law*, CNN (May 8,2014), http://www.cnn.com/2014/05/08/health/vermont-gmo-labeling/.

⑧ 参见《佛蒙特州众议院法案》(2014 年)第 3043 节。

要标识的产品包括:(1)源自非转基因动物的食品,这些动物可能被喂食或注射了转基因产品;(2)不是“明知或故意”使用转基因食品或饲料喂养长大的动物及其产品;(3)用转基因的酶制造的食品;(4)酒精饮料;(5)转基因食品成分在阈值规定内的加工食品;(6)由独立机构证实不是“基因工程生产中无意混入”的食品;(7)准备立即食用的食品;(8)医疗食品。①

康涅狄格州立法最大的制约因素就是所谓的“触发条款”。触发条款规定,法律只有在三个方面的要求得到满足时才能够生效。② 首先,不包括康涅狄格州在内的另外四个州必须制定转基因食品强制标识的立法。这一要求主要是针对缅因州、佛蒙特州、新罕布什尔州、马萨诸塞州、罗得岛州、纽约州、新泽西州和宾夕法尼亚州。其次,通过类似法律的州必须是康涅狄格州的边境州。最后,东北部超过 2000 万人必须受到法律影响。③ 对于人口的要求使得最后一个条件很难满足。

目前,缅因州是唯一能够成为康涅狄格州触发条款要求的一个州。类似于康涅狄格州的法律,缅因州的立法同样需要满足“四个其他州”和“规定人口”这样的条件才能生效。缅因州立法规定人口总计也要达到 2000 万。④ 康涅狄格州国会议员正在敦促他们的同事在纽约州通过类似的立法。康涅狄格州法案规定,一旦触发条款的两个条件都满足,本州拥有最大发行量的五家报纸必须报告条件已经得到满足,并通知法案生效的日期。⑤ 在目前制定转基因食品标识强制立法的三个州里,只有佛蒙特州没有触发条款。

州立法在美国的转基因食品立法史上具有重大意义。在美国,国会和州议会有立法权,总统和州长有否决权,法院有裁决行政决定违宪与否的权力。上述三个州的标签立法已经过州议会通过、州长签署。⑥ 转基因食品强制标识的规定相当于对 FDA“实质等同原则”的否定。州立法与 FDA 的规定不符也可能带来违宪诉讼。缅因州司法部长已经坦言将面临法律诉讼,佛蒙特州为此专

① 参见《佛蒙特州众议院法案》(2014 年)第 3044 节。

② See Jaqueline Wattles, *Connecticut Still Alone on Passing GMO Labeling Bill*, *CT News Junkie*(July 23, 2013), http://www.ctnewsjunkie.com/ctnj.php/archives/entry/connecticut_still_alone_on_passing_gmo_labeling_bill/.

③ 参见《康涅狄格州总章程》第 21a-92c(e)。

④ See Susan Haigh, *New York GMO Labeling Bill Could Affect Other States As Well*, The Huffington Post(July 30, 2013), http://www.huffingtonpost.com/2013/07/30/new-york-gmo-labeling-bill_n_3676132.html.

⑤ 参见《康涅狄格州总章程》第 21a-92c(a)。

⑥ 参见茆巍、刘博:《州立法视野下美国转基因食品标识政策的可能变化与展望》,载《中国软科学》2014 年第 8 期。

门准备了150万美元的诉讼经费。

州立法所面临的违宪诉讼主要是指违反美国宪法第一修正案保护的商业言论自由和默示商业条款。美国联邦法院认为,商业言论自由的重要性虽然低于政治言论自由,但同样需要保护。商业言论指的是以公司或个人营利为目的而发表的言论。与政治言论不同,最高法院裁定商业言论并不享受第一修正案中言论自由条款的充分保护。为了在诉讼中区分商业言论和其他类型的言论,最高法院为商业言论定义了四个特征:(1)内容中有涉及如何购买;(2)内容可以被定义为广告内容;(3)内容应用了某个特定的商品;(4)传播者是基于商业目的传播该内容。如果某人的言论只是涉及上述四条中的某一条,那么并不会被认为是商业言论。但是,如果某人的言论符合上述四个特征,那么他的言论就是商业言论。

目前,对于转基因食品强制标识的州立法是否违宪尚未定论,但是从以往的案例来看,胜诉也并不是没有可能。联邦第二巡回上诉法院在2009年的纽约州餐饮协会诉纽约州卫生委员会(N. Y. State Restaurant Ass's n v. N. Y. City B d of Health)一案中认为,纽约州要求餐馆对相关食品卡路里标识信息是合宪的。这说明美国各州采取必要的强制标识是可以的,而且FDA最初也认为辐照食品与普通食品无异,但是最终出于对消费者担忧的考虑,同意对相关食品作出标识规定。①

二、强制标识的代表——欧盟的层级监管与政治考量

与美国采取的自愿标识制度不同,欧盟对转基因食品采取的是强制标识制度。基于"风险预防原则",欧盟对转基因食品管理是对"从农田到餐桌"的整个过程实行全程监控。目前较为主要的转基因食品立法有《关于封闭使用基因修饰微生物的90/219/EEC指令》《关于向环境有意释放基因饰变生物的90/220/EEC指令》《关于新食品和新食品成分的条例》《外源性污染物标识条例》《1829/2003关于转基因食品与饲料条例》《1830/2003关于转基因生物的可追溯性和标识以及由转基因生物生产的食品饲料的可追溯性并修订理事会第2001/18/EC号指令条例》等。一系列立法不仅详细规定了转基因食品在研发、生产、流通过程中的严格监管,同时规定对转基因食品在销售流通过程中的监管。在上述立法中,最为重要的是《1829/2003关于转基因食品与饲料条例》(以下简称1829/2003号条例)和《1830/2003关于转基因生物的可追溯性和标

---

① See Long J., *GMO Labeling: Can Vermont Survive First Amendment Challenge?*, http://foodproductdesign.com/blogs/food-law-bloggers/2014/05/gmo-labeling-can-vermont-survive-first-amendment,aspx(May 2014).

识以及由转基因生物生产的食品饲料的可追溯性并修订理事会第2001/18/EC号指令条例》(以下简称1830/2003号条例)。

1829/2003号条例通过授权、监管和标识措施确保人类和动物的健康。该条例制定的目标非常明确,即"为了保护人类和动物健康,保护环境,同时使消费者知悉市场上销售的产品中所含有的转基因成分,确保运作的透明"。1829/2003号条例取代了20世纪90年代授权转基因食品销售流通的258/97号条例。1829/2003号条例是建立在2001/18号指令的基础之上,结合了2002年《一般食品法》的风险评估框架制定而成。欧盟食品安全局(EFSA)负责管理执行1829/2003号条例,并且联合成员国的相关机构来评估转基因食品与饲料的风险。欧盟转基因生物科学专家组根据《一般食品法》第28条第4款(d)项成立,并在风险评估的过程中扮演关键角色。

1829/2003号条例的管辖对象非常明确,转基因食品标识阈值的确定也意义重大。该条例要求所有含有转基因生物或者由转基因生物制成的食品和饲料,无论在最终产品中能否检测到外源DNA或蛋白质,产品在整个过程中都要获得授权并进行标识。该条例的第12条明确指出:"本部分适用于欧共体境内的最终消费者或餐饮业的食品,该食品:(a)含有转基因生物(GMOs);(b)是用转基因生物生产的或包含由转基因生物生产的配料。食品原料含有转基因生物、由转基因生物构成或由转基因生物生产,且该原料的比例在单独的食品配料中或单一配料食品中不高于0.9%。对于这样的食品,本部分不适用,因为这种存在是偶然的或者在技术上是无法避免的。为了证明转基因生物的存在是偶然的或者技术上是无法避免的,经营者必须提供证据,向主管机构证明他们已经采取了相应的步骤以避免存在转基因物质。根据该条例第35条第2款涉及的程序,尤其是对于含有或组成转基因生物的食品,或者考虑到科技的进步,可以建立适当的更低的限制。"

由转基因生物制造的产品是指"整体或部分来源于转基因生物",但是不包含或者由转基因生物组成的产品。① 该条例也管理转基因食品添加剂,但是用转基因生物生产的最终产品里没有转基因物质的产品被排除在管辖之外,包括用转基因饲料喂养的动物制成的产品等。转基因种子是由其他措施管理,一般属于监管范围之内。1829/2003号条例对欧盟产品和进口产品适用"非歧视方法",并承担了《生物安全议定书》下的国际贸易责任,这一点在第44条里有所规定。在欧盟上市的转基因食品不能对健康和环境产生不良影响,误导消费者,或者与其代替的传统食品有营养成分上的不同。

---

① 参见1829/2003号条例第2条第(10)款。

1829/2003 号条例对转基因食品标识的内容要求非常具体。第 13 条第 1 款对转基因食品的标识作出了具体规定:"在不违背欧盟食品标签法律其他要求的情况下,本部分适用的食品标签应当符合以下具体的标签要求:

(a)根据 2003/13/EC 号指令第 6 条规定,对于含有一种或多种配料的食品,应当在配料表中紧随配料后用括号标示'转基因'或者'由转基因(配料的名称)制成';

(b)如果该配料的类别名称指代该成分,那么在配料表中应标示'含转基因(生物的名称)'或者'含有转基因(生物的名称)制成的(配料的名称)';

(c)如果没有配料表,应在标签上清楚地标示'转基因'或者'由转基因(生物的名称)制成';

(d)a 和 b 中所提到的标示可以用脚注的形式出现在配料表中。如果以脚注的形式出现,就应与配料表的字体大小一致。如果没有配料表,就应该清楚地标示在标签上;

(e)对于没有预包装直接销售给最终消费者的食品,或最大表面面积不超过 10 平方厘米的小包装食品,本款所要求的内容必须是永久、显著地标示在食品上或者随附在食品上或在包装材料上,并且以能识别和阅读的足够大的字体标示。"

除第 1 款提到的标签要求外,在下列情况下,标签上还应标示特性或属性:

某种食品与对应的传统食品在以下的这些特性或属性方面不同:

(1)成分;

(2)营养价值或营养效果;

(3)食品的预期用途;

(4)暗示可能对某些人群有保健作用。

除第 1 款提到的标签要求外,本部分所适用的食品标签,如果没有对应的传统食品,那么就应随附相关食品性质和特性的适当信息。①

依据第 1830/2003 号条例,欧盟建立了严格的"转基因食品追溯制度"。1830/2003 号条例对含有转基因成分产品的标识和可追溯性都作了详细规定。第 1830/2003 号条例是建立在 2001/18 号指令的基础之上,对(非医用)含有或者由转基因生物构成的产品、转基因生物制造的食品、转基因生物制造的饲料"在投放到市场的任何阶段"适用可追溯和标识制度。② 该条例将可追溯性定

① 参见 1829/2003 号条例第 13 条。

② 参见 1830/2003 号条例第 2 条第(1)款。

义为“通过生产和销售链条追溯投放到市场所有阶段的转基因生物和由转基因生物制造的产品的能力”。① 该条例为转基因生物和从转基因生物制造的产品和饲料建立了一个统一的可追溯系统，目标是“配置正确的标识、监控对环境和健康的影响以及在必要情况下实施正确的风险管理措施”。② 欧盟成员国根据委员会对转基因原材料样本和检测的技术指引，通过样本检查和试验等控制措施来确保其采取措施的合规性。③

1830/2003号条例的目标是对含有转基因生物成分的产品以及用转基因生物生产的食品和饲料提供可追溯性框架，以便准确标识，监控其对环境和人体健康的影响，并实施相应的风险管理措施，包括必要时召回产品。建立可追溯系统是为了确保对转基因食品整个产业链（从农场到餐桌）实施监管，加强产品的准确标识，尤其是那些难以监控的转基因食品与饲料，必要时召回相关产品。

欧盟的管制措施不仅包括对转基因食品流通和消费环节进行长期检测，还通过上述检测评估转基因食品对环境的潜在风险。这样，转基因食品生产商与经销商完全有能力在发现转基因商品风险时及时制止该商品在市场上继续流通。这意味着转基因DNA或转基因蛋白质存在与否以及转基因食品与非转基因食品“实质等同”与否都不重要。欧盟需要商品生产商根据条例规定，针对该商品进行特殊标识的依据是：只要欧盟检测出食品中含有转基因生物成分，对转基因食品进行标识的前提条件就已经成立。

转基因食品标识的种类分为阳性标识和阴性标识。阳性标识是指标明某食品为“转基因食品”。转基因食品的强制标识制度和自愿标识制度主要是指阳性标识的强制与自愿。阴性标识是标明某种食品为“非转基因食品”“有机食品”“绿色食品”，强调其“非转基因”特点。

欧盟的转基因食品标识制度针对的是阳性标识，要求对含有转基因成分的食品进行标识。因此，“非转基因食品”或“不含有转基因成分”这样的阴性标识出现的频次很少，但也不是没有。不过，欧盟的阳性标识规定是许多国家无法比拟的，因为欧盟对转基因食品标识要求的覆盖面是全世界最广的，它要求所有从转基因生物提炼加工的食品必须全部标识。单就这一点，目前世界上没有一个国家或地区可以与之相提并论。阳性标识全面覆盖，当然就没有阴性标

① 参见1830/2003号条例第3条第（3）款。

② 参见1830/2003号条例第1条。

③ 参见1830/2003号条例第9条第（1）、（2）款。

识规定的必要了。此外,我们需要注意的是“有机食品”不含有“非转基因”的字眼,但是有机食品评定的标准中就要求不含有基因工程产物。因此,在欧盟有众多销量的“有机食品”,其标识本质上就是一种阴性标识。

欧盟的转基因食品标识是一种基于过程的标识,是一种过程集合的标识,这一点与美国不同。首先,欧盟对转基因食品进行标识的整个过程包括:对转基因食品标识的审批要经过包括欧盟成员国主管机构评估、环境评估、EFSA评估、公众评论和欧盟委员会决定等一系列复杂的程序。其次,转基因食品和转基因饲料的标识,基因改变不得超过基因总量的0.9%。转基因食品必须贴上“本产品包含转基因生物”或“由转基因(生物)制成”这样的标签。再次,转基因生物及食品的可追溯制度要求经营者将转基因食品投入市场后的每一个阶段都留存相关信息,保证5年内能说明产品从何而来,又转给哪个经营者。最后,构建欧盟成员国的政府市场控制和突发事件应急程序,发现转基因食品具有危害时启动预警系统。① 在整个过程中,任何一个环节的缺失都意味着标识的失效。换言之,欧盟的转基因食品标识制度不只是一个简单地按照法律规定的范围和阈值进行标识的动作,而是整个过程的集合。

三、折中派的代表——日本转基因食品标识制度

日本的工业水平世界领先,农业则受其自然条件和人口因素制约而相对落后。日本的食品自给率较低,仅为40%。② 许多农产品基本依赖进口,其中包括大豆、玉米等转基因作物。因此,与美国和欧盟相比,日本采取的是一种相对折中的态度。日本对转基因食品实行“垂直监管为主、地方监管为辅”的管理模式。食品安全委员会、③厚生劳动省、④农林水产省⑤分别在各自职责范围内对转基因食品实行垂直管理。地方政府则负责本区域内转基因食品问题的综合协调管理,包括制定本辖区的食品卫生检验与指导计划、负责检查本辖区内

① 孟繁华、李清:《欧美转基因农业发展的两重性》,载《世界农业》2014年第6期。

② 程国强:《日本如何对转基因食品实行标识制度》,载《经济要参》2001年第75期。

③ 不同于厚生劳动省、农林水产省这两个政府部门,食品安全委员会由7名来自民间的食品安全专家组成,主要负责鉴定评估食品的安全性,由内阁政府直接领导并向内阁政府提供与立法有关的科学依据,独立性较强,食品安全委员会成员由首相任命,经国会批准,任期3年。

④ 厚生劳动省主要负责食品安全的风险管理,包括制定有关食品添加剂和药物残留的法定标准,监管食品加工设施的卫生状况,监督、管理食品的流通(进出口)安全,收集国民针对食品管理所提出的各项建议。

⑤ 农林水产省主要负责转基因食品安全、转基因食品标识制度以及与转基因食品消费安全相关政策的落实。此外,农林水产省还负责重大食品安全事故的危机处理。

有关食品的商业配套设施和卫生安全状况、负责管理与食品生产经营相关的许可证发放与撤销等事项。①

日本的转基因食品标识管理制度始于1998年。同年8月,农林水产省宣布对含有转基因成分的食品加贴标签的初步计划。1999年11月,农林水产省出台了对24种产品加贴标签的规范标准,并规定随着新的转基因作物品种出现而作相应调整,每年进行一次基准标识的重新审定。重新审定考虑的因素包括:最新商业化的转基因农产品、分销及用作食品原料的转基因农产品的实际情况、去除和分解重组DNA以及由其编码的蛋白质的实际情况、由于检测方法的改进而得出的新结论、消费者的观点等。此外,还应考虑在有机食品和加工食品生产、制造、流通及加工中,对转基因农产品以及以此为原料的加工食品的处理情况和制定国际统一标准的进展情况。②（见表7-1)

表7-1　日本经批准的转基因农产及其加工食品

序号	食品名称	转基因作物来源
1	豆腐和油炸豆产品	大豆
2	冻豆腐、豆腐渣、豆腐皮	
3	纳豆(中国的豆豉)	
4	豆浆	
5	日本豆面酱	
6	水煮黄豆	
7	灌装或瓶装大豆	
8	黄豆粉(烘炒黄豆粉)	
9	烘炒黄豆	大豆
10	用序号1-9的任何一种成分制作的食品	
11	主要由大豆制作的食品(烹饪)	
12	主要由大豆粉制作的食品	
13	主要由大豆蛋白制作的食品	
14	主要由毛豆制作的食品	毛豆
15	主要由黄豆芽制作的食品	大豆

① 刘旭霞、李洁瑜、朱鹏:《美欧日转基因食品监管法律制度分析及启示》,载《华中农业大学学报(社会科学版)》2010年第2期。

② 汪小福等:《日本转基因产品溯源管理模式》,载《浙江农业科学》2010年第4期。

续表

序号	食品名称	转基因作物来源
16	玉米点心	玉米
17	玉米片	
18	爆米花	
19	速冻玉米	
20	灌装或瓶装玉米	
21	主要由玉米粉制作的食品	
22	主要由粗玉米粉制作的食品(玉米片除外)	
23	主要由玉米(用于加工)制作的食品	
24	序号 16-20 中任何一种成分制作而成的食品	

资料来源:程国强:《日本如何对转基因食品实行标识制度》,载《经济要参》2001 年第 75 期。

日本政府于 2001 年 4 月 1 日起实行《转基因食品标识法》,对玉米、马铃薯、大豆、棉籽和油菜籽五种转基因食品制定了标识方式,适用于以这些产品为原料的食品加工和销售。2013 年颁布的《新食品标识法》在此基础上增加了甜菜、番木瓜和紫花苜蓿三种转基因农产品。根据上述法律规定,日本对转基因食品采取强制标识与自愿标识共存的做法。

《转基因食品标识法》适用于"指定农产品"和"加工食品"。指定农产品包括大豆(含毛豆和黄豆芽)、玉米、马铃薯、油菜籽和棉籽;加工食品是利用上述农产品加工而成的食品。

指定农产品的标识方法如下:

除表 7-1 所列的加工食品需要标识外,还要对指定农产品进行标识。此时,零售商除执行《有机食品质量标识法》第 4 条外,还需要遵守以下规定:(1)如果指定农产品是实行区别性生产流通管理的转基因农产品,那么应该在产品名称后注明该指定农产品是转基因产品;(2)如果有机食品不是实行区别性生产流通管理的指定农产品,也应该在有机食品名称后注明;(3)如果指定农产品是实行区别性生产流通管理的非转基因农产品,那么可以选择标识所指定农产品的名称,或者标识所指定的名称,并注明该指定农产品是实行区别性生产流通管理的非转基因产品。

加工食品的标识方法如下:

如果食品中重组 DNA 或由其编码的蛋白质仍有残留,那么所有食品制造商、进口商以及对产品负有标识义务的零售商除按照《加工食品质量标识法》第 4 条规定进行标识外,还必须在食品标签上注明其主要原料来源。但是食品容器或包装上可用于贴标签的空间小于30平方厘米的情况除外。①

日本还对阈值进行了规定，转基因食品的标识阈值是5%，即食品主要原料中批准的转基因成分达到5%以后才需要强制性标识。对于未批准的转基因生物，转基因食品的标识阈值为零。在标识范围上，已经通过转基因安全认证的水豆豉、玉米小食品、豆腐等24种由大豆或玉米制成的食品需要进行转基因标识。若能检测到外源DNA或蛋白质，转基因马铃薯产品也需要标识。在非转基因农产品及其加工产品上可标识为"非转基因"，但是不存在转基因生物的产品上不能作这样的阴性标识。

四、三种模式的比较与中国的选择

在美国的宽松标识制度与欧盟的强制标识制度剧烈碰撞的同时，有一些像日本这样的国家和地区选择"折中模式"。这些制度的形成有其各自不同的社会背景和历史原因，很难用一种价值标准去判断孰优孰劣。理性的做法是在借鉴别人经验的基础之上，制定出符合我们自己国情的转基因食品标识制度。

（一）美国模式的特点

1. 三机构分权管理

在"实质等同原则"指导下，环境保护署负责评估转基因作物对环境的影响；食品与药品管理局负责确保转基因食品与传统食品同样安全，避免消费者受到不安全或者虚假标识食品的危害，但不包括食品安全检验局负责的范围；农业部下属的食品安全检验局负责保证转基因肉类、禽类和蛋类产品的安全卫生、有益健康及准确标识，动植物健康检验局则负责转基因作物种植不会危害农业环境。三个机构既相互协调，又形成一定的制约。

2. FDA主管转基因食品标识

食品与药品管理局根据《联邦食品、药品和化妆品法》负责保证所有饲料和植物源食品适当的标识及安全，并规定所有食品和饲料都必须符合严格的安全标准，无论是用传统方式还是通过生物工程生产的，无论是国产还是进口的。

---

① 具体标识方法如下：(1)如果加工食品是以实行区别性生产流通管理的转基因农产品为主要原料，那么无须考虑《加工食品质量标识法》第3条第6款的规定，而是在食品原料名称后直接注明该食品是转基因食品。(2)如果加工食品是以没有实行区别性生产流通管理的指定农产品为主要原料，那么无须考虑《加工食品质量标识法》第3条第6款的规定，而是在食品原料名称后注明该食品原料没有实行区别性生产流通管理。(3)如果加工食品是以实行了区别性生产流通管理的非转基因农产品为主要原料，那么可以选择以下任意一种标识方式：①标识食品主要原料名称；②按照《加工食品质量标识法》第3条第6款的规定，不注明食品原料名称；③标识食品主要原料名称，并注明该食品是以实行区别性生产流通管理的非转基因产品为原料。参见程国强：《日本如何对转基因食品实行标识制度》，载《经济要参》2001年第75期。

此外，任何食品添加剂在销售之前，必须获得食品与药品管理局的批准。食品与药品管理局于2001年针对转基因技术生产产品的标识管理，出台了《对于标明产品是否使用转基因技术的自愿标识的产业指南草案》。该文件仅在自愿的基础上提倡生物技术公司对于转基因食品进行标识，并没有被列入正式的联邦法规，也并未强制规定标识要求。① 尽管这一制度随着S. 764法案的出台已经有所改变，但是美国整体对待转基因食品标识的宽松态度并没有改变。

3. 专门监管制度

美国采用分散形式的产品监管模式，但是在科研成果及商品进入市场流通的重要阶段形成了针对转基因产品监管的专门制度，其中包括：跨州转移许可及运输包装标识制度、田间试验许可制度、环境释放许可与报告制度、附条件审批豁免制度、档案建立与保存制度、自愿标识制度、进口食品预申报和行政扣留制度、食品安全制度中的自愿咨询制度、食品设施注册制度。在上述制度管理下，确保商业转化与安全防范之间的平衡，使得商业利益和社会利益达到双赢。②

(二)欧盟模式的特点

1. 纵向管理体制

从欧盟食品安全管理的发展历程看，统一的食品安全管理体制是确保各项管理措施有效执行的根本。层级分明的纵向管理机制形成了欧盟食品安全管理体系的鲜明特点。从欧洲议会到欧盟理事会、欧盟委员会、欧盟食品安全管理局，再到各成员国的行政管理部门，进而覆盖到食品生产加工企业和经营企业。其中，欧盟食品安全管理局成为管理欧洲食品安全的权威协调机构，统一监督和协调各成员国的食品安全管理和标准。

2. 法规标准一致

作为欧盟统一的食品安全管理机构，欧盟食品安全管理局负责发布一系列条例和指令，以此来完善食品"从农场到餐桌"链中各个环节的技术标准。各成员国的法规和标准也具有一致性。

3. 链条管理

欧盟的食品安全管理最早引入"过程管理"理念。欧盟的食品安全管理非常重视生产源头的安全质量控制和"危害分析的临界控制点"（HACCP）与"良好作业规范"（GMP）的管理程序。食品制造者和加工者应严格遵照相关的环境质量标准、生产操作规范以及投入品控制标准，应该自觉地对各个环节实施

---

① 参见厉建萌等：《美国转基因产品的管理模式》，载《浙江农业科学》2011年第2期。

② 参见刘旭霞、刘渊博：《美国转基因产品市场化监管对中国的启示》，载《华南农业大学学报》2014年第3期。

严格管理,注重对食品的生产与加工等整个流程的控制。为了保证各个环节的安全,欧盟还建立了对出口商的实地考察制度。

4. 可追溯性

欧盟对于食品安全的管理建立了严格的可追溯制度。欧盟的相关指令要求食品标签必须标明产地和材料的来源,在加工和制造过程中还要建立产品档案并保存全部记录。欧盟第 178/2002 号条例建立了食品安全快速预警系统、风险管理制度以及危机紧急处理机制。各成员国的相关机构和欧盟理事会、欧盟委员会、欧盟食品安全管理局共同组成一个完整的食品安全网络。各成员国食品链中的任何环节出现问题时,都能通过网络实现快速有效追溯,发出预警并启动应急措施,有效控制问题,防止进一步恶化。

(三)日本模式的特点

以日本为代表的一些国家和地区,一方面,由于其自然条件的限制,农业在这些国家始终无法得到很好的发展,粮食对外依赖程度较高;另一方面,这些国家的工业化水平高,科学技术发达,更为重要的是这些国家和地区的消费者自我保护和权利意识极强。因此,政府采取的是一种折中态度:既不同于美国长期秉持的“实质等同原则”,也不同于欧盟坚持的“风险预防原则”。他们首先建立完备的法律体制,从转基因产品的研发、生产到流通,都有一套详细的规则体系,而且这套规则体系会随着转基因技术的发展不断修改。在此基础上,强调经过权威部门批准上市的转基因食品是安全的。这些国家和地区大多都有一个共同特点:在完善转基因食品标识规则前提下,有一个相对宽松的阈值标准。

(四)中国的选择

我国的转基因生物技术研发起步几乎与欧美国家同步,我国的转基因作物产量,尤其是转基因棉花,在世界上也是名列前茅。然而,由于我国现有科学体制的制约(如之前所探讨的产学研一体化等问题),尤其是近年来国内关于“挺转”和“反转”的争论一直没有平息,政府在科研投入和产业化布局方面一直踌躇不前,我国转基因生物研究的整体水平这些年有所倒退。此外,我国的法制建设还有待完善,人们的守法意识还有待加强。

中国是世界第一人口大国,农村、农业、农民问题始终是我国历届政府关心的头等大事。虽然经过 40 多年的改革开放,我国已经基本解决老百姓的温饱问题,但是我们还远没有达到丰衣足食的地步。中国人均粮食拥有量在世界上还是排在很后面的。不仅如此,耕地面积日益减少,依靠传统农业生产技术已经无法确保我国的粮食安全,而转基因技术是解决上述问题的有效手段之一。

相比之下,日本的模式更值得我们借鉴和学习。日本的科技整体水平目前还是领先于我们,他们对转基因食品安全性的认识应该不亚于我们。日本接受转基因食品并为此制定较为宽松的阈值标准(5%),这从一个侧面向我们展示:经过批准上市的转基因食品的安全性是有保证的。因此,我国转基因食品规制不是“要不要上市”的问题,而是“如何上市”的问题。从日本的做法中我们可以得出如下启示:要给农业转基因产业创造一个良好的发展环境,关键是兼顾社会各方利益。制定完备的法律制度和严格的审批标准,这是对消费者负责;制定相对宽松的阈值标准,这是给企业留足发展空间。正如本书前面所指出的,阈值标准不是安全标准,而是一个社会对待转基因食品的接受程度。既然阈值标准与科学无关,不需要科学家组成安全委员会确定,那么政府就应该根据本国国情制定一个现实的标准。只有这样,我们的企业才能安心生产,消费者才能放心消费。也只有在这样一个良性互动的社会环境里,我国的转基因技术研发才能取得长足的进步。

第四节　我国转基因食品销售流通法律规制路径选择——以完善标识制度为视角

新修订的《食品安全法》将转基因食品的标识要求提高到法律层面,但是并未对这一制度作出具体规定。《食品安全法》未对转基因食品进行界定,也没有明确其他转基因附属物(如农业转基因生物、转基因生物加工品)的概念。没有明确界定执法对象导致实践中规定范围宽严不一。此外,由于我国目前对转基因食品认定采取的是定性标准,标识制度难以真正落实。具体而言,存在以下几方面问题:

(1)转基因食品标识阈值的缺失使得市场上大量食品均需标识,且不说这一点在生产中能否真正做到,即使做到了,也会给消费者造成我国转基因食品已经普遍商业化的假象,形成不必要的恐慌。在当下社会上对转基因食品认识存在严重分歧的背景下这会给某些人以可乘之机,对社会舆论造成严重的负面影响。

(2)随着农业转基因产业的迅速发展,许多国家已经形成转基因产品和非转基因产品深度共存的状态。在此情况下,转基因产品在种植养殖、加工运输、消费流通过程中,要么基于基因漂移等自然原因,要么缘于故意或无意掺杂的人为因素,使得不少用非转基因作物生产的食品也含有转基因成分。

(3)食物不同的烹制方式有可能导致不同的结果。中国人历来食不厌精,喜欢在食物的烹饪制作过程中添加许多佐料。有时候主食材料不含转基因成分,但是添加的佐料中含有转基因成分,尤其是一些色、香、味俱全、保存期又长的佐料更有可能含有转基因成分。

(4)转基因成分检测技术具有局限性,存在极限检测值。所谓转基因成分"零含量",这只是一个理论上的概念。更多的产品因其转基因成分含量少,现有检测技术无法检测出,但并不意味着其确定不含转基因成分。若继续这种做法,只会使标识内容与实际情况不相符合,误导消费者。

(5)定性标准给政府监管带来极大困难的同时,给国家财政带来极大的负担。实践中,含有少量转基因成分的食品种类繁多,经营主体数量庞大,以我国现有的行政力量无法监管到位。这种做法不仅使企业生产经营成本增加,政府花在转基因食品检测上的费用也将是一笔巨大的开支。①

完善转基因食品标识制度,首先要明确标识范围与阈值标准。例如,欧盟就规定转基因食品的标识范围是所有从转基因生物衍生的食品或者饲料或者添加剂、调味料,无论其最终产品是否含有新的基因或者蛋白质。韩国列入标识范围的包括大豆、豆芽、玉米和马铃薯等,转基因产品含量超过3%的必须进行标识。我国的《食品安全法》只规定转基因食品需要标识,但是对于直接食用的转基因农作物的标识、转基因食品如何确定、对于技术原因和偶然因素导致的转基因成分混入的阈值问题,都没有相关规定和解释。这种宽泛模糊的规定会加大执法难度,降低违法成本。

完善转基因食品标识制度,其次需要明确标识方式与内容。以欧盟为例,对于含有一种或多种配料的食品,应在配料表中紧随配料后用括号标示"转基因"或"由转基因(配料的名称)制成"。如果用转基因配料的类别名称指代该种成分,在配料表中则应该标示"含有转基因(生物的名称)制成的(配料的名称)"。如果没有配料表,应在标签上清楚地标示"转基因"或"由转基因(生物的名称)制成"。在食品包装方面,除具体的食品标签需要对转基因成分进行特别标注之外,欧盟还要求对于含有转基因生物的产品,经营者应确保以下两点:一是对于含有转基因生物的预包装产品,应在标签上标示"本产品含有转基因生物(名称)制作的产品"或"本产品含有转基因(生物的名称)"。

对于销售给最终消费者的非预包装产品,"本产品含转基因生物制作的产品"或"本产品含转基因(生物的名字)"应标注在产品的展示台上,或与产品展示有关的位置。由于《食品安全法》并没有就此内容作出详细规定,我国现有的转基因食品标识方式多种多样,有的在成分表中标识出"配料(转基因)";有的直接标识为转基因成分名称;有的在最后位置标识"有机,源于非转基因成分";还有的在商品的非特定处标识"非转基因"字样。另外,《食品安全法》中

① 参见张忠民:《论转基因食品标识制度的法理基础及其完善》,载《政治与法律》2016年第5期。

的用语“显著”也没有进一步规定和解释，对于转基因食品的标识应该以多大的字体、在何处、怎样标识才能称为“显著”等一系列规范没有一个明确标准。

《食品安全法》第 2 条第 2 款规定：“供食用的源于农业的初级产品（以下称食用农产品）的质量安全管理，遵守《中华人民共和国农产品质量安全法》的规定。但是，食用农产品的市场销售、有关质量安全标准的制定、有关安全信息的公布和本法对农业投入品作出规定的，应当遵守本法的规定。”根据《食品安全法》的指引，对于食用农产品质量管理适用《农产品质量安全法》。《农产品质量安全法》第 2 条的规定也将适用范围明确覆盖到食用农产品：“本法所称农产品，是指来源于种植业、林业、畜牧业和渔业等的初级产品，即在农业活动中获得的植物、动物、微生物及其产品。本法所称农产品质量安全，是指农产品质量达到农品质量安全标准，符合保障人的健康、安全的要求。”但是，无论是《食品安全法》，还是《农产品质量安全法》，都没有对转基因农产品的质量安全进行特别规定，对转基因农产品的标识更没有任何规定。

由于食用农产品在我国食品市场上占据着举足轻重的地位，有必要对食用农产品进行标识。在美国的州立法和欧盟的标识制度中，都有对转基因初级农产品的标识要求。例如，对源于农业的转基因初级产品在货柜上加贴标识。在我国，这种标识的难度非常大。我国的食用农产品市场经常是流动的、不固定的。农民拿着自己种植的初级产品直接摆摊进行销售。这种农产品是否是转基因产品，可能连农民自己都不知道。另外，对这些食用农产品检验的难度很大，要求却很高。因此，依靠现有的规范制度，很难实现上述规制目标。

制定转基因食品的专门立法，是构建我国转基因食品法律规制体系的基础。在转基因食品消费流通环节，新法在解决好转基因食品的标识门槛（阈值）和各监管主体的职责划分这两大导向性问题的同时，应建立风险评估制度，解决以下几个具体问题：

1. 确立风险评估目标

根据《生物安全议定书》的宗旨，风险评估的目标在于确保和评价转基因生物体在可能的潜在接收环境中对生物多样性的保护和可持续使用产生的不利影响，同时顾及对人类健康构成的风险。《食品安全法》第 16 条规定：“食品安全风险监测结果表明可能存在食品安全隐患的，县级以上人民政府卫生行政部门应当及时将相关信息通报同级食品安全监督管理等部门，并报告本级人民政府和上级人民政府卫生行政部门。食品安全监督管理等部门应当组织开展进一步调查。”因此，转基因食品的专门立法应当明确提出风险评估的目标，明确对于可能存在食品安全隐患的，应当进行风险评估，目的在于评价食品安全的潜在不利影响，保护人类健康与安全。

2. 完善风险评估原则

《食品安全法》第 17 条对风险评估原则进行了规定，国家根据食品安全风险监测信息、科学数据以及有关信息，建立食品安全风险评估制度，运用科学方法对食品、食品添加剂、食品相关产品中的生物性、化学性和物理性危害因素进行风险评估。国务院卫生行政部门负责组织食品安全风险评估工作，成立由医学、农业、食品、营养、生物、环境等方面的专家组成的食品安全风险评估专家委员会进行食品安全风险评估。食品安全风险评估结果由国务院卫生行政部门公布。

3. 设定风险评估参数

对转基因食品的安全性进行风险评估，要设定评估的参数。这些参数应当包括转基因食品标识的性质、转基因成分含量的确定、转基因食品标识的内容以及转基因食品生产企业和生产日期等信息，以此构建转基因食品完整的评价体系。

4. 健全风险评估方法

对转基因食品的安全性进行风险评估应该明确风险评估的方法。风险评估在风险事件发生之前或之后，对转基因食品给环境、人类健康造成的影响和损失的可能性进行量化和评估。对转基因食品的风险评估就是量化测评转基因食品有可能带来的影响或造成损失的程度。因此，要想有效监管转基因食品，必须健全风险评估方法。

5. 明确风险评估主体

《食品安全法》第 19 条规定："国务院食品安全监督管理、农业行政等部门在监督管理工作中发现需要进行食品安全风险评估的，应当向国务院卫生行政部门提出食品安全风险评估的建议，并提供风险来源、相关检验数据和结论等信息、资料。属于本法第十八条规定情形的，国务院卫生行政部门应当及时进行食品安全风险评估，并向国务院有关部门通报评估结果。"然而，《食品安全法》第 151 条却规定："转基因食品和食盐的食品安全管理，本法未作规定的，适用其他法律、行政法规的规定。"因此，转基因食品的风险评估主体应该是哪个部门，这一点应该在新的立法中加以明确。

转基因食品自问世以来，有关标识的争论就一直没有平息过。是采用"自愿标识"还是"强制标识"，这个看似是保护消费者权益的问题，其实质上反映的是一个国家和地区对待转基因食品的基本态度以及背后整个转基因产业的综合实力。各国对待转基因食品的态度必然会反映到转基因食品的国际贸易管制上。世贸组织框架下的 SPS 协议是规范各成员卫生与动植物检验检疫措施的多边贸易协议，但是该协议并不是专门针对食品安全制定的。更重要的是,该协议明确规定,世贸组织成员应该根据已有的科学证据、相关的生产工艺、生产方法,以及抽样和检测手段,考虑疾病与虫害的传播特点,参考相关国际组织的危害评估方法,对动植物实施检验检疫。当遇到科学证据不足的时候,世贸组织成员可以根据自己已经掌握的证据实施这些措施。这样的规定有其合理性。鉴于各成员的科技水平差异,世贸组织没有要求大家在卫生与动植物检验检疫方面采取整齐划一的做法。世贸组织只要求各成员在采取这些措施时遵守最惠国待遇原则和国民待遇原则。转基因食品是否安全,目前没有统一定论,更没有国际统一标准。因此,在提倡自由贸易的前提下,如何管制转基因食品的进出口,目前主要依赖世贸组织各成员的国内法。要完善这一管制措施,规范转基因食品的标识制度是前提,因为只有明确区分转基因食品与非转基因食品,有关措施才能落实到位。

在经济全球化的背景下,中国作为世贸组织一员,制定转基因食品法律制度自然不能“独善其身”,而是需要借鉴别国的做法和国际规则的相关内容。在结合本国国情的前提下,制定出既符合国际潮流,又能促进我国转基因产业健康发展的规则体系。转基因食品的消费流通是在全球范围进行的,安全保障是一个复杂的系统工程,标识只是其中的一个环节。转基因食品标识制度的落实需要一系列相关规范配套。因此,我国在大力发展转基因生物技术的同时,需要以转基因标识管理作为突破口,制定转基因食品的专门立法,为推动我国农业转基因产业的繁荣发展奠定必要的制度基础。①

① 参见陈童、孟彦辰:《比较法视野下我国转基因食品标识制度研究(下)》,载《中国卫生法制》2017年第2期。

第八章　我国转基因食品追溯能力构建研究

新修订的《食品安全法》明确提出，通过建立可追溯体系对转基因食品进行管控，即从产业链中的任何一端可以查找产品的源头。对转基因食品实行全程监管是我国在食品管理方面的一个进步，但是在实践中也产生新的困境。追溯转基因食品从生产到消费的整个过程，会涉及多个主体，单一的责任承担无法溯及整个转基因食品供应链。为了防止转基因食品从农场到餐桌的追溯过程中断，主管部门应将追溯义务扩大至不同的经营主体，而非像现行法律规定的那样由生产经营者承担追溯义务。另外，目前的追溯义务并非强制，这对转基因食品追溯管理也十分不利。①

世界卫生组织（WHO）、经济合作与发展组织（OECD）和联合国粮农组织（FAO）的研究都认为，全球范围内上市的转基因食品是安全的。② 然而由于各国的自然条件、科技与经济发展水平参差不齐以及不同国家消费者的饮食习惯差异，转基因食品在不同国家的接受程度也不尽相同。为了在发展转基因产业的同时，使广大消费者的权益也能得到切实保护，许多国家在完善转基因食品法律规制的同时，都十分重视转基因可追溯能力的构建。转基因可追溯能力（GM Traceability）是指一个国家可以对转基因产品在研发、试验、申请、批准、注册、授

---

① 陈童、孟彦辰：《比较法视野下我国转基因食品标识制度研究（下）》，载《中国卫生法制》2017 年第 2 期。

② The European Parliament and the Council of The European Union：*Regulation (EC) No.* 1829/2003 *of the European Parliament and of the Council of* 22 *September* 2013 *onGenetically Modified Food and Feed*, Official Journal of the European Communities，2013（L268）：11，22.

权、生产、供应等一系列产品开发过程中查找到转基因生物来源的能力,包含溯源管理体系和可追溯技术能力的总和。

转基因食品可追溯能力与传统食品可追溯能力的区别主要在于转基因种子研发、授权等与传统食品相区别环节的可追溯能力,其定义尚未统一。综观国际文献和各国学者解释,一般都强调转基因食品从种子研发、授权、供应链等环节形成不间断、可信赖的信息链条,并结合使用身份储存体系(IP 编码体系),从而具备可追溯能力。可追溯体系的优势在于:(1)减少事故损失,缩小转基因问题食品范围,追踪转基因问题食品从研发至销售的一切流程,及时召回转基因问题食品,并明确管理责任。(2)提升产品的品牌竞争优势,增加国内销售和国际出口。

我国目前对转基因食品采用的是定性标准,即零阈值标准。正如本书前面所述,这种法律监管制度是全世界最严的,在实践中的可操作性有待商榷。中国政府认为,通过合格审批、认证上市的转基因食品等同于传统食品。下一步的目标是构建最严格的转基因食品可追溯制度。[①] 国务院发布的《关于进一步加强食品安全工作的决定》(2004 年)[②]中就曾提出"建立农产品质量安全可追溯体系"。之后,有关传统食品可追溯管理的文件几乎每年都更新发布。2015 年 12 月,国务院又发布了《关于加快推进重要产品追溯体系建设的意见》,进一步明确了食品可追溯管理的重要性与法定性。

目前,我国的食品生产在提升企业质量管理能力、促进监管方式创新、保障消费者安全等方面都已进入了可追溯链条构建的快速发展期,其中就包括了转基因食品可追溯能力的构建。截至 2017 年 11 月,我国关于肉类、果蔬、酒类、水产品、中药材等重要产品可追溯标准已有 90 多项。[③] 然而在实际操作中,可追溯链条运行不力、各种标识制度不健全、法律监管机制不完善等问题依然普遍存在。例如,未构建完整的转基因食品可追溯链条、没有采用统一的可追溯代码规则、可追溯系统之间互不兼容等问题依然比较突出。

"标准化"是国家治理体系和经济社会发展的重要技术基础,对转基因食品可追溯能力的构建具有重要意义。党的十九大报告提出"健康中国"的目

---

① 2016 年 4 月 13 日,当时的农业部就农业转基因情况举行新闻发布会,表明了上述观点。新闻发布会相关情况参见中国农业农村部官网,http://www.moa.gov.cn/hdllm/zbft/nyzjyqkwd/,2019 年 4 月 1 日访问。

② 参见《国务院关于进一步加强食品安全工作的决定》,载 http://www.gov.cn/zhuanti/2015-06/13/content_2878962.htm,2019 年 6 月 1 日访问。

③ 武阳阳、梁文文:《"互联网+食品安全追溯"沙龙在京举办》,载《食品安全导刊》2018 年第 Z1 期。

标,其中就包含转基因食品在内的食品安全。原国家质量监督管理总局、商务部、原中央网络安全和信息化领导小组办公室等十部门联合印发《关于开展重要产品追溯标准化工作的指导意见》提出,我国计划到2020年实现标准化支撑重要产品(包括转基因产品)可追溯体系建设,基本建成社会各参与方技术标准互相协同的转基因食品可追溯标准体系。①

完善转基因食品安全治理体系、提升治理能力是十八届三中全会提出的"深化改革的总目标是完善和发展中国特色社会主义制度,推进国家治理体系和治理能力的现代化"的重要组成部分。我国目前与转基因食品相关各方利益的冲突不仅给社会带来不稳定因素,也将阻碍政府相关政策的出台和制约我国转基因生物技术的发展。因此,构建转基因食品可追溯能力刻不容缓。② 只有通过建立完善、科学的规范体系,我们的社会治理才能公平、有序。为此,有必要对转基因食品可追溯能力的相关法律问题进行深入研究,以保证我国的转基因食品可追溯立法能够回应国内消费者的食品安全需求,避免转基因食品国际贸易因可追溯能力欠缺所引发的纠纷。

第一节 转基因食品的监管特点与我国的对策

一、我国食品安全监管面临的挑战

根据国际标准化组织制定的《质量管理和质量保证——术语》(ISO8402—1994),产品质量是指产品"反映实体明确和隐含需要的能力和特性的总和"。就食品安全问题而言,质量指标可以分为两个层次:较高层次是指食品营养成分含量是否满足实际消费需求,是否达到相关产品的质量标准;较低层次是指食品是否含有有害物质,如致病微生物、残留农药、重金属、污染物等危害人体健康的物质是否超过限定指标。③ 就我国目前的食品安全管理目标而言,后一种情形显然是各级政府和老百姓关注的重点。

包括转基因食品在内,我国目前整个食品行业的安全面临严峻挑战,不法商贩利用监管漏洞以及现代高科技手段在食品生产过程中的违法行为严重危害消费者的身体健康。转基因食品领域的形势同样不容乐观。

---

① 参见《商务部等部门印发〈关于开展重要产品追溯标准化工作的指导意见〉》,载商务部网,http://diagram.mofcom.gov.cn/di/59f9647dcd9189099d841967。

② 参见胡瑞法:《中国转基因作物的社会经济影响》(Socio-Economic Impacts of GM Crops in China),中国科学院中国农业政策研究中心报告。

③ 参见何立华、杨淑华:《食品安全问题的成因及其解决》,载《山东经济》2011年第2期。

2019 年 2 月 5 日,中共中央办公厅和国务院办公厅印发了《地方党政领导干部食品安全责任制规定》,为确保人民群众"舌尖上的安全",将食品安全纳入各级政府的绩效考核范围,对问题突出的地区,将对当地党政领导进行问责。2019 年 5 月 20 日,《中共中央 国务院关于深化改革加强食品安全工作的意见》(以下简称《意见》)公开发布,这是第一个以中共中央、国务院名义出台的食品安全工作纲领性文件,具有里程碑式的重要意义。《意见》提出,要用"最严谨的标准、最严格的监管、最严厉的处罚、最严肃的问责"①进一步加强食品安全工作。这"四个最严"表明党中央、国务院对做好食品安全工作的坚定决心,也从一个侧面反映出当前我国食品安全工作与人民群众的期盼还有较大差距,我国的食品安全监管体系还有待进一步完善。

我国现行的分段式食品安全监管体制看似无处不在,从原料到加工,再到流通与销售,均有相应管理职能部门,基本能保证食品供给各个环节的质量与安全。但是这种"分段式"管理由于政出多门,容易形成"多头管理",导致实践中"职责不清、责任不明、相互推诿、监督不到位"的现象经常出现,特别是各阶段的衔接之处一旦发生问题,谁也不管,或者谁也管不了,始终形不成合力,监管效果较差。

目前,我国食品安全管理权限分属于食品药品监督管理、农业、卫生、质检、工商、科技、环保、城管、出入境检验检疫等部门,形成多部门管理格局。例如,农业农村部负责初级农产品生产环节的监管,国家市场监督管理总局负责食品生产加工和流通环节的监管,国家卫生健康委员会负责餐饮业和食堂等消费环节的监管,国家市场监督管理总局负责对食品安全的综合监督、组织协调

① 国务院食品安全办负责人对这"四个最严"是这样解释的:"最严谨的标准"要求简化、优化食品安全国家标准修订流程,加快修订农药残留、兽药残留、重金属、食品污染物、致病性微生物等食品安全通用标准。到 2020 年,农药兽药残留限量指标达到 1 万项,基本与国际食品法典标准接轨。"最严格的监管"要求健全覆盖从生产、加工到流通消费全过程最严格的监管制度,严把产地环境安全关、农业投入品生产使用关、粮食收储质量安全关、食品加工质量安全关、流通销售质量安全关、餐饮服务质量安全关。"最严厉的处罚"要求推动危害食品安全的制假、售假行为"直接入刑",严厉打击违法犯罪,落实"处罚到人"要求,对违法企业及其法定代表人、实际控制人、主要负责人等直接负责的主管人员和其他直接责任人员进行严厉处罚,大幅提高违法成本,实行食品行业从业禁止、终身禁业,对再犯从严从重进行处罚。探索建立食品安全民事公益诉讼惩罚性赔偿制度。进一步完善食品安全严重失信者名单认定机制,加大对失信人员联合惩戒力度。"最严肃的问责"要求各省、自治区、直辖市人民政府要结合实际,依法依规制定食品安全监管事权清单。加强评议考核,完善对地方党委和政府食品安全工作评议考核制度,将食品安全工作考核结果作为党政领导班子和领导干部综合考核评价的重要内容,作为干部奖惩和使用、调整的重要参考。严格责任追究,依照监管事权清单,尽职照单免责、失职照单问责。参见《国务院食品安全办就"4 个最严"保障舌尖上的安全答记者问:食品制假售假"直接入刑"!》,载 http://country.cnr.cn/gundong/20190523/t20190523_524623429.shtml,2019 年 6 月 3 日访问。

和依法查处重大事故。[1] 这种分段监管方式与实际监管效果不佳的状况也正是我国食品安全行政监管不协调的一个缩影。虽然新修订的《食品安全法》开始关注这些问题,但是我国现行食品安全监管体系在监管内容上依旧不够健全,忽视从食品生产的源头控制食品安全、在食品生产和流通过程保证食品安全;只重视传统食品的安全监管,忽视非传统性食品的安全监管。[2] 上述问题的形成既有体制上的原因,也有立法以及科技手段制约等原因。

目前,我国涉及食品安全监管的法律法规多达100多部。从数量上讲,我国的食品安全立法不可谓之少;从覆盖面看,这些法律法规涉及与食品相关的方方面面。立法的效果与立法技术密切相关。食品安全事故的频发和科学技术的迅速发展使人们对食品安全问题的认识不断深化,我国规制食品安全的法律制度也暴露出很多问题,其完整性、系统性与协调性仍存在欠缺。由于我国有关食品的法律法规的立法主体不一,内容的倾向性有所区别,在确定执法主体时,有时会有冲突规定。

例如,《食品安全法》第123条规定,对经营病死、毒死或者死因不明的禽、畜、兽、水产动物肉类,或者生产经营其制品的,县级以上人民政府食品药品监督管理部门没收违法所得和违法生产经营的食品,并可以没收用于违法生产经营的工具、设备、原料等物品。明知从事前款规定的违法行为,仍为其提供生产经营场所或者其他条件的,由县级以上人民政府食品药品监督管理部门责令停止违法行为,没收违法所得,并处10万元以上20万元以下罚款;使消费者的合法权益受到损害的,应当与食品生产经营者承担连带责任。《动物防疫法》第76条规定,违反第25条规定,屠宰、经营运输动物或者生产、经营、加工、贮藏、运输动物产品的,由动物卫生监督机构责令改正、采取补救措施,没收违法所得和动物、动物产品,并处同类检疫合格动物、动物产品货值金额1倍以上5倍以下罚款,其中依法应当检疫而未检疫的,依照第78条的规定处罚。

上述对比显示,对于相同的处罚对象,两部法律规定了不同的处罚主体和处罚标准。另外,我国虽然有关食品安全方面的法律法规数量庞大,但立法时缺乏与国际食品法典衔接,导致条款相对分散,调整范围较窄。[3] 例如,国务院出台的《生猪屠宰管理条例》仅对生猪的定点屠宰、检验检疫作出规定,而对其他动物的屠宰规定由省、自治区、直辖市根据本地区的实际情况,参照本条例制

---

① 参见何立华、杨淑华:《食品安全问题的成因及其解决》,载《山东经济》2011年第2期。

② 参见孙伟、张正竹:《中国食品安全监管面临的挑战及对策》,载《北京工商大学学报(自然科学版)》2011年第2期。

③ 参见张亚军:《风险社会下我国食品安全监管及刑法规制》,中国人民公安大学出版社2012年版,第73-75页。

定。这就为食品安全监管留下了空隙，也让一些没有制定本地条例的省、自治区、直辖市的不法分子有空可钻。①

我国现有的食品安全检验检测技术整体水平有限，无论是机构、人员、设备或者检测的方法都达不到国际水平。首先，目前的设备只能检测食品中的普通成分，对一些新的污染物无法辨别。在检验检测环节上，我国检验检测的都是准成品，对整个食品加工的过程没有重视。而且，检验大多以抽样方式居多，检验检测不全面。大多是对大型、正规企业的产品进行检验检测，问题最多的小企业未能检查到位。其次，检测人员水平不足。在执法过程中，有的负责检测的人员会走过场，凭经验和眼睛来检测。这就使公众对监管是否专业产生怀疑，由此也为监管增加了难度。②

我国的食品安全标准有多种分类法，包括国际标准、区域标准、国家标准、行业标准、地方标准和企业标准。据新华社报道，截至2013年，我国已经制定公布了303部食品安全国家标准，覆盖6000余项食品安全指标。③ 虽然有关部门对上述标准进行了清理，但是被保留下来的仍然是大多数，包括卫生部门制定的卫生标准、质检部门负责制定的产品质量标准。此外，各个行业也有权制定行业标准。标准相互重叠，不仅让企业无所适从，也让消费者感到困惑。

上述问题主要反映在国内市场上。我国的出口食品问题似乎并没有那么多，相反，其表现优异。多年来，我国出口食品的合格率一直保持非常高的水平。据统计，2006年和2007年上半年，我国出口到美国的食品分别为9.4万批和5.5万批，被美国检出的不合格食品分别为752批和477批，合格率分别为99.2%和99.1%；出口到欧盟的食品分别为9.1万批和6.2万批，被欧盟检出的不合格食品分别为91批和135批，合格率分别为99.9%和99.8%。日本是中国最大的食品出口国，2007年7月20日，日本厚生劳动省公布的2006年进口食品监控统计报告显示，日本对来自中国的食品抽检率最高，达到15.7%，但是合格率也是最高的，达到99.42%，高于位列第二的欧盟（99.38%）和第三的美国（98.69%）。④

来自同一产地的食品，一方面是其在国外表现出来的超一流质量水平，另

① 参见胡君玖、刘燕：《完善我国食品安全法律制度的思考》，载《安徽农业大学学报（社会科学版）》2014年第3期。

② 参见毕磊、王丽慧：《我国食品安全监管问题探析》，载《行政与法》2013年第1期。

③ 参见孙铁翔：《中国已制定303部食品安全标准，覆盖6000项食品安全指标》，载 http://finance.ifeng.com/a/20130710/10130974_0.shtml。

④ 参见《中国的食品质量安全状况》，载国务院新闻办公室，http://www.gov.cn/gongbao/content/2007/content_764220.htm。

一方面是其在国内的质量让人忧心忡忡。这种反差显然不能用检测技术落后这一原因来解释,还需要从思想认识和管理体制上查找根源。中国经济早已今非昔比,我们有实力购置确保食品安全的检测设备。关键是各级政府的认识是否到位以及相关的管理体制是否完善。这也是中央要用最严厉的问责制将确保食品安全的责任落实到各级政府的原因所在。

二、我国转基因食品安全监管的特殊性与必要性

作为人口最多的发展中国家,我国的人均耕地面积还不到世界平均水平的一半。《国家安全法》第22条明确指出:“国家健全粮食安全保障体系,保护和提高粮食综合生产能力,完善粮食储备制度、流通体系和市场调控机制,健全粮食安全预警制度,保障粮食供给和质量安全。”这是粮食安全首次被写进《国家安全法》。为此,国务院印发的《全国农业现代化规划(2016—2020年)》提出“以我为主,立足国内,确保产能,适度进口,科技支撑”和“口粮绝对安全,谷物基本自给”作为确保我国粮食安全的基本国策。① 根据这一规划,到2020年,我国农业现代化取得明显进展,国家粮食安全得到有效保障,农产品供给体系质量和效率显著提高,农业国际竞争力将进一步增强,农民生活达到全面小康水平,美丽宜居乡村建设也将迈上新的台阶。

要实现上述目标,传统的发展思路和模式已经行不通了,我们只能依靠科学技术。作为现代生物技术进步之一,转基因技术在提高粮食产量、防止农作物病虫害、减少农药造成的环境污染以及改良农作物品质等方面都有显著效果。自1994年转基因农作物开始商业化种植以来,全球转基因作物种植面积一直在增加,种植的国家数量已接近30个,其中既有美国、加拿大这样的发达国家,也有巴西、阿根廷、印度、中国这样的发展中国家。② 然而,转基因技术和食品在给人类带来巨大经济、社会效益的同时,导致的人类与生态环境现实与潜在的安全性风险问题也浮出水面。

与传统食品安全监管不同,转基因食品安全监管受科技、认知和政策等多种因素的影响,所引发的食品安全问题更为复杂,其法律体系和行业道德建设滞后所反映出的制度供给不足更为明显,因食品工业快速发展和监管模式陈旧

---

① 参见《全国农业现代化规划(2016—2020年)》,国发〔2016〕58号。

② 据学者统计,2014年,全球种植转基因作物的国家如下:美国、巴西、阿根廷、印度、加拿大、中国、巴拉圭、巴基斯坦、南非、乌拉圭、玻利维亚、菲律宾、澳大利亚、布基纳法索、缅甸、墨西哥、西班牙、哥伦比亚、苏丹、洪都拉斯、智利、葡萄牙、古巴、捷克、罗马尼亚、斯洛伐克、哥斯达黎加、孟加拉国。石永峰:《浅谈转基因农作物(粮食)20年的发展状况》,载《粮食问题研究》2016年第2期。

落后所造成的执法资源紧张和权利资源不均也显得更为棘手。① 随着时间的推移和相关产业的飞速发展,人们关于转基因食品的争议焦点不仅集中在纯粹的科学问题上面,更多的是涉及政治、经济、贸易甚至道德、宗教、伦理等方面的问题。②

当前,我国对于食品的监管仍然遵循政府全权负责的思维方式。转基因食品在成分构成、营养功能等方面与传统的非转基因食品并没有区别,只是其部分或全部成分源于转基因作物。因此,在实际监管过程中,主要依照食品安全的监管模式观测转基因食品的安全。③ 然而这种套用模式的监管容易导致原来的食品安全监管漏洞转移至转基因食品的安全监管过程之中,出现以下偏差:(1)政府监管过度。监管食品安全确实需要一个权威部门,把握监管的方向和力度,但是政府监管过度容易导致市场和社会监督功能失效。(2)食品安全管制方式单一。政府是监管的主控者,监管主体的单一需要监督手段的多元化来弥补监督力度和效果上的不足。如果监管人员对转基因食品专业缺乏足够的认识或敏感度较低,有可能会导致政策思路的局限性、行政管制手段的单一化,从而使监管效用边际递减,监管效果出现疲态。

由于上述偏差,我国转基因食品监管存在以下独特现象:

(一)农业主管部门承担主要的监管责任

转基因食品是否安全,关键在于源头把关,而其中最重要的环节便是安全证书的审批。在我国,根据《农业转基因生物安全管理条例》设立的国家农业转基因生物安全委员会对转基因食品的监管拥有较大的发言权。从 2002 年至 2016 年,农业转基因生物安全委员会已历经四届。④ 农业农村部对转基因作物上市颁发安全证书,事先都要通过安全委员会的审查。可见,安全委员会对于转基因食品能否进入消费市场具有举足轻重的权力。因此,转基因食品能否取

---

① 参见胡旭、刘晓莉:《我国转基因食品安全监管的制度完善》,载《理论月刊》2017 年第 6 期。

② 刘鹏:《中国转基因食品安全监管——基于监管成本—收益视角的分析》,载《华中师范大学学报(人文社会科学版)》2016 年第 2 期。

③ 《食品安全法》第 151 条规定:“转基因食品和食盐的食品安全管理,本法未作规定的,适用其他法律、行政法规的规定。”但是,我国目前并没有这方面的法律规定,转基因食品的监管事实上还是依据《食品安全法》的规定。

④ 据学者统计,第一届委员中 2/3 是转基因生物技术科学家,其中多人为转基因技术专利的申请者和拥有者,环境保护和食品安全领域只有几个人。第二届委员增加了食品安全、环境安全、技术经济、农业推广和相关法规管理方面的专家。第三届 60 名委员中,植物及植物微生物专家 29 人,动物及动物用微生物专家 11 人,食用安全专家 18 人,管理类 2 人。第四届 64 名委员中,2/3 来自转基因技术领域,特别是 6 名主任和副主任除了 1 人来自卫生部门外,其余 5 人均来自农业部门。可见,由农业部门官员和技术精英组成的咨询机构对我国转基因食品监管发挥着重要作用。刘鹏:《中国转基因食品安全监管——基于监管成本—收益视角的分析》,载《华中师范大学学报》2016 年第 2 期。

得消费者的信任,很大程度上取决于安全委员会是否具有足够的社会公信力。目前,我国负责转基因食品监管的是农业农村部,而批准转基因食品上市的主管部门也是农业农村部,这种“既是运动员,又是裁判员”的监管体制是国人对转基因食品安全性不放心的主要原因。

(二)相关部门之间缺乏协调与制约

转基因技术的安全性不仅涉及生产的食品是否安全,还包括转基因生物在研发阶段是否扩散、转基因作物种植期间是否影响周边植物以及整个环境。在《生物安全法》正式列入我国立法计划之前,我国涉及转基因食品规制的条例和规章历经10多年仍未出台,根本原因在于农业、环保、科技等主管部门意见不一。农业农村部强调经批准上市的转基因作物并不存在安全风险,生态环境部坚持生物安全和环境保护立场,科技部则主张加强生物技术研发。大家各执己见,分歧严重。

在转基因食品监管过程中,卫生部门的权力在逐渐缩小,甚至主动放弃监管。2002年,原卫生部为加强转基因食品监管,颁布了《转基因食品卫生管理办法》,但是不久便被《新资源食品管理办法》所取代。《新资源食品管理办法》明确排除对转基因食品的适用。2013年,原国家卫计委颁布《新食品原料安全性审查管理办法》,取代《新资源食品管理办法》,明确规定“新办法所称的新食品原料不包括转基因食品,转基因食品管理依照国家有关法律法规执行”。至此,我国转基因食品监管出现缺少政府部门之间的相互协调、相互制约的现象。

(三)信息公开不足、公众参与有限

转基因食品在我国才问世不久,许多人对它持怀疑甚至否定的态度,这是可以理解的,关键是权威部门要为转基因食品树立公信力,健全食品企业和产品的信息公开制度。我国现有食品生产加工产业结构落后、准入门槛较低,食品生产加工以小企业、小作坊为主,消费者对其生产、流通、销售等环节的信息缺乏了解。转基因食品与非转基因食品的重要区别在于其原料成分中植入了其他基因成分。经过国家农业转基因生物安全委员会等权威部门审查和经农业农村部批准上市的转基因食品都是安全的,消费者基于自己的认知水平和对食品消费的偏好可以自由选择。为此,健全的食品信息公开制度应该包括食品生产企业、食品流通企业、相关产品生产企业的质量控制能力,系统评价的各项指标,分级的评定,食品原料成分的构成与来源等信息,且这些信息都应该在商品的标签上明确标识或告知追溯渠道,以便消费者根据自身情况做出选择。我国食品信息公开制度建设刚刚起步,基本上是一种应急的单向信息发布,缺少公众的参与,检测手段还跟不上产业发展的速度。这些都影响转基因食品在我国的推广和普及。

鉴于转基因技术的影响和我国食品监管的现状,完善我国转基因食品监管体系和制度就显得尤为迫切和必要。从中国的国情出发,我们需要借助转基因这类现代生物技术提高农业生产效率,增加粮食产量。自改革开放以来,农业始终是中国经济发展的重要议题。无论是就鼓励科技创新而言,还是从改善人民生活水平的角度讲,发展和推广转基因技术在我国都是必要的。

另一个更严峻的现实是,在转基因技术研发方面,我们已经落后了许多年,只有奋起直追,才能够不受制于人,才能在这一高科技领域有中国人的一席之地。然而,"民以食为天,食以安为先",食品安全关系我们每一个人,也关系我们国家的未来。在为转基因食品确定"无罪推定"价值取向的同时,我们必须完善监管体系。只有这样,我们才能化解分歧,为转基因食品的研发和推广营造一个良好的社会氛围。

从国际贸易角度看转基因食品监管,其现实意义同样重要。发生在美欧之间的"转基因食品进口限制案"与其说是因贸易管制措施引起的,倒不如说是由双方对待转基因食品的理念差异引起的。美国等成员于 2003 年 5 月向世贸组织提起申诉,指控欧盟的"全面停止批准转基因产品销售规定"(general moratorium)、"停止批准特定转基因产品销售规定"(product-specific moratoria)以及部分成员国禁止进口和销售用生物技术培育的种子和加工的食品规定违反了 SPS 协议、农业协议、GATT 以及 TBT 协议的相关规定。① 本案涉及的欧盟条例包括 EC Directive 2001/18 及其前身 Directive 90/220、EC Regulation 258/97,其中前两部指令规范的是"有意向环境中释放转基因生物"行为,后一部条例规范"新的食品和新的食品成分"。2006 年 11 月,"转基因食品进口限制案"一审裁决报告正式生效。评审团有意回避对许多问题作出裁决,包括"从总体上讲,转基因产品是否安全""本案涉及的转基因产品是否与其他常规产品相似"等敏感话题。

"转基因食品进口限制案"凸显的一个现实问题是,在受制于政治和社会文化特定条件的背景下,世贸组织如何充当敏感问题冲突的调解者。在评估争端解决机制的作用时,人们应该用反向思维考虑问题:如果世贸组织不具备有拘束力的争端解决机制,美欧之间的争议结果将会如何?欧盟很有可能在评审团的组成以及评审团裁决的执行等问题上面临来自其成员国的巨大压力,就如当年关贸总协定经历的几起农产品争议,美国动辄以单方面报复相威胁,尤其

① See European Communities—*Measures Affecting the Approval and Marketing of Biotech Products*, WT/DS291/R, WT/DS292/R, WT/DS293/R, Panel Report, paras. 3.2–3.7.

是经常援引《1974 年贸易法案》第 301 条款制裁别人。[①] 在世贸组织制度框架下，欧盟无法拒绝执行争端解决机构通过的裁决，美国也不可以在没有世贸组织的授权下单方面采取报复措施。如果没有世贸组织这样一个平台，美国总统就会面临来自国内农业游说团体和国会议员要求单方面制裁欧盟的压力。世贸组织争端解决机制给了美国行政当局应对国内压力一个有效的挡箭牌。否则，美国政府和欧盟的行政部门无法依靠自身力量去化解如此敏感的争议。世贸组织帮助他们用“去政治化”的方式解决贸易纠纷，从而避免了双方的直接冲突。[②]

2019 年 2 月 20 日，在国务院新闻办公室就《中共中央 国务院关于坚持农业农村优先发展做好“三农”工作的若干意见》举行的新闻发布会上，农业农村部部长韩长赋透露，我国在 2019 年继续开展国际大豆贸易，美国仍将是中国大豆贸易的重要伙伴。[③] 我国目前国产大豆自给率不足 15%，绝大多数依赖进口，而进口的大豆又以转基因大豆为主。因此，完善转基因食品监管也是国际贸易发展的需要。

第二节 域外转基因食品追溯制度比较

一、各国转基因溯源管理立法概况

整体而言，世界各国的转基因食品治理有诸多相似之处，但也存在不同的关注重点。概括地讲，具体有以下几个特点：(1) 普遍允许进口，但允许种植的种类、数量差异较大；(2) 大多数国家实行强制识别，但阈值标准和标识的分类不同；[④](3) 管理机构的分类方式类似（农业、医疗、环境保护三大类），但部门职能范围差别较大；(4) 法律都规定对转基因实行多部门监管，但在生物安全、人身保护和消费者知情权方面的规定各有侧重；(5) 顺向的严格执行申请安全认

---

① 美国采取过的报复措施包括“鸡肉战”“油菜籽战”以及其他农产品贸易战。See Robert Hudec, *Enforcing International Trade Law: The Evolution of Modern GATT Legal System*, Salem, NH: Butterworth Legal Publishers, 1993, p. 33-37, p. 246-249, p. 452.

② 参见胡加祥：《转基因产品贸易与国际法规制研究》，载《山西大学学报（哲学社会科学版）》2015 年第 4 期。

③ 参见《国新办就〈中共中央、国务院关于坚持农业农村优先发展做好“三农”工作的若干意见〉举行新闻发布会》，载中国网，http://www.china.com.cn/zhibo/content_74482156.htm。

④ See Degnan F. H., *Biotechnology and the Food Label: A Legal Perspective*, Food & Drug Law Journal 55(2000).

证规定相似,逆向的产品可追溯制度规定则不尽相同。[①]（见表 8-1）

表 8-1　各国家和地区转基因可追溯制度概览

国家和地区	转基因可追溯管理机构	管理相关内容
美国(转基因食品研究及产业化名列世界第一)	食品与药品监督管理局(FDA)、环保署(EPA)、农业部(USDA)	美国国会在 2016 年 7 月 14 日通过一项涉及强制标识转基因食品的 S. 764 法案,规定生产商可以选择用多种形式来标注食品的转基因成分,包括文字和符号,也可以使用二维码标签,让消费者扫描访问相关网站获得转基因食品的更多信息。该法案将取代美国佛蒙特州此前通过的法案,成为全美国通用的转基因标识法案
欧盟(转基因食品研究能力一般,监管力度最强)	欧洲食品安全局、欧盟委员会、成员国主管部门	EC1830/2003 条例:关于转基因生物可追溯性和识别及由转基因生物制成的食品和饲料产品的可追溯性及其对 2001/18/EC 指令的修正条例。EC65/2004 条例:开发和设立转基因生物独特标志系统
日本(国内不种植转基因作物,但是进口大量转基因粮食,国内唯一种植的是转基因玫瑰)	厚生劳动省、农林水产省	食品卫生法、转基因食品标识标注法。IP 方式:以文档和安全证书的形式进行传递和追溯
加拿大(转基因粮食生产和出口大国)	加拿大食品监督局(CFIA)、加拿大卫生部(HC)、加拿大环境部(EC)	《加拿大卫生部新食品安全评估指南》和《食品药品条例》。有关部门在对食品评估后,会准备一份加拿大卫生部裁定建议书(Health Canada Food Rulings Proposal),由高级别官员(Directors and Director General)核准以保证所有的问题都涉及。如果产品成功通过安全评估和其他法律规定的评估,如环保评估和饲料安全评估,一封"无异议函"(Letter of No Objection)会发给申请人

① See Kirby S. L., *Genetically Modified Foods: More Reasons to Label Than Not*, Drake Journal of Agricultural Law 6(2001).

续表

国家和地区	转基因可追溯管理机构	管理相关内容
澳大利亚(转基因食品生产与出口大国,同时对转基因食品采取严格的监管制度)	基因技术管理办公室(OGTR)、澳大利亚—新西兰食品标准局(FSANZ)	建立了一套国内统一的针对基因技术的追溯体系。法律框架分为法律、法规和技术指南三个层次。《基因技术法》和《转基因食品标准》作为法律法规,在转基因食品溯源管理体系中层次最高。在法规之下还制定了10余个技术指南[1]
巴西(世界转基因粮食第二大生产国和出口国)	国家生物安全理事会(CNBS)、国家生物安全技术委员会(CTNBio)	《巴西生物技术法》规定,进口任何含有转基因成分的农产品,无论是用于生产动物饲料或人类食品,都必须事先获得生物技术安全委员会的批准。该批准是以个案为基础进行的。对于国家生物安全技术委员会批准的生物技术产品,巴西国家生物安全委员会不再对其进行评估。进行田野测试的技术提供商必须具有巴西生物安全技术委员会所颁发的生物安全资质证书(CQBs)、配备生物安全信息系统(SIB)。前述系统用来发布与转基因生物及其产品相关的分析、批准、注册、监控、调查活动的信息[2]
南非(2004年颁布的一些健康管理规定主要是根据国际食品法典委员会的科学指南制定的。这些规定只要求在特殊情形中对转基因食品进行强制性标识)	南非贸易工业部(DTI)	从事研发、生产、流通每一个环节都须有相应的许可证。在可追溯领域,南非虽然并不具备详细的可追溯法律制度,但新法案的一个重大变化是对产品责任进行了修改。在获得伤害赔偿之前,消费者不再需要证明生产商存在疏忽,规定生产商或者供应商负有举证责任,这意味着如果有缺陷或者不安全的产品给消费者造成损害或者伤害,消费者几乎可以起诉任何生产商或者供应商[3]

续表

国家和地区	转基因可追溯管理机构	管理相关内容
印度(转基因研发技术处于一般水平,部分转基因作物产量世界领先)	食品安全标准局(FSSAI)、科技部(MOST)、生物工程评价委员会(GEAC)	根据《来自基因工程植物食品的安全评估指南》和《转基因食品管理操作草案》,《2006年食品安全和标准法案》规定,如果该终端产品不是转基因生物活体,那么这种食品的生产、销售、进口和使用就不需要获得生物工程评价委员会的事先批准;进口所有包含转基因产品的食品必须事先获得印度基因工程评价委员会的批准;转基因作物在商业释放之前都必须根据《1986环保法》的相关规定和指南进行环境和生物安全测试
俄罗斯(禁止种植转基因作物,无转基因产品出口,有通过审核的转基因作物进口)	俄罗斯联邦消费者权益和福利保护局、联邦农业部、俄罗斯动植物防疫检疫局(VPSS)	目前尚无全面、统一、专门的转基因法律法规,采用登记制,但服从欧亚关税同盟的法律,关税同盟已通过多项有关农业生物技术和消费者标识的技术法规,主要是对转基因作物和成分登记。俄罗斯动植物防疫检疫局负责登记并颁发证书
韩国(未批准转基因作物在本国商业化种植,但进口转基因粮食)	国家生物安全委员会	依据《转基因生物法案》,通过生态风险评估(ERA)
菲律宾(转基因农业大国,东盟首个商业化种植国家,首个建立转基因作物监管体系的国家,处于生物技术研发领先位置,转基因立法先进国家,谷物自给自足)	菲律宾生物安全咨询中心(BCH Pilipinas)、农业局(DA)、菲律宾国家生物安全委员会(NCBP)、食品药品管理局(PFDA)	参照《卡塔赫纳法案》第18.2条关于生物安全或卡塔赫纳生物安全草案的部分(例如,具有活性转基因生物在封闭条件下使用或环境释放过程中的处理、运输、包装和标识);对于大宗进口货物,要求相关航运由责任实体签署"转基因成分声明"来完成

资料来源:参见农业农村部农业转基因生物安全管理办公室编:《国外转基因知多少》,中国农业出版社2015年版。

[1] Australian Gene Technology Act 2000, Division 2 (Dealings with GMOs must be licensed), 32 (Person not to deal with a GMO without a license).

[2]参见世界知识产权组织提供的《巴西生物技术法》英文版翻译,载 https://wipolex.wipo.int/en/text/272171,2019年6月4日访问。

[3] Gabre Madhin E. Z. & Haggblade S., *Successes in African Agriculture: Results of an Expert Survey*, Research Paper, International Food Policy Research Institute, Washington, DC, 2001.

表 8-1 显示:各国转基因立法差异较大。虽然目前“强制标识与自愿标识共存”的基本模式正在为越来越多的国家所接受,[①]达到一定阈值的必须强制标识。但是多种因素导致各国对待转基因产品的态度差异较大,进而又直接导致可追溯制度的差别。在这方面,欧美等国家之间的态度差异尤为明显。虽然美国拥有多级、多法律的可追溯机制优势,其本身的转基因产品规制在世界上也独树一帜——秉承了科技发展、经济效益与产品安全保障相结合的具有相对强制力的管理模式,但是实质等同原则作为协调性框架背后的核心原则,使得以往美国的转基因可追溯管理机制内部矛盾,[②]某种程度上说是一种自我监管,这种做法与欧盟的做法完全相反,并在国际贸易中引发了一系列摩擦。随着 S. 764 法案的颁布,美国转基因食品的标识规定部分法定化了,上述问题将得到部分解决。

欧盟农产品质量可追溯制度的构建源起 20 世纪 90 年代的疯牛病暴发。欧盟是转基因产品追溯系统的引领者和重要推动者。[③] 在转基因领域有明确详细的可追溯法律条款(EC) 1830/2003。[④] 除此之外,“转基因食品进口限制案”暴露了欧盟与美国在转基因领域相区别的多元差异,包括(1)实质等同原则的差异;(2)科学原则与预防原则的风险不确定性差异;(3)以往的识别法定差异;(4)大陆法系与英美法系的差异;(5)游牧民族与定居民族的思想根源差异;(6)农业出口国与进口国的地位差异。以美国为代表的转基因粮食出口国因其技术能力发达、种植范围广阔,希望增加出口来获得收益。[⑤] 欧盟等农业生物技术受益国家(进口国家)更加注重产品的安全问题,他们提出更高的进口标准。[⑥] 各国转基因可追溯能力相似,但立法不同,这是由于其历史文化背景、政治、经济政策制定的目的不同所导致的。[⑦]

目前,执行转基因可追溯制度的国家可以分为三类:具有最严格的可追溯

---

① See Kirby S. L. , *Genetically Modified Foods: More Reasons to Label Than Not*, Drake Journal of Agricultural Law 6(2001).

② See Xavier Bosch, *USA Fights Europe's Ban on Genetically Modified Food*, The Lancet 36 (1973).

③ See Roland W. Scholz, *Sustainable Digital Environments: What Major Challenges Is Humankind Facing?* SUSTAINABILITY 8(2016).

④ See Myles Carroll, *The New Agrarian Double Movement: Hegemony and Resistance in the GMO Food Economy*, Review of International Political Economy 1(2016).

⑤ See Michael McAuliff, *Congress Passes Bill Industry-Backed GMO Bill*, The Huffington Post, 2016.

⑥ See Michael McAuliff, *Activists Shower Senators With Dollars In GMO Vote*, The Huffington Post, 2016.

⑦ See Carey Gillam, *For GMO Labeling Advocates, It Doesn't Get Much Darker Than This*, The Huffington Post, 2016.

制度,即拥有IP可追溯制度的国家,如欧盟、日本;其次为次级严格、但有本国特色的可追溯制度,即专门就转基因可追溯制度进行详细立法的国家,如澳大利亚;再次为一般级别的其他国家,如美国、加拿大、墨西哥等转基因产品生产大国。除此之外,其他国家都处在观望和学习先进国家转基因可追溯能力的阶段。需要指出的是,人们对于各国转基因食品规制有一定的认识偏差。事实上,美国对待转基因食品的态度并非完全开放。S. 764法案通过后,美国已对转基因食品强制识别进行立法,只是在具体做法上有其自身特点。

随着《国家生物工程食品信息披露标准(实施细则)》的颁布,美国会进一步完善其转基因食品标识制度。美国在技术上已经完全具备可追溯能力,由此可以预见,它必然会构建完备的转基因可追溯制度,这也可以在一定程度上消除与其他国家的贸易摩擦。[①] 同样,欧盟对待转基因食品的态度也并非像人们想象的那么保守。例如,其不断批准进口孟山都公司研发的Roundup Ready 2 X-tend转基因大豆用于生产食品或动物饲料,但不允许种植。欧盟的IP可追溯制度具有先驱示范效应。

我国对于转基因产品的态度是既开放又严格,开放针对的是技术研发,国家在加大投入的同时,鼓励技术创新;严格主要是指技术产业化,尽管我国已经研发出若干转基因作物品种,有些还处于世界领先地位,但是国家一直不允许转基因粮食作物在国内种植。我国现阶段转基因产品治理的基本思路是:在完善立法的前提下,构建以可追溯能力为主线的转基因食品法律规制体系,明确监管部门和监管职责,形成严格的转基因产品监管模式。为此,我们有必要对世界上在这方面制度完备的国家进行深入研究,详细分析其立法特点,比较我国的制度差异,从中找出可供借鉴的地方,为我国构建转基因食品法律规制体系提供完整的制度框架样板。

二、转基因食品可追溯制度国家立法实践评析

转基因可追溯法律条文是否完备、监管机构是否具备、是否有转基因生物GM数据库、检测技术可靠性如何,这些是评价一个国家转基因可追溯能力最主要且不可或缺的四项基本要素。因此,通过观测各国的可追溯法律体系、部门体量、转基因生物GM数据库、检测技术成熟度,我们可以对目前各国可追溯能力基本态势作一概览。(见表8-2)

---

① See Geelhoed, Miranda, *Divided in Diversity*: *Reforming the EU's GMO Regime*, Cambridge Yearbook of European Legal Studies 18(2016).

表 8-2　各国转基因可追溯能力态势分布

国家和地区	是否强制识别	GM 可追溯法律数量/部	部门数/个	GM 数据库	检测技术 PCR[1]
美国	强制/阈值 5%	/	6	有	有
加拿大	强制/阈值 5%	1	4	有	有
欧盟	强制/阈值 0.9%	3	12+	有	有
中国	强制/阈值 0	2	5+	有	有
日本	强制/阈值 5%	3	6	有	有
韩国	强制/阈值 3%	0	14	有	有
澳大利亚	强制/阈值 1%	10	/	有	有
俄罗斯	强制/阈值 0.9%	/	6	有	/
印度	讨论中/阈值 5%[2]	2	6	有	有
巴西	强制/阈值 3%	1	5+	有	有
南非	强制/阈值 5%	0	3	有	有

资料来源：农业农村部农业转基因生物安全管理办公室编：《国外转基因知多少》，中国农业出版社 2015 年 12 月版。

注：表中“/”表示数据未取得。

[1] PCR 技术是模拟体内 DNA 的天然复制过程，在体外扩增 DNA 分子的一种分子生物学技术，主要用于扩增位于两段已知序列之间的 DNA 区段。在待扩增的 DNA 片段两侧和与其两侧互补的两个寡核苷酸引物，经变性、退火和延伸若干个循环后，DNA 扩增 28 倍。

[2] 2012 年 6 月 5 日，印度的消费者事务部发布通告[G. S. R. 427(E)]，修订《2011 年法定计量(包装商品)规则》，自 2013 年 1 月 1 日起生效。该规则规定：“每一包含有转基因食品的包装，均应在其主要展示面板的顶部印有‘转基因’一词。”消费者事务部指出：“‘转基因’标识要求体现尊重消费者的知情权。”消费者事务部制定的规则不具有强制约束力。由于印度食品安全标准局(FSSAI)仍在制定转基因食品的标识规则，消费者事务部制定的转基因标识法规的未来走向仍不确定。2018 年 5 月，FSSAI 公布了《标识和展示法规草案》，其中包括含有转基因成分的食品的强制性标识规定。草案规定，所有含有 5%或以上转基因成分的食品应贴上“含有转基因/转基因成分”的标识。该条例目前尚未正式生效。

由表 8-2 可知，世界各国虽然都具备相应的转基因可追溯能力，但可追溯能力的差距显然是巨大的。事实上，多数国家早已具备了可追溯的技术能力和管理能力，①因为在关系到国家命脉与民生的传统农产品领域，各国都具备相

① See E. J. Hollo, *Genetic Technology and Food Safety*: *Country Report-Finland*, 2016, 14, p. 153-169.

当的转基因可追溯管理体系。比如,很多国家都具备PCR检测技术①或是转基因生物GM数据库,并且都掌握可追溯链条中绝大部分工序的追溯能力,但是可追溯能力强弱差距巨大的主要原因是由各国是否含有转基因可追溯编码IP、转基因可追溯法律和转基因可追溯管辖部门体量及其能效等因素决定的。②那么,各国转基因可追溯制度体现在立法(包括IP立法)和管理等方面究竟具有怎样的差距,以及这种差距的起始原因和带来的后果又如何呢? 为此,我们有必要深入分析各国关于转基因可追溯制度的具体立法,以找寻各自的立法缘由及其现状,并结合我国的立法目标进一步比较研究。

目前,世界上对转基因产品进行可追溯管理最严格也最具代表性的国家和地区是欧盟和日本。因此,对其相关制度进行全面细致地分析、研究,具有较强的借鉴和示范意义。③

(一)欧盟

欧盟1830/2003号条例第4条是有关含有转基因生物产品的可追溯性和标签的要求。对于可追溯性,该条例规定:"对于含有转基因生物的产品投放市场的第一阶段,经营者应确保以下内容以书面形式告知接受产品的经营者:(a)此产品含有转基因生物;(b)根据第8条规定,给这些转基因生物印上唯一标识。在第1款涉及的产品投放市场以及随后的阶段,经营者应确保第1款的内容以书面形式告知接受产品的经营者。对于含有多种转基因生物的混合物只能直接用于食品、饲料或者加工,第1款(b)的信息应由经营者的产品使用说明所取代,并附上混合物中所有的转基因成分。在不违背第6条规定的情况下,经营者应具有适当的体系和标准的程序,在每次交易的5年内让第1段涉及的销售和接受产品的经营者均可得到第1、2和3款规定的所持有的信息和识别名称。"④

欧盟1830/2003号条例第5条也是关于用转基因生物生产的食品和饲料

① 聚合酶链式反应(polymerase chain reaction,PCR),又称"无细胞分子克隆系统"或"特异性DNA序列体外引物定向酶促扩增法",是发展和普及最迅速的分子生物学新技术之一。PCR技术在发展和实际应用中衍生出许多改良技术,是依据DNA模板的特性,模仿体内的复制过程,在体外合适的条件下以单链DNA为模板,以人工设计和合成的寡核苷酸为引物……是一种食品质量与安全检测技术。

② See Europeans and Biotechnology in 2002, Eurobarometer 58. 0, A report to the EC Directorate General for Research from the Project "Life Sciences in European Society", QLG7-CT-1999-00286.

③ 参见于燕波、叶凌风、康定明:《发达国家与发展中国家的转基因认知比较研究》,载《中国农业大学学报》2014年第3期。

④ Regulation (EC) No. 1830/2003 of the European Parliament and of the Council Concerning the Traceability and Labelling of GMOs and the Traceability of Food and Feed Products Produced from GMOs and Amending Directive 2001/18/EC, Article 4.

的可追溯性。“当用转基因生物生产的产品投放市场时，经营者应确认将如下信息以书面的形式告知接受该产品的经营者：

(1)标示用转基因生物生产的每种食品的配料；

(2)标示用转基因生物生产的每种饲料和添加剂；

(3)对于没有配料表的食品，标示该产品是由转基因生物生产的。

在不违背第6条规定的情况下，经营者应具有适当的体系和标准的程序。在每次交易的5年内，使第1段涉及的销售和接受产品的经营者均可得到并识别第1款规定的所持有的信息。第1款和第2款规定的内容应不违背欧盟法规的其他特殊要求。第1、2和3款不适用于转基因生物生产的食品和饲料中微量的转基因生物含量不高于欧盟1829/2003号条例第12、24或47条规定的含量，前提是这些微量的转基因生物是偶然的或在技术上不可避免的”。[①]

尽管欧盟有关转基因生物及其产品的标识制度日益完善，但是消费者对转基因食品的信心并未完全恢复。[②] 尤其是在2000年，原本批准用作饲料的星联(Star Link)玉米流入饼干生产中，更使得消费者产生严重的不安全感和不信任感。此后，欧盟开始重新检讨转基因生物及食品监管的有效性，提出了可追溯性立法思路，并颁布《转基因生物可追溯性和标识以及转基因食品和饲料的可追溯性条例》[(EC)1830/2003]，以便追踪处在市场各个不同阶段的转基因生物以及转基因食品和饲料，从而有助于改进质量控制并保证在必要时可以撤回相关生物和产品。[③]

根据欧盟1830/2003号条例规定，获得批准投放欧盟市场的转基因生物以及含有转基因生物的食品和饲料都要被纳入可追溯性制度的框架之内，即从生产、流通到消费的每个环节都必须进行登记，以便于查清其来源和去向。为此，每个环节的负责人都必须如实记录转基因生物、转基因食品和转基因饲料的来源及其后来的流向，依法保存该记录并将信息传达给后续的接受者。[④]

欧盟是构建农产品质量追溯体系的先行者和重要推动者。欧盟对转基因

---

① Regulation (EC) No. 1830/2003 of the European Parliament and of the Council Concerning the Traceability and Labelling of GMOs and the Traceability of Food and Feed Products Produced from GMOs and Amending Directive 2001/18/EC, Article 5.

② See Vesco Paskalev, *Can Science Tame Politics The Collapse of the New GMO Regime in the EU*? European Journal of Risk Regulation 6(2012).

③ See Jale Tosun and Susumu Shikano, *GMO-free Regions in Europe: An Analysis of Diffusion Patterns*, Journal of Risk Research 6(2016).

④ See Regulation(EC) 1830/2003 of the European Parliament and of the Council of 22 September 2003 Concerning the Traceability and Labelling of GMOs and Traceability of Food and Feed Products Produced from GMOs and Amending Directive 2001/18/EC, Articles 2,4(A) and 5.

食品投放共同体市场之前的授权和上市后的监督是实现可追溯管理的基础。尊重各成员国的主权，尤其是尊重那些反对授权给欧盟来管理转基因食品这一棘手和带有政治色彩问题的成员国的权利。根据欧盟1830/2003号条例第31条规定，各成员国和欧盟委员会之间应定期召开会议，交换转基因生物风险管理方面的经验和信息。欧盟通过1830/2003号条例第4条中的可追溯(Traceability)项建立起转基因产品可追溯的管理框架。① 根据该条例规定，含有基因改良物和由转基因生物生产的食品在投放市场之前，应该先经过严格的授权审批程序和上市后的监督管理。欧盟65/2004号条例建立了转基因产品的唯一标识系统(UCC/EAN-128)；欧盟641/2004号条例建立了转基因生物风险评估框架；2008/18/EC指令建立了转基因产品环境释放的风险评估框架。结合这一系列法规和指令，欧盟已经初步建立起转基因食品可追溯的法律体系框架，并不断补充完善。②

转基因食品的授权主要包括授权的申请、环境评价、欧洲食品管理局(EFSA)的评估、来自公众的评议和委员会的决议等五个步骤。含有转基因生物的产品在投放市场前，应先经过严格的授权审批程序。申请者不仅需要向管理当局提交相关转基因产品的基本情况、生产和加工方法的信息、与传统食品对照的信息，同时还应提交与该转基因产品安全性有关的基础性研究报告，并且符合《卡塔赫纳生物多样性公约》的相关标准，表明该转基因食品不会引起伦理或区域性关注。欧盟在建立转基因食品唯一标识时，考虑到维持国际框架下的立法一致性，采取了经合组织(OECD)建立的唯一标识的格式以及使用生物可追溯产品数据库。在转基因产品获得授权的同时，也获取了指定的唯一标识。③ 欧盟于2000年发布《食品安全白皮书》、2002年成立欧洲食品安全局(规定所有食品必须可追溯)、2004年全面推行国际食品安全认证体系(HACCP)④，对水产品的可追溯性提出要求，并在之后几年不断提升对动物源产品的追溯。

除了欧盟层面的机构，一些零售商协会对原有标准也进行了修订，增加了

---

① See Document 32003R1830. EUR-Lex, https://eur-lex.europa.eu/legal-content/EN/TXT/?qid=1488448740638&uri=CELEX:32003R1830.

② See Maria Weimer, *Risk Regulation and Deliberation in EU Administrative Governance GMO Regulation and Its Reform*, European Law Journal 5(2015).

③ 参见王明远：《转基因生物安全法研究》，北京大学出版社2010年版，第155-156页。

④ HACCP体系是Hazard Analysis Critical Control Point的英文缩写，表示危害分析的临界控制点。HACCP体系是国际上共同认可和接受的食品安全保证体系，主要是对食品中微生物、化学和物理危害进行安全控制。1993年，食品法典委员会批准了《HACCP体系应用准则》。1997年，颁发了新版法典指南《HACCP体系及其应用准则》。该指南已被广泛接受并得到国际社会的普遍采纳。

关于追溯的要求,如 BRC 认证[①]和 IFS 认证。[②] 因此,欧盟的转基因可追溯制度特点在于:(1)全覆盖,即对所有转基因成分含量 0.9%以上的产品都必须附随可追溯标志;(2)独特设计的 9 位编码;(3)最早对转基因可追溯制度详细立法;(4)错综复杂的申请批准监管网络(在欧盟和每个成员国都设立卫生、食品、药品三种转基因安全局、并签署了多项合作协议)。

可追溯性要求含转基因成分的产品在投入到市场前的储存阶段,经营者应以书面形式确保以下信息传递给接收产品的操作员:(1)该产品含有转基因成分;(2)根据欧盟 1830/2003 号条例第 8 条的规定,将唯一标识符(s)分配给这些转基因产品。产品在投放市场后的所有后续阶段,经营者应确保书面信息传递给接收产品的运营商。如果含有转基因成分的产品只能直接作为食品、饲料或加工产品时,信息中提到的书面信息可以由操作者声明取代,并附上所有这些转基因产品独特标识的列表。换言之,转基因食品的生产经营者与上手供货商和下手购买商乃至整个生产经营链条之间都有着严格的备查记录。

可追溯性的核心是系统的有效性,这意味着在转基因食品流通的每一个环节都有双向判断的意义,即人们通过追溯系统不仅能够判断该产品的上一个环节如何,也能够判断该产品在下一个环节如何。相关条例要求这一纪录的保存期限是 5 年。转基因食品的识别要根据独特的编码,这一编码也是 OECD 独特编码系统分配的标识号,但是这一规定对于含有多种转基因生物的食品是个例外。含有多种转基因生物的食品需要生产商提供显示构成混合物的所有转基因生物独特编码的清单。虽然根据《卡特赫纳生物安全议定书》第 18 条第 2 款 (a) 项的规定,用于食品或饲料的转基因生物或用于加工的转基因生物在出货时应附有单据表明此批货物“可能含有”转基因生物,欧盟的规定比《生物安全议定书》更为严格,它要求用于食品或饲料的转基因生物或用于加工的转基因生物,在出货时应附有单据,说明此货物的用途。

欧盟 1830/2003 号条例之前的大多数条款能够生效,是因为欧盟委员会为转基因生物建立了一个唯一识别码系统。所有的转基因生物投放到市场之前都需要一个唯一的识别码,并将其在委员会和生物安全信息中心登记并根据《生物安全议定书》建立。[③] 申请人开发唯一的标识,用于对转基因生物的授权规定。2004 年 1 月之前的转基因生物授权必须具有识别码。唯一识别码的格

---

① BRC 是英国零售商协会(British Retail Consortium)。这是一个重要的国际性贸易协会,其成员包括大型跨国连锁零售企业、百货商场、城镇店铺、网络卖场等各类零售商,产品涉及种类非常广泛。

② IFS 是国际食品标准(International Food Standard)的简称。该标准是由 HDE-德国零售商联盟和 FCD-法国零售商和批发商联盟共同制定的食品供应商质量体系审核标准。

③ See Commission Regulation 65/2004, Article 2-3, Biosafety Clearing-House.

式与 OECD 的生物技术产品数据库的要求相符。每个识别码都由 9 个字母数字组成,由连字符分成三个部分,第一部分有 2~3 个数字,确定申请人或者持有人的同意。第二部分有 5~6 个数字,代表交易事件;一个唯一的编号适用于由不同组织或不同的生物体制定的类似的转化事件。最后的组成部分是一个单独的验证数字,从其他数字的数值计算出。例如,先正达 Bt11 的标识符是 SYN-BT-011-1;孟山都 NK603 的识别码是 MON-00603-6;先锋 DAS1507 的识别码是 DAS-01507-1。经营者是指将产品投入市场或者在市场上接收产品的人。① 经营者必须确保可追溯性信息在投入市场的第一阶段以及接下来的所有阶段被手写传送。经营者必须拥有系统和标准化流程来保留这些信息并且能够识别出产品由谁为谁制造,交易信息保留 5 年,②其中包括两种类型的信息。第一类信息须说明产品包含或由转基因生物组成,并且转基因生物会被分配到识别码。对于转基因生物混合物来说,为了在处理过程中能够直接被用作食物或者饲料,经营者可以传输使用唯一识别码的清单说明。③ 对于有批号或欧盟法规规定的其他识别系统,当批号都清楚地标明在包装上时,某些运营商可能会选择保留批号信息。④ 第二类信息对应的产品是由转基因生物制造的食品和饲料,要求则不那么严格。当产品投放市场时,经营者必须发送手写说明的信息,包括由转基因生物制造产品或者饲料、添加剂等内容。如果没有成分列表,经营者必须指出产品由转基因生物制造而成。唯一的识别码不做要求。5 年保留期要求同样适用于发送的信息和运营商的身份,使用相同批次号码替代。⑤

---

① See Regulation (EC) No. 1830/2003 of the European Parliament and of the Council Concerning the Traceability and Labelling of GMOs and the Traceability of Food and Feed Products Produced from GMOs and Amending Directive 2001/18/EC, Article 3 (5).

② See Regulation (EC) No. 1830/2003 of the European Parliament and of the Council Concerning the Traceability and Labelling of GMOs and the Traceability of Food and Feed Products Produced from GMOs and Amending Directive 2001/18/EC, Article 4 (A).

③ See Regulation (EC) No. 1830/2003 of the European Parliament and of the Council Concerning the Traceability and Labelling of GMOs and the Traceability of Food and Feed Products Produced from GMOs and Amending Directive 2001/18/EC, Article 4 (A).

④ See Regulation (EC) No. 1830/2003 of the European Parliament and of the Council Concerning the Traceability and Labelling of GMOs and the Traceability of Food and Feed Products Produced from GMOs and Amending Directive 2001/18/EC, Article 6.

⑤ See Regulation (EC) No. 1830/2003 of the European Parliament and of the Council Concerning the Traceability and Labelling of GMOs and the Traceability of Food and Feed Products Produced from g GMOs and Amending Directive 2001/18/EC, Article 5 (6).

(二)日本

日本是世界科技强国,而农业却占其国民经济很小的比重且自给率低。日本的粮食很大程度上依靠进口。因此,日本也是世界上主要的转基因产品进口国。自2001年正式引入转基因产品标识体系以来,在厚生劳动省的努力下,日本形成了自己独树一帜却又环环相扣的可追溯管理体系。相比很多国家和地区,日本已经对转基因食品溯源制定了非常明确而又详细的法律规定,并在此基础上形成了严格的转基因食品溯源管理体系。①

基于现有法律框架,日本负责转基因食品管理的机构主要是厚生劳动省和农林水产省:

(1)厚生劳动省负责执行《食品卫生法》,其中包括转基因食品的申请与审核批准,并向消费者告知该食品经过了安全评估与审查,并对转基因食品的身份进行编辑归档(Identity Preserved,IP)。

(2)农林水产省具体执行农业标准,包括审批转基因生物向自然环境释放的申请。

在上述机构管理下,日本的转基因食品标识管理主要通过IP系统和标签系统同时进行,从而建立了日本转基因食品溯源管理的基本模式,其中IP可追溯以证书及文件形式进行可追溯能力管理。② 日本转基因食品可追溯能力主要指:IP可追溯管理体系使转基因食品在整个食品流通中获取唯一代码,IP记录了包括从试验、生产、运输、加工及分销的每一阶段,并进行识别保存,经第三方认证并在每一步都要发布安全认定证书。当事人需要向下一个流程的负责人提供识别的转基因食品相关信息及管理信息。基于这些信息,根据流通过程经历的各个阶段编制不同的证书。

三、可追溯制度共性描述

通过以上分析,我们不难发现,在拥有极强可追溯能力的国家中,其完善的监管体系和完备的转基因可追溯制度具有以下共性:

(一)转基因研发生产流程法定化

这是构建转基因可追溯制度的先决条件。③ 转基因产品试验的申请程序

---

① 参见刘旭霞、欧阳邓亚:《日本转基因食品安全法律制度对我国的启示》,载《法治研究》2009年第7期。

② 参见日本厚生劳动省官网,http://www.mhlw.go.jp/stf/seisakunitsuite/bunya/kenkou_iryou/shokuhin/idenshi/,2019年6月4日访问。

③ See Regulation(EC)1830/2003 of the European Parliament and of the Council of 22 September 2003 Concerning the Traceability and Labeling of GMOs and Traceability of Food and Feed Products Produced from GMOs and Amending Directive 2001/18/EC, Articles 2,4(A)and 5.

首先从申请者向一国的转基因产品管理当局（专门委员会）提出申请开始，并递交全面的报告书及样品；然后，委员会向多个第三方专家请求检测审查，如果确认无误，在公示之后进行试验。因此，完整的转基因可追溯系统一般可以追溯到产品的试验研发阶段。如果一国的转基因产品研发、生产、运输等基本流程松散，且没有统一的行业标准和复审制度，那么转基因可追溯管理体系将形同虚设。可见，最初阶段的评估审批是最为重要的。一般而言，各国都会采用多个机构共同审批评估其风险、安全、环境保护等方面内容，并且在多个机构之间来回审核，以确保其安全性。例如，韩国对用于饲料生产的谷物环境安全评估必须经过农村发展管理局、国家环境研究所、国家渔业研发所、韩国疾控中心这四家机构咨询认可，并且一般遵守个案原则，一事一议。此外，明确授权有效期并进行复审，例如，欧盟是10年。统一运作的标准化流程可以减轻可追溯成本。

在欧盟，建立欧洲食品安全局的条例仅要求不安全食品不应投入市场。所谓"不安全食品"是指对健康有害或者不适宜人类消费的食品。除此之外，并没有进一步的立法规定。这是因为在欧盟范围内虽然存在大量的食品安全法规，但并没有建立统一的食品法律制度，也没有可与药品领域相媲美的协调规则。① 这方面的例外是食品添加剂和转基因食品，它们在投入市场前必须经过市场许可，必须满足一系列条件。除此之外的许多食品安全法规仅仅是为了临时应对英国疯牛病危机而设立的，也没有建立一般原则供欧洲司法机构遵守。由于缺乏统一立法，食品安全法规更多体现的是成员国利益。例如，对于不安全食品的定义，各成员国就作出了不同的解释。总之，各成员国在食品领域并没有建立统一的规则，各国的食品法规在执行中具有很强的法定性和规制性。

（二）明确的管辖机构

设置转基因可追溯问题管辖机构是实质性的举措，是进行统一集中强制管理的模式。成立工作小组，其中的专门委员会一般隶属于各国农业部、食药监局等国家主干机构，主要进行审核工作，如执行《卡塔赫纳生物安全议定书》的相关规定、建立转基因生物安全管理体系和方法；对申报未通过的再次申述，进行复审；对转基因生物安全管理、进出口等进行的立法、公告事宜等。② 专门委员会还可以设立技术委员会、小组委员会、私营代表等，其最主要的功能在于协调下属各部委产生的不同意见。如果国家机构由中央和州政府组成，一般情况下，还会在中央机构设立以上三种总管理机构，在相关州或成员方之内再成立

---

① See Kirby S. L., *Genetically Modified Foods: More Reasons to Label Than Not*, Drake Journal of Agricultural Law 6(2001).

② See Francescon, Silvia, *The New Directive* 2001/18/*EC on the Deliberate Release of Genetically Modified Organisms into the Environment: Changes and Perspectives*, Review of European Community & International Environmental Law 3(2011).

以上三种不同类型的管理机构,并在上下级机构、平行机构或姐妹机构(如农业部转基因委员会、食药监局转基因委员会、卫生部转基因委员会等)间定期交流管理方面的信息和经验。例如,澳大利亚—新西兰基因技术管理办公室(OGTR)与澳大利亚—新西兰食品标准局(FSANZ)之间的定期交流。① 与其他学科管理机构共同研究可以避免出现类似美国国内各部门之间的技术争端。②

(三)清晰的可追溯技术方式

清晰的可追溯技术方式是指独特编码(IP)及其附带的转基因可追溯数据库,其中可追溯编码一般为二维码,类似于UCC数字条形码或是全程的安全证书等形式,其目的在于确保唯一性、针对性、易于验证性等。IP标准完全将传统的可追溯理念进行了实质性的推进,从技术上切实而直接地提升了转基因产品的可追溯功能。

(四)坚实的法律基础

明确的转基因研发、生产、运输销售流程可追溯法律条文、法规、指南等各种文本形成了转基因可追溯制度法律群。③ 一般而言,各国都是通过医药、食品、农业三方面进行分类管理,形成基本的法律框架。例如,欧盟监管转基因产品的法律群由《2001/18 指令》(转基因产品的释放)、《726/2004 条例》(医用转基因产品)和1829/2003号条例(转基因食品和饲料)构成。④ 不仅是整个欧盟法律条文,各成员国食药监局也可制定执行转基因可追溯的一般性规范,并就具体问题采用指南等规范化文件。

第三节 以构建可追溯能力为切入点,完善我国转基因食品监管体制

一、我国现有转基因食品可追溯制度的组织构架

按照《农业转基因生物安全管理条例》规定,转基因生物在中国测试、生

① 澳大利亚—新西兰基因技术管理办公室(Office of the Gene Technology Regulator,OGTR)负责监管转基因生物的相关工作,包括实验室研究、田间试验、商业化种植以及食用批准。澳新食品标准局(Food Standards Australia & New Zealand,FSANZ)负责在利用转基因产品加工的食品上市前对其进行必要的安全评价,并设定食品安全标准和标识要求,http://www.ogtr.gov.au/,2019年6月4日访问。

② See Dehousse, R., *Regulation by Networks in the European Community: The Role of European Agencies*, Journal of European Public Policy 4(1997).

③ See Hervey, Tamara K., *Regulation of Genetically Modified Products in a Multi-Level System of Governance: Science or Citizens?* Review of European Community & International Environmental Law 3(2001).

④ 参见胡日查、马晨颉:《美欧转基因食品安全政策比较研究》,载《食品研究与开发》2014年第18期。

产、营销需要得到政府批准。涉及安全等级三级和四级的转基因生物研究必须向农业农村部报告。目前,我国已经构建起以农业农村部为主的管理体系基本框架。

(一)我国现有转基因食品可追溯监管体系

1. 农业农村部

农业农村部是国家负责生物安全管理的主管部门,因此也是转基因可追溯能力构建的主管部门。《农业转基因生物安全管理条例》第 4 条赋予其"负责全国农业转基因生物安全的监督管理工作"职责,县级以上农业主管部门负责本行政区域内农业转基因生物安全监管工作。国务院其他各职能部门在其权属范围内负责生物安全管理。县级以上政府有关部门,依照《食品安全法》规定,负责本行政区域内转基因食品的监管工作。

2. 转基因生物安全委员会

为了使转基因生物与转基因食品的安全性有个权威定论,国家成立了"农业转基因生物安全委员会",评估和审批转基因生物安全证书的申请。委员会成员来自农业、医学、卫生、食品、环境、检测检验等领域,任期 5 年。农业农村部下设的农业转基因生物安全管理办公室负责具体的安全评价管理工作,其中包括监管转基因可追溯系统的职能。

3. 转基因食品监管机关及监管环节

转基因食品在我国实行多头监管。除涉及进出口贸易外,农业农村部是目前我国转基因生物的主管机关,并负责审批农产品上市。对于初级农产品以外的食品,国家市场监督管理总局是主要监管机关,负责食品生产经营许可证的发放。卫生行政部门主要发挥其综合协调的职能,同时负责新食品原料的安全性评价及审批,但是不包括转基因食品、保健食品、食品添加剂新品种的审批。因此可以认为,转基因食品可追溯也存在多层级与交叉监管。(见表 8-3)

表 8-3　国务院各职能部门监管转基因生物的分工

监管环节	监管机关	监管对象
食品生产许可证	国家市场监督管理总局	食品
食品经营许可证	国家市场监督管理总局	食品
生产性试验安全评价及审批	农业农村部	农作物产品
转基因生产应用安全证书	农业农村部	农作物产品
农作物品种审定	农业农村部	农作物产品
生产许可证	农业农村部	农作物产品

续表

监管环节	监管机关	监管对象
加工许可证	农业农村部	农作物产品
经营许可证	农业农村部	农作物产品
新食品原料申请	国家卫生健康委员会	食品添加剂等新食品原料（不包括转基因食品）

转基因生物测试阶段属于转基因食品可追溯系统的源头部分，这也是转基因食品可追溯区别于普通食品可追溯的地方。

（二）我国转基因食品可追溯制度存在的问题

1. 转基因食品可追溯标签识别范围需进一步明确

目前，我国并没有对转基因食品进行明确定义。《食品安全法》《农业转基因生物安全管理条例》《农业转基因生物标识管理办法》中都未见有关转基因食品的定义，这就使得我国市场上转基因食品标识范围不明确。《农业转基因生物安全管理条例》第 3 条表述的转基因生物的定义包含了动植物、微生物及其制品。《农业转基因生物标识管理办法》第 28 条规定，凡是列入转基因生物标识目录的农业转基因生物都需要进行标识，而《农业转基因生物标识管理办法》中的《农业转基因生物目录》附件仅规定了 17 种产品。转基因生物目录的范围远比转基因生物定义的范围窄，这也直接导致了我国市场上出现一些转基因生物标识目录之外的产品。①

2. 转基因食品生产全过程可追溯标识缺乏制度保障

《农业转基因生物标识管理办法》第 6 条第 3 项规定，用转基因生物或用含有转基因生物成分的产品加工制成的产品，但最终销售产品中已不再含有或检测不出转基因成分的产品，标注为“本产品为转基因××加工制成”。可见，在制度选择上，我国的标识制度更偏向于欧盟的过程标识，但是我国却没有欧盟《可追溯性和标识法案》所规定的转基因食品生产全过程追溯制度。虽然《食品安全法》提到建立食品追溯和信息保留制度，但是考虑转基因食品成分检测追溯的特殊性，需要建立专门制度。有学者建议中国应采取美国那样的“终端产品”标识方法。② 鉴于美国的标识制度已经引发不满，这种方法目前在中国并不可取。

① 参见孟彦辰、周超：《我国转基因食品标识制度相关法律问题研究》，载《医学与社会》2017 年第 1 期。

② 参见谢雯琦：《转基因食品检测和标识标准化研究》，载国家标准化管理委员会编：《市场践行标准化——第十一届中国标准化论坛论文集》，2014 年版。

3. 转基因可追溯制度没有明确的指导原则

从现有的转基因食品标识制度看,我国更倾向于欧盟的风险预防原则。然而从鼓励转基因技术发展的角度来看,我国还不能轻易对转基因食品作“有罪推定”。对于转基因食品态度不明确,这也造成我国迟迟不能设立一套合理的阈值制度。迄今为止,我国仍然坚持零阈值标准,结果造成我国的转基因食品标识制度严、执法难的困境。我们从美国转基因食品强制标识制度对实质等同原则的冲击中得到启示:在确定转基因食品风险预防原则的同时,也需要对转基因食品设定合理的阈值标准,以便于执法部门监管。

4. 转基因可追溯制度需要与消费者知情权保护目标相结合

保护消费者利益是我们制定转基因食品法律规制体系的根本出发点。我们从美国转基因食品标识制度的转变看到了生产企业的经营权与消费者的知情权之间的博弈。两者冲突的根源在于美国联邦立法者长期忽视消费者的呼吁。我国消费者的自我保护意识不断增强。在我国,支持和反对转基因食品的大有人在。在互联网等新媒体兴起的今天,掩盖信息会给造谣者提供可乘之机。因此,我国的转基因食品标识制度首先要加强对消费者知情权的保护,这也应该是我国采取转基因食品强制标识的基石。

二、建构我国转基因食品可追溯能力的路径选择

近年来,已经有提议要求对转基因食品进行专门立法,但是主管部门以现有的《农业转基因生物安全管理条例》以及五部配套办法可以较好地规制转基因食品为由,没有考虑制定新的条例和办法。美国的转基因食品标识危机就是因为联邦政府长期忽视消费者的呼吁所致。以这次警示为契机,以保护消费者知情权为出发点,重新检视我国的转基因食品标识制度,已经是一个刻不容缓的议题。

我国转基因生物/食品法律规制体系完善的路径是:在《生物安全法》的原则指导下,以“转基因食品安全管理条例”为基础,结合《食品安全法》和《农业转基因生物安全管理条例》以及配套的法规和规章,构筑起一道完整的法律屏障。具体内容包括对转基因食品定义以及对需要标识的范围作出明确规定;更新《转基因标识目录》,且规定目录仅作为参考,标识的范围不限于目录规定;明确中国转基因食品标识以风险预防原则为指导,并在此基础上制定合理的阈值;建立符合我国转基因食品特点的全面信息追溯和保存机制,以确保对转基因食品进行生产全过程监管和标识,及时应对可能发生的转基因食品安全问题;为转基因食品显著标识的字体、图标等制定可以量化的标准,禁止采用容易误导消费者的否定式标识方式。

我国转基因食品的立法目标是构建世界上最为严格的监管制度,其中包括

建设严格的转基因可追溯制度。新修订的《食品安全法》被称为“史上最严食品安全法”,不仅扩大了法律调整范围,还加重了对违法行为的惩罚力度。诚然,转基因可追溯制度并不能保证转基因食品本身更加安全(食品安全本身是科学技术问题,而目前中国也已经明确了通过审批的转基因食品等同于传统食品的基本原则),但在一定程度上具有绝对的管控和问责能力。

(一)我国转基因食品可追溯技术标准与国际标准的对接

《农业转基因生物安全管理条例》及相应配套制度规定,我国实行严格的分阶段评价,这在国际上也是独一无二的转基因管制立法创新。可见,中国对转基因产品管理,不管是从技术标准还是从程序上讲,都力求制定世界上最严格的体系。因此,借鉴欧盟和日本等世界上采用比较完善转基因可追溯制度的国家和地区的有益经验,我国建立转基因产品可追溯制度的关键点可归纳为以下几个方面:

1. 转基因可追溯制度体系法定化

如前所述,欧盟与日本等在转基因食品可追溯制度领先的国家,一般都在其转基因生物安全法中设有专门的条款,以实现转基因食品可追溯制度的立法化,并依据世贸组织 TBT 协议中所述的国际标准,通过援引国际软法或通行的专业技术标准完善其转基因可追溯技术标准。本书通过论证得出这样的结论:制定最严格的转基因可追溯制度的国家具有法律工具的选择权。因此,中国应对接这种国际标准,对我国转基因食品的可追溯制度进行法定化。

(1)转基因食品可追溯制度立法名称与位阶

目前,我国对转基因产品的规制主要涉及《农业转基因生物安全管理条例》《农业转基因生物安全评价管理办法》《农业法》《食品安全法》《消费者权益保护法》《刑法》等法律及相关规定。其中,农产品一般受到《农业转基因生物安全管理条例》的强制约束,而转基因食品一般适用《食品安全法》和相关法律、行政法规规定。(具体规定见表 8-4)。

表 8-4　我国转基因食品一般适用的法律(规)

法律文件名称	内容规定
《农业转基因生物安全管理条例》(2017 年修订)	第 16 条规定了国务院农业行政主管部门颁发农业转基因生物安全证书;第 19 条规定了生产转基因植物种子、种畜禽、水产苗种,应当取得国务院农业行政主管部门颁发的种子、种畜禽、水产苗种生产许可证;第 26 条规定了经营转基因植物种子、种畜禽、水产苗种的单位和个人,应当建立经营档案,载明种子、种畜禽、水产苗种的来源、贮存、运输和销售去向等内容

续表

法律文件名称	内容规定
《农业转基因生物安全评价管理办法》(2022 年修订)	第 6 条规定,从事农业转基因生物研究与试验的单位,应当制定农业转基因生物试验操作规程,加强农业转基因生物试验的可追溯管理
《农业转基因生物进口安全管理办法》(2017 年修订)	第四章第 13 条规定,农业农村部收到申请后,应当组织农业转基因生物安全委员会进行安全评价,并委托具备检测条件和能力的技术检测机构进行检测;安全评价合格的,经农业农村部批准后,方可颁发农业转基因生物安全证书
《农业法》(2012 年修正)	第 64 条第 2 款规定,农业转基因生物的研究、试验、生产、加工、经营及其他应用,必须依照国家规定严格实行各项安全控制措施
《食品安全法》(2021 年修正)	第 69 条规定,生产经营转基因食品应当按照规定显著标示;第 151 条补充规定,转基因食品和食盐的食品安全管理,本法未作规定的,适用其他法律行政法规的规定

一般而言,较低位阶的转基因生物安全立法经常让位于不利于转基因生物安全管理的上位立法。转基因生物安全问题在中国出现和受到关注较晚,导致了时间较后而位阶较低的转基因生物安全立法的效力低于时间较早、位阶较高的立法,继而出现了上位法无法有效进行转基因生物安全管理,同时作为下位法又缺乏足够的法律效力。①

有关转基因食品可追溯制度的立法名称直接体现了其调整范围、主要内容、立法层次以及与其他立法的关系。《生物安全法》的出台,为转基因生物技术利用奠定了法律规制基础。与其他诸如"转基因生物医药"等专门领域并列,转基因食品的专门立法是《生物安全法》与《食品安全法》共同的下位法,以行政法规的形式为宜。《生物安全法》作为生物领域法律规制的基本法,同时也是国家安全法序列的组成部分,对整个生物领域的安全作出了一些原则性规定。在此基础上,"转基因食品安全管理条例"可以进一步细化,就转基因食品这一专门领域进行制度规范。这样的选择既考虑到我国目前的立法技术和经济发展的需要,也考虑到与现行法律的关系。

转基因食品可追溯制度可以作为"转基因食品安全管理条例"第六章"转基因食品市场监管"的内容之一,同时是第七章"转基因食品安全风险管控与

---

① 参见环境保护部编:《中国转基因生物安全性研究与风险管理》,中国环境科学出版社 2008 年版,第 208、223 页。

处置”的基础。现行《食品安全法》中的诸多章节,如第5条(食品安全监管体系)、第20条(卫生农业部门信息共享)、第29条(食品安全标准的公布)、第32条(食品安全标准的跟踪评价)、第59条(食品添加剂生产者的出厂检验记录制度)、第60条(食品添加剂经营者的进货查验记录制度)、第69条(转基因食品的标示)、第132条(食品贮存、运输和装卸违法行为的法律责任)等条款都有与转基因食品可追溯制度相关的内容。作为《食品安全法》的下位法和与《农业转基因生物安全管理条例》并列的“转基因食品安全管理条例”确立转基因食品可追溯管理制度,将明确规定转基因食品应具备何种形式的可追溯标示、标示的内容、监管机构、风险管控等诸多内容。

(2)我国转基因可追溯制度立法内容

《农业转基因生物安全管理条例》对于安全证书并没有贯通于转基因产品的研发、试验、申请、授权、生产、加工、运输、销售的所有环节,只规定了建立流程档案,并没有规定具体的、唯一的、可识别的独特代码,也没有明确覆盖所有的转基因产品。2022年新修订的《农业转基因生物安全评价管理办法》只提及了可追溯管理,但并未就转基因可追溯管理制度进行详细规定。《农业法》只是提到了各项安全控制措施,没有明确规定可追溯制度;新修订的《食品安全法》提出建立食品安全全程追溯制度,但针对转基因食品的具体追溯机制并没有作出详细规定。

如前所述,《食品安全法》的诸多章节都有与转基因食品可追溯制度相关的内容。因此,可在第69条增加“转基因食品可追溯标识”这样的表述。“转基因食品安全管理条例”则对可追溯标识的立法目的、适用范围、管理对象、基本政策、基本原则、基本制度等内容进行细化。这样就解决了上位法《食品安全法》与下位法“转基因食品安全管理条例”的衔接问题。《食品安全法》自然也就成为《转基因食品安全管理条例》的立法渊源。

基本原则包括:全过程管理原则、与国际规则相协调原则、谨慎原则、以科学证据为标准的风险预防原则等。在基本制度中,应具体表现为:① 明确可追溯制度全部覆盖所有转基因产品(全覆盖)。在法律条文中明确可追溯系统要求的全部覆盖,即要求所有含有转基因成分的产品必须强制纳入可追溯范围。② 明确每一个环节都在检测评级通过之后被录入可追溯数据系统,并获得安全证书(全程的、动态的)。应明确规定所有转基因产品研发、试验、申请、授权、产生、加工、运输、销售各个环节都应颁发各个环节的安全证书,并将该产品进行独特代码/IP(QR码)处理,录入农场种植、生产、运输、加工及分销的每一阶段测评结果,并经第三方确认其进行过IP处理。同时,将“过程中某一环节没有做到登记备案就获得安全证书”规定为违法行为。

此外,一旦在某一环节没有通过检测评级也要录入系统,而非简单地使用召回制度。没有通过检测评级及取得安全证书就进入下一环节的,也属于违法行为,并实行举证责任倒置。对依法登记可追溯企业部门可以实行优惠政策,以促进统一的可追溯制度管理。①

2. 我国转基因可追溯监管机构体系与国际标准对接

我国目前对于进口转基因产品的管制流程是:先由国家出入境检验检疫部门作为行政执法机构对相关事件进行调查,并采取相应措施。一旦在国内市场上出现问题,首先由国家市场监督管理总局和各地方市场监督管理部门进行管理,同时通知国家出入境检验检疫部门对进口商及境外食品进行调查。进入我国境内的食品、药品、农产品的安全问题一般由当地(各级)的市场监督管理部门、农业管理监管部门进行监管。(见表 8-5)

表 8-5　有关转基因食品监管机构法定职责规定的法律条文

法律文件名称	内容规定
《农业转基因生物安全管理条例》(2017 年修订)	第 5 条规定,国务院建立农业转基因生物安全管理部际联席会议制度,由农业、科技、环境保护、卫生、外经贸、检验检疫等有关部门的负责人组成。第 9 条规定,国务院农业行政主管部门应当设立农业转基因生物安全委员会,负责农业转基因生物的安全评价工作。第 10 条规定,国务院农业行政主管部门可以委托具备检测条件和能力的技术检测机构对农业转基因生物进行检测。第 11 条规定,从事农业转基因生物研究与试验的单位应成立农业转基因生物安全小组,负责本单位农业转基因生物研究与试验的安全工作
《食品安全法》(2021 年修正)	第 5 条规定,国务院设立食品安全委员会,其职责由国务院规定。国务院食品药品监督管理部门对食品生产经营活动实施监督管理。国务院卫生行政部门开展食品安全风险监测和风险评估,会同国务院食品药品监督管理部门制定并公布食品安全国家标准。第 6 条规定,县级以上地方人民政府对本行政区域的食品安全监督管理工作负责,并确定本级食品药品监督管理、卫生行政部门和其他有关部门的职责。第 7 条规定,县级以上地方人民政府实行食品安全监督管理责任制。上级人民政府负责对下一级人民政府的食品安全监督管理工作进行评议、考核。县级以上地方人民政府负责对本级食品药品监督管理部门和其他有关部门的食品安全监督管理工作进行评议、考核

可见,我国目前转基因产品的监管机构相对比较健全,其构建模式与世界

① 参见李响:《中国转基因食品立法的困境与出路》,载《华南师范大学学报(社会科学版)》2015 年第 1 期。

各国的监管体系基本一致，如设立专门委员会、工作小组等规定。但值得注意的是，我国并没有转基因可追溯管理的法定监管机构。如前所述，可追溯专门管理机构设置是实现转基因可追溯制度的实质性一步，是实现集中强制管理模式的基础，体现伞状多级化管理的特征。因此，有必要在中央和地方各级转基因食品监管统一化部门中增设专门的可追溯法定管理部门，并规定其必须承担的责任。例如，对于进口转基因食品实施可追溯管理，一般先由国家出入境检验检疫部门作为行政执法机构对其可追溯能力进行调查。进入我国境内之后的转基因食品可追溯问题一般由当地的市场监督管理部门进行监管。

在社会治理方面，采用联席会议模式进行综合监督管理与专业监督管理相结合的管理体系已被广泛应用。例如，中国自然保护区的管理一直采用综合监督管理和专业管理相结合的体系。另一个成功的例子是国务院 2003 年批准建立的生物物种资源保护部际联席会议，该联席会议由国家生态环境部牵头，发改委、财政、农业、林业、科技、建设、商务、卫生、质检检疫、海关、工商、食品药品、知识产权、海洋、中科院、中医药等 17 个部门组成，各部门都有各自的责任与分工。生态环境部主要负责综合、协调、监督等职责，比较成功地厘清了各部门之间的责任和利益关系。转基因食品安全管理可借鉴这种模式。

此外，应设置与《生物安全议定书》规定相关的机构。议定书要求各缔约国履行议定书规定，设立国家联络处、国家主管部门，并建立国家生物安全信息交换机制，以便与国际履约行动接轨。（见表 8-6）

表 8-6　已加入《生物安全议定书》国家联络处与国家主管部门的数量

履约机构	国家联络处（136 个国家）		国家主管部门（63 个国家）	
主管部门	数量/个	占比/%	数量/个	占比/%
环保部门（含生态、自然资源等）	97	67.8	42	37.2
农业部门（含畜牧、水产等）	11	7.7	26	23.0
对外部门（含外交、外贸等）	16	11.2	4	3.5
科技部门（含大学、研究机构等）	8	5.6	12	10.6
卫生部门（含食品、消费等）	4	2.8	14	12.4
其他部门（含高层协调、综合等）	7	4.9	15	13.3
合 计	143	100.0	113	100.0

我国应根据议定书要求，将生态环境部、农业农村部、科技部、商务部、国家市场监督管理总局、卫生与健康委员会指定为国家主管部门。并由生态环境部

设立国家生物安全信息交换所，作为《生物安全议定书》的联络处。这些政府部门的具体职能按照《中国国家生物安全框架》所提出的转基因生物安全管理国家法规框架、政策框架、风险评估与风险管理指南等进行划分。

3. 我国转基因可追溯制度相关技术能级与国际标准对接

如前所述，世界上最严格的转基因可追溯载体一般包括二维码（QR 码）与安全证书两种类型。此外，与转基因可追溯制度相关的技术准备一般包括独特代码系统与可追溯数据库两种技术手段。① 我国力求构建最严格的可追溯制度，应该采取这两种追溯类型的双重认证制。对进入中国境内的转基因产品检测后颁发安全证书与安全代码双重认证，并确保可追溯能力与质量保证挂钩。关于可追溯标志，建议统一使用二维码，并加以法定化，同时对转基因可追溯二维码的真伪进行监管，保证其透明度，让消费者能看懂且操作简便。如果卖家使用虚假二维码，就不仅需要承担欺诈的赔偿责任，还必须与传统的食品药品管理相似，对其采取严格责任模式。此外，可追溯数据库应该由各级相关行政部门监管。

转基因检测能力与转基因可追溯能力密切相关，是转基因食品可追溯管制的重要手段，而各地区的生物监测能力分布不平衡，有必要打破各部门界限，形成全国统一的生物安全监测体系，为风险管理和可追溯能力构建提供决策依据。

（二）我国转基因食品可追溯制度损害赔偿机制与国际标准对接

1. 建立我国转基因食品可追溯财产损害赔偿责任制度

如前所述，美国、欧盟、加拿大、挪威对转基因生物安全损害赔偿规定的较为详细，体现了各国对构建转基因生物赔偿责任机制的重视。具体表现在将赔偿机制纳入相关法律条文或制定专门法案、②构建整体的赔偿责任制度、确立无过错责任原则等。我国构建的转基因食品可追溯财产赔偿制度应该包括以下内容：归责原则、损害赔偿的范围、因果关系证明、赔偿责任标准、赔偿金来源、免责条件等诸多议题，其中归责原则作为财产赔偿制度的基本内容之一，应采用无过错责任原则。③ 通过要求各方均应尽到足够的转基因食品可追溯责

---

① René Köppel, Alma Sendic and Hans-Ulrich Waiblinger, *Two quantitative multiplex real-time PCR systems for the efficient GMO screening of food products*, European Food Research and Technology 4, 2014.

② 例如，美国《转基因生物责任法案》（2002 年）对生物技术公司的责任作出一般性规定：损害赔偿责任包括任何人根据联邦法律或其他法律，因使用转基因生物而承担的责任。

③ 无过错责任原则本身是一个学理概念，并在学术界普遍存在争议。事实上，这也是大陆法系的概念法学普遍存在的现象。为了避免学理争论对本法制定和实施产生不必要的影响，建议在法律文本中不采用无过错责任原则这一术语，而是通过对其内涵的确切表述来体现无过错责任原则的实质内容。因此，一般表述为造成转基因生物安全危害的单位或个人，有责任排除危害，并对直接遭受损害的单位或个人赔偿损失。

任来分担相应的损害赔偿责任。至于是分别承担责任还是连带责任,则需要根据事实上的相关性来确定。损害赔偿包括免责制度,这是无过错责任原则的重要内容之一,一般指不可抗力、第三人致害或自我致害等情形。免除责任并不包括其他形式的补救责任,例如,恢复原状的责任等。

2. 设置我国转基因食品可追溯能力损害赔偿基金

损害赔偿基金是转基因食品可追溯损害赔偿金融保障机制的重要内容,对于保证受害者获得全面充分的赔偿、受到损害的生态环境得以全面恢复及无过错责任原则在生物安全领域得到贯彻都具有重要意义。[①] 我国目前的《农业转基因生物安全管理条例》尚未对赔偿基金机制作出任何规定,加之基金机制本身的复杂性,我国并未在生物安全专门立法中作出具体规定,可以在实践中不断积累经验对此加以完善。建立转基因食品可追溯专门基金是有效解决赔偿难题的途径之一。

---

① See Zaeelli S. , *International Trade in GMOs and Multilateral Negotiations: A New Dilemma for Developing Countries*, in Francioni F. , ed. , Environment, Human Right and International Trade, Oxford and Portland, Oregon: Hart Publishing, 2001, p. 39-86.

参考文献

一、中文论文

1. 包红玉:《浅谈转基因食品的法律规制》,载《北方经济》2013 年第 10 期。

2. 毕磊、王丽慧:《我国食品安全监管问题探析》,载《行政与法》2013 年第 1 期。

3. 蔡春玲、汤荣光:《人类中心主义的哲学阈限及其价值重构》,载《南通大学学报(社会科学版)》2018 年第 6 期。

4. 成伯清:《"风险社会"视角下的社会问题》,载《南京大学学报(哲学·人文科学·社会科学)》2007 年第 2 期。

5. 程国强:《日本如何对转基因食品实行标识制度》,载《经济要参》2001 年第 75 期。

6. 陈景辉:《面对转基因问题的法律态度——法律人应当如何思考科学问题》,载《法学》2015 年第 9 期。

7. 陈童、孟彦辰:《比较法视野下我国转基因食品标识制度研究(下)》,载《中国卫生法制》2017 年第 2 期。

8. 陈莹莹:《中国转基因食品安全风险规制研究》,载《华南师范大学学报(社会科学版)》2018 年第 4 期。

9. 崔宁波、郑雪梅:《转基因作物产业化风险管理的国际比较及其借鉴》,载《江苏农业科学》2018 年第 23 期。

10. 付文佚:《我国转基因食品标识困境的立法破解》,载《中州学刊》2015 年第 9 期。

11. 韩艳旗:《全球农业转基因技术产业化特点、成因及启示》,载《华中农业大学学报(社会科学版)》2012 年第 6 期。

12. 何光源、何勇刚:《转基因作物安全评价及其伦理学慎思》,载《华中科技大学学报(社会科学版)》2005 年第 1 期。

13. 何立华、杨淑华:《食品安全问题的成因及其解决》,载《山东经济》2011年第2期。

14. 胡加祥、刘婷:《论转基因生物的国际环境法规制》,载《东北大学学报(社会科学版)》2015年第3期。

15. 胡加祥:《转基因产品贸易与国际法规制研究》,载《山西大学学报(哲学社会科学版)》2015年第4期。

16. 胡加祥:《转基因食品安全性的法律思辨——"无罪推定"还是"有罪推定"》,载《法学》2015年第12期。

17. 胡加祥:《美国转基因食品标识制度的嬗变及对我国的启示》,载《比较法研究》2017年第5期。

18. 金芜军、贾士荣、彭于发:《不同国家和地区转基因产品标识管理政策的比较》,载《农业生物技术学报》2004年第1期。

19. 孔庆江、杨育晗:《欧、美、日转基因产品标签和追溯制度研究及对中国的启示》,载《科技与法律(中英文)》2018年第3期。

20. 李明辉:《中外转基因作物种植及食品生产的法律制度比较》,载《世界农业》2014年第1期。

21. 李宁等:《巴西转基因生物及其产品安全管理考察报告》,载《农业科技管理》2005年第6期。

22. 李响:《中国转基因食品立法的困境与出路》,载《华南师范大学学报(社会科学版)》2015年第1期。

23. 林祥明、王东:《转基因产业在各国的发展和监管》,载《团结》2018年第4期。

24. 刘鹏:《中国转基因食品安全监管——基于监管成本—收益视角的分析》,载《华中师范大学学报(人文社会科学版)》2016年第2期。

25. 刘旭霞、欧阳邓亚:《日本转基因食品安全法律制度对我国的启示》,载《法治研究》2009年第7期。

26. 刘旭霞、张楠:《中美转基因作物种植管理制度比较》,载《中国生物工程杂志》2017年第8期。

27. 刘震:《重思天人合一思想及其生态价值》,载《哲学研究》2018年第6期。

28. 陆群峰:《转基因作物产业化推广监管:政府失灵与公众监管》,载《中国科技论坛》2014年第2期。

29. 逯悦:《我国转基因食品标签可追溯问题探析》,载《重庆理工大学学报(社会科学)》2018年第3期。

30. 毛新志:《转基因食品的伦理问题研究综述》,载《哲学动态》2004 年第 8 期。

31. 毛新志、周峰:《美国、欧盟有关转基因食品的管理、法律法规对我国的启示》,载《科技管理研究》2005 年第 2 期。

32. 孟亚波:《美国对转基因食品的监管政策及其影响》,载《国家安全研究》2013 年第 1 期。

33. 孟繁华、李清:《欧美转基因农业发展的两重性》,载《世界农业》2014 年第 6 期。

34. 潘良文等:《利用 EAN · UCC 编码和转基因标识对转基因产品进行溯源》,载《粮食与油脂》2012 年第 12 期。

35. 祁潇哲、黄昆仑:《转基因食品安全评价研究进展》,载《中国农业科技导报》2013 年第 4 期。

36. 沈平等:《转基因作物发展及应用概述》,载《中国生物工程杂志》2017 年第 1 期。

37. 孙卓婧等:《浅析世界农业转基因商业化应用现状》,载《世界农业》2017 年第 7 期。

38. 王大元:《美国转基因三文鱼商业化的启示》,载《科学通报》2016 年第 3 期。

39. 王虎、卢东洋:《欧美转基因食品标识制度比较及启示》,载《食品与机械》2016 年第 8 期。

40. 王京京:《国外社会风险理论研究的进展及启示》,载《国外理论动态》2014 年第 9 期。

41. 熊本海等:《转基因产品可追溯管理及溯源技术研究进展》,载《农业生物技术学报》2012 年第 8 期。

42. 许智宏、黄小茹:《科技伦理问题的思考》,载《科学与社会》2012 年第 2 期。

43. 杨通进:《转基因技术的伦理争论:困境与出路》,载《中国人民大学学报》2006 年第 5 期。

44. 叶山岭:《对转基因食品安全的伦理探析》,载《自然辩证法研究》2014 年第 5 期。

45. 张忠民:《转基因食品标识阈值问题研究》,载《食品科学》2015 年第 9 期。

46. 张忠民:《论转基因食品标识制度的法理基础及其完善》,载《政治与法律》2016 年第 5 期。

47. 赵洁等:《转基因植物非预期效应检测评价技术的发展》,载《中国农业科技导报》2013 年第 2 期。

48. 郑成良:《无罪推定论》,载《吉林大学社会科学学报》1988 年第 4 期。

二、中文论著

1. 刘婷:《国际贸易中的转基因食品标识问题研究》,黑龙江人民出版社 2018 年版。

2. 王明远:《转基因生物安全法研究》,北京大学出版社 2010 年版。

3. 薛晓源、周战超主编:《全球化与风险社会》,社会科学文献出版社 2005 年版。

4. 张成敏:《案史:西方经典与逻辑》,中国检察出版社 2002 年版。

三、英文论文

1. Eduardo J. Trigo, *Fifteen Years of Genetically Modified Crops in Argentine Agriculture*, ArgenBio, November (2011).

2. Henk van den Belt, *Debating the Precautionary Principle: "Guilty until Proven Innocent" or "Innocent until Proven Guilty"?* Plant Physiology, Vol. 132, No. 3(2003).

3. Kirby S. L., *Genetically Modified Foods: More Reasons to Label Than Not*, Drake Journal of Agricultural Law, No. 6(2001).

4. Maria Weimer, *Risk Regulation and Deliberation in EU Administrative Governance GMO Regulation and Its Reform*, European Law Journal, Vol. 21, No. 5(2015).

四、英文论著

1. Mark A. Pollack & Gregory C. Shaffer, *When Cooperation Fails: The International Law and Politics of Genetically Modified Food*, Oxford University Press, 2009.

2. Ulrich Beck, *Risk Society: Towards a New Modernity*, London: Sage Publications, 1992.

五、中英文报刊杂志

1. 黄铁流:《基于食品安全法的转基因食品法律规制探析》,载《南方论刊》2014 年第 10 期。

2. 杨明:《“三鹿奶粉”赔偿案面临诸多法律困惑》,载《民主与法制时报》2009 年 4 月 6 日,第 A07 版。

3. Allison Kopicki, *Strong Support for Labeling Modified Foods*, New York Times, 27 July 2013.

4. Daniel Greenberg, *The Right to Know What We Eat*, Washington Post National Weekly Edition, 7 July 1999.

后　记

作为国家社科基金重点课题“世界各国对转基因食品的政策和法律规制比较研究”结项成果之一,本书在其姊妹篇“域外制度比较”基础之上,重点研究“中国制度构建”。他山之石、可以攻玉,本书在借鉴域外经验的同时,围绕制定“转基因食品安全管理条例”这一目标,从“问题的提出与解决思路”“国内外相关研究的学术梳理与综述”“我国转基因食品法律规制的总体思路”“转基因食品法律规制的基础理论与制度比较”“我国转基因食品研发试验法律规制研究”“我国转基因食品生产加工法律规制研究”“我国转基因食品销售流通法律规制研究”“我国转基因食品追溯能力构建研究”八个方面,全面、系统地分析了我国转基因食品规制现状、存在的问题及其成因,然后提出构建我国转基因食品法律规制体系的完整思路。

本书既有基础理论的挖掘,也有域外制度的比较,更有对中国制度构建的探索。研究结论将我国转基因食品规制的基本法定位为行政法规是基于以下几点考虑:第一,转基因食品本质上就是食品,应该属于《食品安全法》规制的范畴;第二,转基因食品因其产品原料的特殊性,特别是《食品安全法》将对转基因食品的部分规制排除在外,“转基因食品安全管理条例”可以在《生物安全法》的原则指导下,成为我国转基因食品法律规制的基础;第三,制定行政法规是对我国现行法律体系影响较小、立法成本较低的选择。“转基因食品安全管理条例”与《食品安全法》和《生物安全法》是下位法与上位法的关系,与《农业转基因生物安全管理条例》是并列交叉关系。在本书写作过程中,刘婷和李韵两位博士参与了部分讨论,并为本书部分章节收集了参考资料。在此,我对她们的付出表示感谢。

转基因食品不仅涉及国家的粮食安全和经济发展,也关乎广大消费者的切身利益。本着转基因食品“安全不安全专家说了算,能不能上市政府说了算,买还是不买消费者说了算”这样一个指导思想,本书坚持科学立法的立场和兼顾社会各方利益的原则。作为一个新生事物,社会上对转基因食品有争议、有疑虑,这是正常的,关键是要有权威机构对此作出科学的论断。为此,在转基因食品法律规制体系构建中,权威机构能否具有公信力,是考验这套规则体系成败的一个关键。如果有一个让大多数人信服的权威机构,有一套完备的规制体系和高效的行政执法机制,相信我国的转基因技术研发就会沿着健康、有序的轨道发展,我国的转基因产业也必将迎来又一个蓬勃发展的时期。